COMPLÉMENT DE LA GÉNÉALOGIE

DE LA MAISON

DE CORNULIER

IMPRIMÉE EN 1863

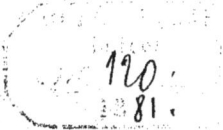

ADDITIONS ET CORRECTIONS

AU TEXTE DE LA FILIATION SUIVIE

ET DES PIÈCES JUSTIFICATIVES

ORLÉANS

IMPRIMERIE DE GEORGES JACOB

4, CLOÎTRE SAINT-ÉTIENNE, 4

—

1881

COMPLÉMENT DE LA GÉNÉALOGIE

DE LA

MAISON DE CORNULIER

IMPRIMÉE EN 1863

COMPLÉMENT DE LA GÉNÉALOGIE

DE LA MAISON

DE CORNULIER

IMPRIMÉE EN 1863

ADDITIONS ET CORRECTIONS

AU TEXTE DE LA FILIATION SUIVIE

ET DES PIÈCES JUSTIFICATIVES

ORLÉANS

IMPRIMERIE DE GEORGES JACOB

4, CLOÎTRE SAINT-ÉTIENNE, 4

—

1881

COMPLÉMENT DE LA GÉNÉALOGIE

DE LA

MAISON DE CORNULIER

IMPRIMÉE EN 1863

ADDITIONS ET CORRECTIONS

AU TEXTE DE LA FILIATION SUIVIE

Pages **13** *et* **14.**

Du mariage d'Antoine de Cornillé et de Geffeline de Champaigné vinrent :

1° Briand de CORNILLÉ, seigneur de la Bichetière, de la Motte et du Plessis de Torcé, de 1536 à 1553, chevalier de l'ordre du Roi, homme d'armes à l'arrière-ban de 1541, paraît, par suite de prodigalité, avoir été obligé de vendre ses biens, en 1555, à son frère puiné, Guy de Cornillé, qui suit, et qui est qualifié dans les aveux de 1556 à 1587 de noble et puissant écuyer, seigneur de la Bichetière, de la Hunobaudière, de la Motte et du Plessis de Torcé. Briand de Cornillé épousa vers 1545 Jeanne *de Poix*, fille d'André de Poix et de Jeanne Le Voyer, dame de Fouësnel. De ce mariage naquirent :

1

A. Macé *de Cornillé*, né à la Bichetière le 7 mars 1548.

B. Guy *de Cornillé*, nommé à Cornillé par Jean d'Espinay le 9 octobre 1551.

C. Michel *de Cornillé*, nommé à Cornillé par Michel de Champaigné et Madeleine de Poix, le 5 décembre 1552.

D. Jehan *de Cornillé*, nommé à Cornillé par Jehan du Bé et Michelle de Sénéchal, le 30 décembre 1562.

E. Antoine *de Cornillé*, nommé à Cornillé par Guy de Rosmadec et Geneviève du Hallay, dame de Mesneuf, le 19 juin 1565.
     Ces cinq garçons paraissent être morts en bas âge.

F. Bertranne *de Cornillé*, l'aînée de tous les enfants, baptisée à Cornillé le 12 juin 1546, nommée par Bertrand de Sévigné et Geffeline de Champaigné, sa grand'mère, morte jeune.

G. Isabeau *de Cornillé*, baptisée à Cornillé le 12 avril 1547, fut nommée par Isabeau Busson et Michel de Poix. Elle fut mariée, mais on ignore avec qui, et restait veuve en 1592. Elle succéda à son oncle Guy *de Cornillé*, car elle est qualifiée de noble damoiselle, dame de la Bichetière, de la Motte et du Plessis de Torcé dans un aveu de 1596. Soit par l'effet de sa mort, soit plutôt par vente, ces terres étaient passées en 1597 aux mains de Jeanne de Kermainguy, épouse de René de Guéhéneuc, seigneur de la Briançais.

H. Christine *de Cornillé*, nommée à Cornillé, le 11 mai 1549, par Christophe de Poix et Marguerite *de Cornillé*, sa tante.

I. Roberde *de Cornillé*, nommée à Cornillé, le 10 juin 1550, par Robert du Bois et Gillette de Champaigné.

J. Marguerite *de Cornillé*, nommée à Cornillé, le 24 mars 1554, par Louis d'Espinay et Jeanne de la Ferrière.

K. Catherine *de Cornillé*, nommée à Cornillé, le 8 novembre 1556, par Catherine du Han.

L. Antoinette *de Cornillé*, nommée à Cornillé, le 9 février 1558, par Antoine de la Guischardière, sieur dudit lieu ; elle eut en partage la terre de la Croix et épousa, le 12 novembre 1580, Pierre Hupel, écuyer, seigneur du Val, de l'évêché de Nantes, qui convola, avant 1603, avec Françoise de Bruc, dame des Drieux, dans la paroisse de Conquereuil.

M. Jehanne *de Cornillé*, nommée à Cornillé, le 8 août 1559, par Jehan de Jonchères et Briande de la Charonnière.

2° Guy DE CORNILLÉ, seigneur de la Hunobaudière, qualifié de noble et puissant écuyer, seigneur de la Bichetière, de la Motte et du Plessis de Torcé, dans les aveux qui lui sont rendus de 1546 à 1587, ne paraît pas s'être marié.

3° Arthur DE CORNILLÉ, seigneur de la Rivière-Mainfray, inhumé à Cornillé le 20 mars 1597.

4° Pierre DE CORNILLÉ, abbé de Montmorel, au diocèse d'Avranches, en 1558, fut chassé de son abbaye par Louis de Montgommery, seigneur de Ducey, chef des calvinistes du pays, et obligé de se réfugier au Mont-Saint-Michel, où il obtint du roi Charles IX des lettres de sauvegarde datées du 2 janvier 1575. Il se démit de son abbaye le 31 août 1575 en faveur de Jean *Louvel*, son neveu, retenant mille livres de pension, puis fut curé de la paroisse de Terregaste, dépendante de Montmorel, où il mourut le 8 janvier 1589. Il fut enterré dans le chœur de l'église de Montmorel, devant le maître autel.

5° Demoiselle DE CORNILLÉ, mariée à N*** Louvel, écuyer de la maison de la Touche, en l'évêché de Rennes.

6° Agathe DE CORNILLÉ, inhumée à Cornillé le 5 avril 1593.

7° Marguerite DE CORNILLÉ vivait en 1549, époque à laquelle elle était marraine de sa nièce ; ce peut être elle qui épousa N*** Louvel.

René de Guéhenneuc et Jeanne de Kermainguy ne possédèrent pas longtemps la Bichetière ; dès 1600, ils l'avaient vendue au sieur Lombart, lieutenant du gouverneur de Rennes ; mais ce contrat fut annulé par un arrêt du 7 juin 1602. C'est alors, paraît-il, qu'elle fut acquise par Jean Picot, seigneur de la Gicquelais, qui la possédait avant 1630. Guillemette Picot, sa fille, porta cette terre en mariage à N.-H. Nicolas Guillaudeuc. Leur fille, Jeanne Guillaudeuc, née le 17 août 1640, porta la Bichetière en mariage à Guillaume Arthur, maître des comptes de Bretagne, mais elle était rentrée dans la famille Guillaudeuc en 1669.

Page **16.**

Hervé DE CORNILLÉ, seigneur du Grand-Fougeray, fut inhumé dans l'église de Bais le 31 mars 1526 ; il laissa de

Renée *de Cornillé*, sa femme, outre Perrine et Françoise déjà nommées :

3° Jeanne DE CORNILLÉ, dame de Vauzelle, inhumée à Bais le 8 mars 1541.

4° Roberde *de Cornillé*, inhumée à Bais le 28 septembre 1511.

5° Guyonne *de Cornillé*, inhumée à Bais le 27 août 1537.

Page **24**.

Pierre III DE CORNULIER, connu sous le nom de *général de la Touche*, seigneur de Quiheix, sur l'Erdre, dans la paroisse de Nort, acquit la vicomté de Rezé en 1565.

Page **28**.

La terre de Saint-Melaine est située dans la paroisse de Maroué, près de Lamballe.

Page **31**.

Quelques manuscrits de la Visitation attribuent à l'évêque de Senez et non à celui de Rennes la visite faite à Mme de Chantal à Aix.

Page **33**.

Dom Germain Morel, religieux bénédictin, qui a écrit l'*Histoire de la sécularisation de l'abbaye de Saint-Méen*, dit que Pierre de Cornulier employa tous ses efforts pour réformer cette abbaye et ne recula devant aucun sacrifice pour restaurer ses bâtiments. « C'était, dit-il, un très-éloquent orateur, subtil philosophe, savant théologien, vertueux politique, homme d'État sans reproches et prélat très-vigilant, dont la mort fut un jour fatal pour tout l'ordre de Saint-Benoît. » Il eut besoin de toute sa fermeté pour rétablir la discipline monastique dans le couvent de Saint-Melaine de Rennes.

Il avait défendu qu'on mît sur son tombeau d'autre inscription que celle-ci :

PETRUS, PECCATOR EPISCOPUS, HIC RESURRECTIONEM EXPECTAT.

Le président de Launay mourut à Rennes, et le Parlement assista en corps à ses obsèques, le 23 février 1604.

Page **34**.

Sœur Philippe de Cornulier avait été rappelée à la maison-mère de Saint-Sulpice de Rennes ; elle mourut néanmoins à Teillay, et fut inhumée dans son église prioriale le 4 octobre 1644.

Claude de Cornulier, premier du nom, *connu sous le nom de général de la Haye.*

Supprimer : *suivant la volonté du Roi.*

Page **37**.

Supprimer : *Imposé comme premier magistrat à la ville de Nantes, qui avait le droit d'élire son maire, il sut, malgré l'agitation des esprits, se concilier l'assentiment général.*

Page **40**.

Louise de Cornulier, née à Nantes le 6 juillet 1605, est morte à Sainte-Luce le 8 septembre suivant.

Page **41**.

Les deux mariages de Louise de Cornulier, en 1627 et en 1635, ont été bénits dans la chapelle du château de la Haye, en Sainte-Luce.

Page **42**.

Anne-Thérèse de Cornulier est née au château de la Haye le 10 novembre 1625.

Page **61**.

Anne-Renée-Rose *de Cornulier* est née à Rennes, paroisse Saint-Aubin, le 27 août 1720.

Charles-René de Cornulier était seigneur de **Launay-Gouyon**, en la paroisse de Saint-Potan, et de **Launay-Garnier**, près de Matignon.

Page **65**.

Jeanne-Charlotte-Hyéronyme de Cornulier épousa le 18 avril 1743 Pierre-Placide-Marie-Anne de Saint-Pern, chevalier, seigneur du Lattay, dans la paroisse de Guenroc, près de Dinan, fils de Louis-Célestin de Saint-Pern, chevalier, seigneur du Lattay, conseiller au parlement de Bretagne, précédemment colonel d'un régiment, et de Françoise-Gillette de Kersauson.

Page **68**.

Le mariage de Jean-Baptiste de Cornulier avec Jeanne de

Rogues fut bénit dans l'église de Sainte-Croix de Nantes le 23 novembre 1664.

Page 84.

Marie-Camille-Albertine de Cornulier, mariée au comte de Saint-Pern, est morte à Nantes le 27 juin 1877 ; elle a laissé de son mariage deux garçons et quatre filles, savoir : 1º Jean-Bertrand-Camille-Raoul, né le 18 janvier 1817, marié en 1842 avec Henriette-Siméone-Stylite de la Tullaye, dont il a trois garçons ; 2º Bertrand-Claude-Josselin, né le 15 mai 1821, marié en 1850 avec Christine Hue de Montaigu, dont il a eu sept garçons et trois filles ; 3º Pauline, née le 17 novembre 1815, mariée en 1840 au vicomte Joseph de Monti, dont une fille mariée au comte Henri de Lorgeril ; 4º Berthe, née le 23 décembre 1820, célibataire ; 5º Armelle, née le 1er avril 1827, mariée au marquis de Boisnet ; restée veuve sans enfants, elle est entrée dans l'ordre des religieuses Auxiliatrices ; 6º Valentine, née le 28 juillet 1828, mariée au vicomte François de Freslon, dont elle a deux garçons et trois filles.

Le marquis Louis de Monti, veuf de Marie-Pauline-Fortunée de Cornulier, a épousé en secondes noces Mlle de la Jaille.

Page 88.

La marquise de Cornulier, née de Sesmaisons, est morte au château de Benguet, près de Mont-de-Marsan, le 26 août 1867. C'était une femme d'un esprit supérieur, pe grand cœur, et qui avait reçu une éducation toute virile.

Page 89.

La marquise de Mauléon, née de Cornulier, est entrée en religion chez les Carmélites de Toulouse au mois de décembre 1875.

Son mari était le dernier de la branche aînée des Mauléon, vicomtes de Soule. Il n'a laissé que trois filles : 1º Marie-Françoise-Catherine de Mauléon, née à Toulouse le 27 mai 1846, mariée le 27 janvier 1865 à Amédée-Laurent, marquis du Lyon, dont elle n'a pas eu d'enfants ; 2º Marie-Charlotte-Henriette-Geneviève de Mauléon, née au château de Suempuy le 30 août 1849, mariée à Paris, le 5 février 1867, avec le comte Joseph de Villèle, mort le 1ᵉʳ avril 1877, dont elle a deux garçons et trois filles ; 3º Marie-Charlotte-Hermine de Mauléon, née au château de Suempuy le 30 juillet 1853, mariée le 22 avril 1874 au comte Roger de Villeneuve-Villeneuve. Elle morte à Toulouse le 29 mars 1875, laissant un fils né trois jours avant son décès, Pons-Marie-Louis de Villeneuve.

La comtesse de Lonjon, née de Cornulier, a laissé trois filles, savoir : 1º Marie-Charlotte-Hermine-Yvonne de Lonjon, née à Mont-de-Marsan le 15 mai 1858, mariée, le 29 avril 1879, à Charles-Maurice, vicomte du Laurens, lieutenant au 16ᵉ chasseurs à cheval, dont elle a une fille ; 2º Marie-Charlotte-Hermine-Thérèse de Lonjon, née à Mont-de-Marsan le 25 juillet 1861 ; 3º Marie-Suzanne-Donatienne-Geneviève de Lonjon, née à Mont-de-Marsan le 27 juillet 1864.

Le marquis Gontran DE CORNULIER a eu de sa femme Ernestine-Élisabeth LE DOULCET DE MÉRÉ deux fils et une fille :

1º Jean-Henri-Marie *de Cornulier*, qui suit.

2º Henri-Marie-Edmond-Toussaint, vicomte *de Cornulier*, né à Caen le 18 décembre 1849, sous-lieutenant dans la garde nationale mobile du Calvados, en août 1870, nommé sous-lieutenant dans la cavalerie de réserve le 25 mai 1875, a épousé à Paris (VIIIᵉ arrondissement), le 27 octobre 1877, Jeanne *de Boisdenemets*, fille de feu Armand-Léopold-Daniel, comte de Boisdenemets, et de Sophie-Caroline, de Metz.

3º Marie-Madeleine-Aglaé-Joséphine *de Cornulier*, née à Caen le 21 juillet 1851, mariée à Fontaine-Henri (Calvados), le 5 avril 1869, avec Charles-Henri, comte *de Cussy*, fils de

Charles-Isaac, marquis de Cussy, et de Mathilde-Marie Frémin de Lessard. De ce mariage est né à Fontaine-Henry, le 16 octobre 1878, François-Emile-Marie-Joseph de Cussy.

XVII. Jean-Henri-Marie, comte DE CORNULIER, né à Caen le 5 février 1849, fut admis à l'école militaire de Saint-Cyr le 5 octobre 1868, mais n'y est pas entré ; servit comme lieutenant dans la garde nationale mobile du Calvados en 1870, a été nommé sous-lieutenant dans la cavalerie de réserve le 11 février 1876. Il a épousé à Martot, près Pont-de-l'Arche (Eure), le 2 février 1875, Marie-Josèphe-Jeanne-Yvonne-Andrée GRANDIN DE L'ÉPREVIER, fille de Pierre-Alexandre Grandin de l'Éprevier et de Sophie-Caroline *Le Fort;* elle est morte à Fontaine-Henri le 14 août 1880. De ce mariage est venue :

Hermine-Marie-Sophie-Andrée *de Cornulier*, née au château de Martot le 16 avril 1876.

Page **93**.

Jean-Baptiste de Cornulier, abbé de la Caraterie, était aussi prieur de Saint-Pierre-de-Matignon, au diocèse de Saint-Brieuc, avant 1723.

Pages **99** à **104**.

Substituer la disposition qui suit :

Les enfants de Charlemagne II *de Cornulier* furent :

1° Anonyme *de Cornulier*, mort à la Caraterie le 5 octobre 1770.

2° Charlemagne-Alexandre-René-Augustin DE CORNULIER DE LA
CARATERIE, né à la Caraterie le 2 mars 1773, fit ses
preuves pour le grade de sous-lieutenant, au cabinet du
Saint-Esprit, devant Chérin fils, le 5 juin 1787, et entra,
en 1789, en qualité de cadet gentilhomme, dans le régiment de Royal-Comtois infanterie, où il servit jusqu'au
commencement de la Révolution. Emigré en 1791, il
entra, à Neuvied, dans les [chevau-légers de la garde du
Roi, où il fut incorporé dans la première compagnie noble
d'ordonnance ; fit en cette qualité la campagne de 1792
et servit dans ce corps jusqu'à son licenciement. En 1793,
il fut placé dans le cadre commandé par le prince de
Léon, depuis duc de Rohan, se trouvait à Quiberon et fit
partie de la seconde expédition préparée en Angleterre
pour une descente à l'île d'Yeu, mais qui n'opéra point
son débarquement. Rentré plus tard en Bretagne, il y fit
partie de l'armée royale jusqu'à la pacification de 1798,
fut nommé chevalier de Saint-Louis à la Restauration et
chef du 1er bataillon de la 6° légion de la garde nationale
de la Loire-Inférieure, au canton de Machecoul. Il est
mort à son château de la Caraterie le 30 octobre 1843.

Charlemagne de Cornulier s'était marié deux fois : en
premières noces, le 5 septembre 1798, à Saint-Étienne-de-
Montluc, avec Marie-Sainte DE BIRÉ de SAINT-THOMAS, née
en 1766, veuve de Pierre-Jean-Marie Le Bedel, et fille
unique de Louis-René de Biré et de feue Marie-Ca-
therine *de Chevigné*. Il n'en eut que deux enfants morts
en naissant. Il épousa en secondes noces, à Nantes, le
18 avril 1809, Pauline LE MALLIER DE CHASSONVILLE, fille
de Daniel-Henri-Louis-Philippe-Auguste Le Mallier, comte
de Chassonville, et de Pauline-Jeanne *de Cornulier*, de
la branche du Boismaqueau. Elle mourut à la Caraterie
au mois d'août 1817, ne laissant que deux filles :

A. Pauline-Mathilde-Rosalie *de Cornulier*, née à Nantes le 28 juillet 1810, mariée dans la même ville, le 17 septembre 1835, à
Charles, comte *de Montsorbier*, fils d'Honoré-Benjamin-Charles

de Montsorbier et de Rose-Elisabeth-Bénigne Voyneau du
Plessis. Elle est morte sans postérité le 23 mars 1839. Son
mari épousa en secondes noces, le 17 janvier 1842, Victoire
Guillet de la Brosse, qui mourut le 15 novembre 1845, laissant une fille unique : Victoire-Marie de Montsorbier, mariée
le 7 octobre 1861 à Jean-Louis-Arthur, vicomte *de Cornulier*,
comme on va le dire plus loin.

   B. Henriette-Rose *de Cornulier*, née à Nantes le 17 janvier 1814,
      mariée le 28 octobre 1839 à Victor, comte *d'Escrots d'Estrée*,
      fils de Claude-Antoine, comte d'Escrots d'Estrée, ancien offi-
      cier au régiment du Roi infanterie, chevalier de Saint-Louis,
      et de Marie-Rosalie Juchault de la Moricière. Il est mort à
      Nantes le 26 mai 1877, laissant un fils et deux filles, savoir :
      1° Marie-Antoine-Octave, comte d'Escrots d'Estrée, né le 8 sep-
      tembre 1841, a épousé le 20 décembre 1875 Marie-Léonie
      Le Monnier de Savignac, dont postérité ; 2° Valentine-Marie
      d'Escrots d'Estrée, mariée le 16 janvier 1860 à Henri-Victor
      Marie Le Loup de la Biliais, dont postérité ; et 3° Léonie-Marie
      d'Escrots d'Estrée, mariée le 29 mai 1868 à Joseph-Aimé de
      Gazeau.

3° Arnaud-Désiré-René-Victor DE CORNULIER DU BOIS-CORBEAU,
     né à la Caraterie le 15 juin 1774, émigra au commence-
     ment de la Révolution à Jersey, d'où il rejoignit l'armée
     des princes français, et fut incorporé, en 1792, dans la com-
     pagnie noble de chevau-légers d'ordonnance commandée
     par M. de Clarac. Il fit partie de l'expédition de Quiberon
     en qualité de sergent-major dans le régiment du Dresnay.
     Blessé au genou par une balle et fait prisonnier, il fut
     conduit à Auray, où la commission militaire le condamna
     à mort. Mais la nuit qui devait précéder son exécution, il
     parvint à s'échapper avec deux de ses compagnons, dont
     l'un, qui était le domestique de M. de Sombreuil, eut le
     courage de le porter sur ses épaules jusqu'à ce qu'il fût
     en sûreté dans une ferme, sa blessure l'empêchant tout
     à fait de marcher. Aussitôt qu'il fut rétabli, il servit sous
     les ordres de Georges Cadoudal dans la division Bonfils,
     puis, à la pacification, il alla rejoindre dans la Vendée

sa mère et son jeune frère qui y étaient restés et qui le croyaient mort. Il est inscrit, sous le nom de *René de Cornulier*, sur le monument de Quiberon, à la Chartreuse d'Auray, au nombre des victimes qui ont été fusillées dans le champ des martyrs. Cette erreur provient de ce que ces noms ont été pris sur les procès-verbaux des condamnations à mort, sans qu'on ait pu reconnaître les rares exceptions pour lesquelles la sentence n'avait pas été exécutée. Il fut nommé chevalier de la Légion-d'Honneur à la Restauration, et mourut à Nantes le 21 avril 1830.

Arnaud de Cornulier avait épousé à Foucaucourt, département de la Somme, le 9 janvier 1799, Marie-Françoise-Gabrielle DES FRICHES-DORIA, née à Framerville le 11 avril 1772, morte à Troyes le 21 avril 1804, et inhumée dans le cimetière de Payens. Elle était fille de Marie-Marguerite-François-Firmin des Friches, chevalier, comte Doria, marquis de Payens, en Champagne, et de Cayeu, en Picardie, seigneur de Bethencourt, d'Ollé, de Saint-Ouen, de Cernoy, etc., ancien capitaine de cavalerie, chevalier de Saint-Louis, et de Catherine-Julie-Alexis *de Rougé*.

De ce mariage est issu un fils unique, qui suit :

Arnaud-René-Victor, vicomte DE CORNULIER, né à Paris le 20 octobre 1799, acquit en 1825 la terre de Lucinière. Suspect au gouvernement de Juillet, il fut arrêté et conduit en prison à Bourbon-Vendée, lors de l'apparition dans le pays de Madame, duchesse de Berry. Élu plusieurs fois membre du conseil général de la Loire-Inférieure et du conseil municipal de Nantes, il s'acquit dans ces assemblées l'estime de ses collègues par la fermeté de ses principes, et leur affection par son esprit conciliant, l'aménité et la modestie de son caractère. Soldat discipliné dans les rangs où ses convictions l'avaient placé, il abandonna ces fonctions et renonça à toute candidature aussitôt qu'il apprit l'invitation que M. le comte de Chambord faisait à ses amis de s'abstenir de participer aux affaires publiques. Rentré à regret dans la vie privée, il continua à exercer autour de lui une influence salutaire en encourageant l'agriculture et en s'associant à toutes les œuvres de charité. Il est mort à Nantes le 25 mai 1862, et a été inhumé à Saint-Hilaire-de-Loulay, paroisse de sa terre du Bois-Corbeau.

Le vicomte Victor de Cornulier avait épousé à Angers, le 24 juin 1823, Marie-Emilie DE BLOCQUEL DE CROIX DE WISMES, née dans la commune de Mesnil-Martinsart, département de la Somme, le 13 mars 1804, morte à Nantes le 26 juin 1862, fille de Stanislas-Catherine Alexis de Bloquel de Croix, baron de Wismes, en Artois, alors préfet de Maine-et-Loire, et d'Émilie-Joséphine-Jeanne *Ramires de la Ramière*.

De ce mariage sont nés trois fils et une fille qui suivent :

A. Gaston *de Cornulier*, né le 4 avril 1824, mort le 21 février 1830.

B. Stanislas-Victor *de Cornulier*, né à Nantes le 5 octobre 1828, ordonné prêtre à Saint-Pierre de Rome à Noël 1857, nommé camérier secret du Saint-Père, avec le titre de *Monsignor*, à la Trinité de 1858, mort le 2 décembre 1876, à son château de la Preuille, commune de Saint-Hilaire-de-Loulay, qu'il avait acquis de M. de Nacquard.

C. Jean-Louis-Arthur *de Cornulier*, qui suit.

D. Marie-Léonie *de Cornulier*, née à Nantes le 20 mars 1825, mariée dans la même ville, le 27 janvier 1845, à Félix, vicomte *de Villebois-Mareuil*, fils de Félix, comte de Villebois-Mareuil, et de Sophie Foucault de Vauguyon. C'est à elle qu'est échue en partage la terre du Boiscorbeau. Ses quatre fils sont : 1° Georges-Henri-Anne-Marie-Victor, né le 22 mars 1847, capitaine au 7e bataillon de chasseurs à pied, chevalier de la Légion-d'Honneur; 2° Roger-Félix, né le 2 mai 1849, chevalier de la Légion-d'Honneur, officier de réserve au 25e régiment de dragons ; 3° Christian-Marie, né le 10 août 1852, avocat, officier de réserve au 62e régiment de ligne, marié le 29 janvier 1878 à Berthe-Marie-Françoise Gautier de Charnacé ; 4° Anne-Marie-Victor de Villebois, né le 10 juillet 1863.

Jean-Louis-Arthur, vicomte DE CORNULIER, né à Nantes le 28 mai 1830, a eu en partage la terre de Lucinière que son père avait acquise des héritiers de la branche de ce nom en 1825, a servi comme volontaire dans les zouaves de l'armée pontificale, et était à la prise de Ponte-Corvo, le 18 septembre 1860, jour de la bataille de Castelfidardo. Il est décoré de la médaille : *Pro Petri Sede*.

Le vicomte Arthur de Cornulier avait été l'un des premiers à voler au secours du pouvoir pontifical. Dix ans plus tard, l'invasion prussienne le trouvait richement établi dans ses foyers, marié et père de famille, et il n'hésitait pas davantage, sans que rien de particulier lui en fît obligation, à quitter cette situation brillante et à rompre les liens puissants qui l'y rattachaient ; répondant à l'appel de Charette, il reprit le fusil et le sac du simple soldat, et fit avec les *volontaires de l'Ouest* la rude et sanglante campagne d'hiver qui a immortalisé ce corps d'élite. Son abnégation fut d'autant plus remarquable qu'elle contrastait avec le soin que mettaient les soi-disant patriotes à se dérober aux fatigues et aux dangers, en se cantonnant dans de grasses et douces sinécures. Une nouvelle période de dix années s'écoule sans refroidir son zèle : le 3 novembre 1880 le retrouve au premier rang des défenseurs du couvent des capucins de Nantes, envahi en exécution de décrets illégaux, et il eut la distinction d'être conduit en prison, les mains chargées de fers.

Il a épousé à Nantes, le 7 octobre 1861, Victoire-Marie DE MONTSORBIER, fille unique de Charles, comte de Montsorbier, et de feue Victoire *Guillet de la Brosse*, née à Nantes le 23 novembre 1842. De ce mariage est née une fille unique :

> Marie-Thérèse-Josèphe *de Cornulier*, née à Nantes le 17 janvier 1865, et qui a eu pour parrain et marraine Monsieur et Madame, comte et comtesse de Chambord.

4° Louis-Auguste *de Cornulier de la Lande*, qui suit.

5° Charles-Benjamin *de Cornulier*, né à la Caraterie le 13 août 1782, mort le 18 novembre suivant.

6° Marie-Rose-Rosalie-Augustine *de Cornulier*, née à la Caraterie le 10 avril 1772, morte au même lieu le 28 juillet 1781.

XIII. Louis-Auguste, comte DE CORNULIER DE LA LANDE.

La suite comme à la page 104 et suivantes.

Page **110**.

Henri-Victor-Marie *de Cornulier* fut porté à la députation, aux élections de mai 1869, dans une des circonscriptions électorales de la Loire-Inférieure ; bien que sa candidature fût improvisée au dernier moment, il ne laissa pas que d'obtenir 12,610 voix contre son concurrent, le candidat officiel, qui l'emporta sur lui avec 19,946 voix. Il s'agissait pour celui-ci d'une réélection, et le clergé restait neutre entre les deux candidats. Cette minorité fut considérée comme une victoire morale. Henri de Cornulier a été élu membre du conseil général de la Loire-Inférieure en 1872, et y a toujours siégé depuis comme représentant du canton de Machecoul.

Le vicomte de Lespinay des Moulinets, après avoir été long- temps grand vicaire de l'évêché de Luçon, est mort à Nantes le 20 avril 1878. C'était un ecclésiastique fort distingué.

Les deux fils de Marie-Anne de Cornulier sont : 1° Louis-René de Romain, né le 8 août 1844, marié le 14 avril 1869 avec Mathilde de Diesbach de Belleroche ; 2° René-Dominique de Romain, né le 9 février 1847, lieutenant de vaisseau.

Pages **110** *et* **111**.

Le COMTE DE CORNULIER DE LA LANDE, membre du conseil général de la Vendée depuis 1872, maire de la commune de Saint-Hilaire-de-Loulay, près de Montaigu, a été élu sénateur par le département de la Vendée le 30 janvier 1876 et réélu en 1880.

Il a eu de son mariage avec Caroline-Pauline GRIMOUARD DE SAINT-LAURENT :

1° Louis-Henri-Marie *de Cornulier*, qui suit.

2° Auguste-Marie *de Cornulier*, né à Nantes le 22 mai 1853, mort au château de la Lande le 13 août 1874.

3° Marie-Charles *de Cornulier,* né à la Lande le 19 novembre 1856, admis à l'école militaire de Saint-Cyr le 12 octobre 1876, nommé sous-lieutenant au 125° régiment de ligne le 1er octobre 1878.

4° Marie-Caroline *de Cornulier*, née à la Lande le 23 juin 1847, morte au même lieu le 22 janvier 1860.

5° Yolande-Marie *de Cornulier*, née à la Lande le 24 juin 1848, mariée à Nantes, le 10 août 1870, avec Olivier-Marie-Liguori *Boux de la Vérie*, né le 26 août 1839 à Saint-Christophle-du-Ligneron, Vendée, et domicilié à Challans ; fils d'Armand Boux de la Vérie et de Marie-Victoire Guinebauld de la Grostière. Elle en a deux fils et deux filles, savoir : 1° Yolande-Caroline-Marie, née le 24 juin 1872 ; 2° Jeanne-Marie-Zoé, née le 20 septembre 1873 ; 3° Olivier-Liguori-Marie, né le 8 janvier 1875 ; 4° Robert-Henri-Marie Boux de Casson, né le 7 août 1876.

6° Berthe-Marie *de Cornulier,* née à la Lande le 20 juin 1849, mariée à Nantes le 28 juillet 1873 avec Adrien-Joseph-Marie *de Mauduit du Plessis,* né à Nantes le 22 avril 1845, domicilié à Locquiriec (Finistère), fils d'Adrien-Thomas-Jules de Mauduit du Plessis et de Pauline-Julie de Kermarec.

XV. **Louis-Henri-Marie,** comte DE CORNULIER, né à Nantes le 9 janvier 1851, a épousé à Nantes, le 28 août 1876, **Marthe-Virginie-Ernestine** RICHARD DE LA PERVANCHÈRE, née à Nantes le 26 décembre 1853, fille de Pierre-Alfred Richard de la Pervanchère, ancien député à l'Assemblée nationale, chevalier de la Légion-d'Honneur, et de Laure-Suzanne *Sallentin.*

De ce mariage :

1° Auguste-Laurent-Marie *de Cornulier*, né au château de la Pervanchère, commune de Casson (Loire-Inférieure), le 21 septembre 1878.

Page **115.**

Claude de Cornulier, abbé de Blanche-Couronne, assista aussi en cette qualité aux États assemblés à Saint-Brieuc en 1659.

Page **127.**

Le président du Pesle épousa Louise Trottereau, veuve de Jean Morin, seigneur du Tresle, par contrat du 16 août 1692, au rapport de Gareau, notaire à Nantes.

Page **129.**

Jean-Baptiste de Cornulier partagea ses puînés par acte du 21 septembre 1682, au rapport de Lemée, notaire à Nantes.

Page **137.**

Jeanne de Cornulier était supérieure de la maison des Hospitalières de Quimper en 1748.

2

Page 139.

Anne-Marie *Pommeret*, dame de Caisnoir.

Le chevalier de Gennes avait épousé Anne-Marie Le Clerc, et non une demoiselle Pinczon du Sel ; c'est sa belle-sœur, Thérèse-Élisabeth Le Clerc, qui fut mariée avec Julien-Joseph Pinczon, chevalier, seigneur du Sel, des Monts.

Page 155.

Dès 1815, l'esprit pénétrant de Mlle de Lucinière s'effrayait de l'aigreur et de l'âpreté de la polémique de l'abbé de la Mennais, et déjà entrevoyait en lui un chef de secte, un Luther.

Page 158.

En 1815, les Prussiens occupèrent pendant quelque temps le territoire situé entre la Loire et la Vilaine ; plusieurs corps se dirigeaient sur Nantes par la route de Châteaubriant. Le comte de Cornulier, alors maire de Nort, fut obligé de s'établir en permanence dans cette petite ville pour aviser au logement et à la nourriture des détachements étrangers qui s'y succédaient. Ce n'est pas sans une vive inquiétude qu'il laissait seuls à Lucinière sa femme et ses enfants ; il ne trouva d'autre moyen de garantir leur sécurité que de désigner son château comme quartier-général à un état-major prussien qui faisait séjour dans le pays. Grâce à la présence d'un chef supérieur, l'ordre y fut maintenu, et l'on n'eut à y souffrir que matériellement d'une occupation organisée sur le pied d'une grand'garde et des réquisitions indispensables.

Page 161.

Ajoutez aux œuvres d'Ernest de Cornulier un ouvrage important sur le droit de tester.

Page **162.**

Alicie-Charlotte-Eugénie-Marie *de Cornulier-Lucinière* a épousé
à Orléans, le 31 janvier 1865, Amaury-Camille-Georges-Marie
vicomte *de Vélard*, né à Orléans le 15 août 1839, ancien
zouave pontifical, fils de Georges-Camille, vicomte de Vélard,
ancien capitaine dans la légion étrangère au service du roi don
Carlos V d'Espagne en 1836 et 1837, décoré pour les bles-
sures qu'il y reçut de la croix de Saint-Ferdinand de première
classe, et de Aline-Casimire-Eugénie de Montbel. De ce mariage
sont nés un fils et deux filles, savoir : 1º Anne-Marie-Char-
lotte-Georgette, née à Orléans le 18 janvier 1867 ; 2º Amaury-
Ernest-Joseph-Louis-Marie, né à Orléans le 16 décembre 1869;
3º Marie-Thérèse-Josèphe-Hyppolyte de Vélard, née à Orléans
le 14 novembre 1874.

Le comte Hippolyte *de Cornulier-Lucinière* a été membre du conseil
municipal de Nantes de 1865 à 1870. Élu député à l'Assemblée nationale par le département de la Loire-Inférieure le
8 février 1871, avec 63,938 voix. Élu sénateur à vie par
l'Assemblée nationale le 11 décembre 1875, avec 351 voix. Il
a toujours voté avec les chevau-légers de l'extrême droite, et
est l'un des sept qui s'opposèrent au septennat du maréchal
de Mac-Mahon, pour ne point faire échec à la royauté.

Rogatienne *de Cornulier-Lucinière*, mariée à Adrien *de Couëtus*,
en a eu deux fils et deux filles, savoir : 1º Geoffroy-Anne-Marie-
Jean-Baptiste-François-de-Sales, né à Nantes le 21 août 1861 ;
2º Claire-Adrienne-Anne-Marie-Rogatienne, née à Nantes le
11 juillet 1870, morte au château du Margat, en Anjou, le 26 octobre 1872; 3º Jean-Baptiste-Alfred-Anne-Marie-Joseph-Clair,
né à Nantes le 11 août 1873 ; 4º Madeleine-Marie-Marguerite-
Claire de Couëtus, née à Nantes le 29 juillet 1879.

Alix-Marie *de Cornulier-Lucinière* a épousé à Nantes, le
26 août 1872, Bonabes-Alain-Marie *du Plessis-Quinquis*, ancien
capitaine aux zouaves pontificaux et aux volontaires de l'Ouest,
chevalier de la Légion-d'Honneur et de Saint-Grégoire-le-Grand,
décoré de la croix de Mentana, fils majeur de Louis-Marie du
Plessis-Quinquis et de Cécile-Jeanne-Marie-Josèphe-Anne de
Kersauson-Kerjan. De ce mariage sont nés deux fils et une
fille, savoir : 1º Cécile-Claire-Anne-Marie, née à Nantes le
15 octobre 1873 ; 2º Édouard-Bonabes-Louis-Yves-Marie, né à
Nantes le 25 août 1875 ; 3º Yves-Marie-Joseph-Anne-Rogatien,

né à Nantes le 8 décembre 1877 ; 4° Mériadec-François-Anne-
Marie-Joseph du Plessis-Quinquis, né à Nantes le 4 octobre 1880.

Page **163**.

Marié jeune à une unique héritière, le comte Théodore de Cornulier-Lucinière n'embrassa aucune carrière; mais son abstention
ne fut déterminée ni par le goût d'une douce vie de repos, ni
par les jouissances égoïstes de la fortune. Appartenant, dit
M. Eugène de la Gournerie, dans la *Revue de Bretagne et
Vendée*, livraison de juin 1879, à une famille qui ne s'est
jamais cru le droit d'être inutile, et dont les générations se
comptent depuis longtemps par leurs services, il considéra que
la situation que Dieu lui avait faite lui imposait une mission
particulière : faire connaître un peu le bonheur à ceux, si
nombreux sur cette terre, qui n'en connaissent point. Tel fut
l'objet de toute sa vie.

Si, au premier bruit de l'insurrection de juin 1848, il
n'hésita pas à quitter femme et enfant pour aller combattre
l'anarchie dans les rues de Paris, le combat fini, il reprit
aussitôt ses simples et chères habitudes.

Avec des qualités sérieuses, une grande distinction de physique et de manières, beaucoup d'étude et de savoir acquis,
une remarquable facilité d'élocution, il aurait pu figurer avec
éclat dans la vie publique; mais, ne craignant rien tant que de
paraître, il refusa toujours d'entrer dans les assemblées déli-
bérantes.

Frappé au cœur avant le temps par la mort de sa femme,
il s'était même retiré dans un lointain faubourg de Nantes, ne
conservant de relations qu'avec sa famille, quelques amis et
surtout avec les pauvres. Ce sont ces derniers qu'il se plaisait
à visiter ; c'est avec eux qu'il partageait ses revenus, leur en
abandonnant la plus grosse part.

En venant le frapper subitement le 17 mai 1879, au milieu
de ses œuvres de charité, la mort le trouva dans *la paix du
Seigneur*, comme a pu le dire avec vérité la lettre de deuil.

Sa femme, Caroline-Germaine-Marie de Sailly, était morte
à Nantes le 5 avril 1865, ne laissant qu'une fille unique :

Caroline-Henriette-Marie *de Cornulier-Lucinière*, née à Orléans le 18 février 1841, mariée à Nantes le 28 avril 1863 avec Pierre-Rogatien, vicomte *de Lambilly*, né en 1835, fils de Thomas-Hyppolyte, marquis de Lambilly, et d'Alphonsine-Modeste-Paule-Rogatienne de Sesmaisons. De ce mariage sont nés deux fils et cinq filles, savoir : 1º Jean-Germain-Marie-Rogatien, né à Nantes le 27 février 1864 ; 2º Marie-Josèphe-Germaine-Rogatienne, née à Nantes le 30 août 1867 ; 3º Geneviève-Marie-Thérèse-Rogatienne, née à Nantes le 19 février 1869 ; 4º Marie-Chantal, née à Nantes le 10 février 1871 ; 5º Marguerite-Marie, née à Nantes le 29 juin 1876 ; 6º Rogatienne-Élisabeth-Josèphe-Marie, née au château de Nay, commune de Sucé, le 14 juin 1878 ; 7º Joseph-Félix-Marie-Rogatien de Lambilly, né à Nay le 10 mars 1880.

Page 169.

Le comte René de Cornulier-Lucinière commandait la frégate la *Galathée*, dans le grand Océan, lorsqu'éclata notre guerre avec le Mexique ; il eut à croiser sur les côtes de cette république et prit part au combat livré par la division navale du contre-amiral Bouet aux forts d'Acapulco.

A son retour en France, il fut placé au conseil d'amirauté, puis nommé au mois de septembre 1864 au commandement du vaisseau-école le *Borda*, qu'il exerça pendant deux ans. Replacé au conseil d'amirauté, il le quitta de nouveau en 1867 pour prendre le commandement du cuirassé l'*Invincible*, dans l'escadre de la Méditerranée. A l'occasion de l'expédition de Civitta-Vecchia, qui donna lieu au combat de Mentana, il fut nommé commandeur de l'ordre de Pie IX.

Promu contre-amiral le 4 mars 1868, il reçut l'avis de sa nomination à Oran. Peu après son retour en France, il fut nommé inspecteur général des équipages de la flotte à Cherbourg, Lorient et Rochefort. Après avoir rempli cette mission,

il fut nommé major général à Cherbourg, et peu de mois
après préfet maritime provisoire du premier arrondissement. Il reçut alors la grand'croix de Saint-Grégoire-le-
Grand, pour services rendus aux missions catholiques de
l'Océanie.

Il conserva un an la préfecture de Cherbourg et obtint
ensuite, sur sa demande, le commandement en chef de la division navale des mers de la Chine et du Japon, qu'il rejoi-
gnit à Yokohama, où il arbora son pavillon sur la *Minerve*.
Du Japon, il se rendit en Chine par la mer intérieure et fut à
Péking pour y conférer avec le chargé d'affaires de France.
Rendez-vous fut pris à Schanghaï pour remonter ensemble le
Yang-tsé-Kiang, afin de régler sur place les affaires des missions catholiques de ces provinces.

L'amiral de Cornulier revint à Hong-Kong, où il quitta la
Minerve rappelée en France, et mit son pavillon sur la *Vénus*.
Ce fut à Hong-Kong qu'il reçut l'ordre d'aller prendre le gouvernement par intérim de la Cochinchine, mais il voulut auparavant, sinon terminer, du moins mettre en bon train le
réglement des affaires du Yang-tsé. Il se rendit donc à
Schanghaï et, ayant pris à bord de la *Vénus* M. de Roche-
chouart, il remonta avec quatre bâtiments de guerre le
Yang-tsé jusqu'à Nanking. Là, ayant vu que le réglement
se ferait sans difficultés, il remit le commandement de l'escadre au capitaine de vaisseau Maudet, et se rendit à Saïgon
prendre possession de son important gouvernement.

Il eut à conclure un traité de délimitation de frontières
entre le royaume de Siam et le royaume de Cambodge protégé
par la France. Il reçut à cette occasion la grande plaque de

l'Eléphant-Blanc de Siam et fut nommé grand officier de l'ordre du Cambodge.

Lorsque la guerre éclata entre la France et la Prusse, l'amiral de Cornulier mit en état de défense les côtes et les rivières de la Cochinchine, pendant que les bâtiments de sa division couraient sus aux navires du commerce allemand.

Tombé gravement malade, par l'effet du climat, il demanda, à la paix, à rentrer en France, où il arriva au mois de mai 1871. Il fut, aussitôt son retour, élevé à la dignité de grand officier de la Légion-d'Honneur. Sa longue convalescence l'empêcha de reprendre du service actif avant que l'application de la loi sur la limite d'âge vînt le faire passer au cadre de réserve, le 15 avril 1873. Le 4 juin suivant, le ministre de la marine le nomma pour six années membre du conseil supérieur de l'instruction publique.

L'amiral de Cornulier accepta les fonctions de maire de la ville de Nantes, à la demande des conservateurs ; il y fut nommé par décret du 26 février 1874. Il conserva ces fonctions jusqu'aux élections du 20 novembre suivant, qui le nommèrent conseiller municipal ; mais les cinq sixièmes des nouveaux conseillers appartenant à la gauche, il donna sa démission de maire.

L'amiral de Cornulier a été nommé officier de l'instruction publique en 1875.

Page 170.

Du mariage du comte René de Cornulier-Lucinière avec Louise-Elisabeth-Charlotte de la Tour-du-Pin, sont issus :

1º Henri-Raoul-René DE CORNULIER-LUCINIÈRE, né à Nantes le 31 octobre 1838, admis à l'École militaire de Saint-Cyr le 5 novembre 1858, nommé sous-lieutenant au 14º régiment d'infanterie de ligne le 1ᵉʳ octobre 1860, lieutenant au même régiment le 7 janvier 1865 et capitaine le 6 mars 1869. A remporté le premier prix de tir du fusil chassepot à l'école du camp de Châlons en avril 1868. Blessé à la tête par une balle et fait prisonnier à la bataille de Sédan le 1ᵉʳ septembre 1870, il fut conduit à Breslau, en Silésie, d'où il put rentrer en France à la signature de la paix. Nommé chevalier de la Légion-d'Honneur le 8 août 1871, d'après la proposition qui avait été faite par ses chefs sur le champ de bataille de Sédan ; il a été promu, au choix, chef de bataillon au 77º régiment de ligne le 8 octobre 1875.

Le comte Raoul de Cornulier-Lucinière a épousé à Lyon, le 19 juin 1871, Jeanne-Marie-Louise-Berthe SAUVAGE DE SAINT-MARC, née à Toulouse le 11 décembre 1851, fille de Jean-Gustave Sauvage de Saint-Marc et de Bénédicte-Marie *de Nériez*, dont il a :

Marie-Yvonne-Yolande-Jeanne *de Cornulier-Lucinière*, née à Amiens le 25 février 1873.

2º Paul-Louis-Ernest *de Cornulier-Lucinière*, qui suit.

3º Camille-Louis-Marie DE CORNULIER-LUCINIÈRE, né à Nantes le 23 mai 1844, admis à l'École militaire de Saint-Cyr le 1ᵉʳ novembre 1864, nommé sous-lieutenant au 69º régiment d'infanterie de ligne le 1ᵉʳ octobre 1866 et lieutenant au même régiment le 9 août 1870. Fait prisonnier lors de la capitulation de l'armée de Metz au mois d'octobre 1870, il fut conduit d'abord à Cologne, d'où il obtint de rejoindre son frère interné à Breslau. Libéré par suite de la paix, il fut promu capitaine au 106º régiment d'infanterie de ligne le 13 mai 1873, passa avec le même grade au 2ᵉ bataillon de chasseurs à pied le 23 janvier 1874, puis, toujours avec le même grade, le juillet 1875, au 1ᵉʳ régiment d'infanterie de ligne, où il est aujourd'hui capitaine adjudant-major.

Camille de Cornulier-Lucinière a épousé à Nantes, le 27 décembre 1877, Anne-Julie NOUVELLON, née à Frossay (Loire-Inférieure) le 14 mars 1855, fille de Louis-Charles Nouvellon et de Adélaïde-Julie *Adam*.

4º Gustave-Jean-Marie-Alfred *de Cornulier-Lucinière*, né à Nantes le 8 novembre 1855, admis à l'École militaire de Saint-Cyr le 8 octobre 1875, sous-lieutenant de cavalerie à l'École de Saumur au mois d'août 1877, a été nommé sous-lieutenant au 3e régiment de chasseurs d'Afrique, à Constantine, le 18 octobre 1878.

5º Anne-Augustine-Marie-Victorine *de Cornulier-Lucinière*, née à Nantes le 4 août 1847, entrée en religion dans l'ordre de Notre-Dame-de-la-Retraite en 1873.

6º Louise-Anne-Henriette-Marie *de Cornulier-Lucinière*, née à Nantes le 24 juillet 1851, mariée dans la même ville, le 1er juillet 1878, avec Christian-Adrien-Marie *Perez*, capitaine au 6º régiment de hussards, né à Mirande (Gers) le 21 juillet 1849, fils de Paul-Joseph-Octave Perez et de Marie-Françoise-Charles de Colomez de Gensac. Elle en a un fils et une fille, savoir : 1º Amédée-Dominique-Gonzalve-Marie, né à Nantes le 5 avril 1879 ; 2º Jeanne-Madeleine-Marie Perez, née à Bordeaux le 21 septembre 1880.

XV. **Paul-Louis-Ernest**, comte DE CORNULIER-LUCINIÈRE, né à Nantes le 18 février 1841, admis à l'école navale de Brest, sur le vaisseau le *Borda*, le 20 octobre 1858, nommé élève de la marine de deuxième classe le 1er août 1860, promu à la première classe le 1er septembre 1862 ; se distingua à la prise d'Acapulco en allant, à la tête d'un faible détachement, enclouer une batterie qui commandait la passe de la rade. Nommé enseigne de vaisseau le 1er septembre 1864 et lieutenant de vaisseau le 9 mars 1867. Décoré de l'ordre de Saint-Grégoire-le-Grand en 1868, pour l'expédition de Corée, où il s'agissait de protéger les missionnaires catholiques. Nommé chevalier de la Légion-d'Honneur le 12 mars 1870 et commandeur du Medjidié de Turquie en 1876, officier d'ordonnance du ministre de la marine en 1875.

Il a épousé à Nantes, le 6 juin 1870, Nathalie-Marie-Louise DU COUEDIC DE KERGOUALER, née à Nantes le 30 janvier 1849, fille de Charles-Florian-Louis, baron du Couëdic de Kergoualer, ancien lieutenant de vaisseau, chevalier de la Légion-d'Honneur, et de feue Marie-Juliette-Clémentine *Galdemar*. De ce mariage sont nés :

1° Alfred-Charles-Louis *de Cornulier-Lucinière*, né à Nantes le 12 janvier 1872.

2° Clémentine *de Cornulier-Lucinière*, née à Nantes le 6 janvier 1873.

3° Anne-Marie-Jeanne-Nathalie *de Cornulier-Lucinière*, née à Nantes le 10 novembre 1876.

Page 173.

C'est le 4 juillet 1645, et non 1655, que Philippe-Emmanuel de Cornulier épousa Jeanne Garnier.

ADDITIONS

AUX PREUVES DE LA GÉNÉALOGIE DE LA MAISON DE CORNULIER
IMPRIMÉES EN 1847, 1860 ET 1863
AVEC RENVOI AUX PAGES DE LA FILIATION SUIVIE
AUXQUELLES ELLES SE RAPPORTENT

Page 2.

Le nom d'*Hamelin* est inscrit sur les tables de l'abbaye de la
bataille, parmi *ceux des seigneurs normands qui* suivirent le duc Guillaume à la conquête de l'Angleterre
(Duchesne, *Historiæ normanorum scriptores antiqui*,
p. 1124).

On lit dans les *Chroniques craonnaises*, par M. Bodard de la
Jacopière, 2ᵉ éd., 1871, p. 507, art. *Cuillé* :

« Vers 1150, Hamelin de Cornillé et sa femme, nommée
Sathana, donnèrent à l'abbaye de la Roë un boucher de
Cuillé nommé Tebana avec sa maison, son jardin et tous
les cens et coutumes qu'on en pouvait tirer (CLXXXIIIᵉ
charte de la Roë). »

Le cartulaire de la Roë, autrefois à la bibliothèque de Châteaugon-
tier, est aujourd'hui aux archives de Laval. L'abbaye de la
Roë fut fondée en 1096 par Renault de Craon. Hamelin de Cornillé, dont il est ici question, pourrait bien être un Cornillé
d'Anjou.

Page 8.

La Chartreuse du Parc était située dans la paroisse de Saint-Denis d'Orques.

Page 10.

Geoffroy Touchard, seigneur de la Touchardière, dans la paroisse de Ballon, au Maine, ne laissa qu'une fille, Marie Touchard, dame de la Touchardière, mariée à Sylvestre de Scépaux, gendarme de la compagnie de Guillaume de Courceriers, seigneur de l'Espronnière, dans la paroisse de Livré en Craonnais. Elle mourut le 5 janvier 1407, laissant postérité.

Catherine de la Touchardière épousa André de Charnacé, chevalier, seigneur de Charnacé en la paroisse de Champigny ; dont Jeanne de Charnacé, mariée en 1442 à Jean du Buat, seigneur de Bracé.

Touchard porte : *d'azur à la harpe d'argent.*

Page 19.

Fragment de la généalogie de la maison DE COURCERIERS, *au Maine, communiqué par M. Charles d'Achon.*

I. Guillaume III DE COURCERIERS, chevalier, seigneur dudit lieu et de la Ferrière, en Anjou, fit montre de sa compagnie au Mans le 22 août 1390 et testa le 5 juillet 1397. Il avait été marié deux fois : en premières noces avec une femme dont on ignore le nom, et en deuxièmes noces avec *Jeanne de Laval,* fille d'André de Laval, seigneur de Châtillon-en-Vendelais et d'Eustache de Bauçay.

Du premier lit vinrent :

1° Guillaume IV *de Courceriers*, qui suit.

2° Brisegault *de Courceriers*, qui épousa Charlotte de Scépaux.

3° Roberte *de Courceriers*, mariée avant 1407 à Henri le Vayer, dont elle était veuve en 1455.

Du deuxième lit vinrent :

4° Marguerite *de Courceriers*, dame de la Ferrière et de Rouessé.

5° Autre Roberte *de Courceriers*, mariée en 1384 à Bertrand, sire de Montbourcher et du Pinel, en Bretagne.

6° Jeanne *de Courceriers*, mariée à Jean Ouvrouin, chevalier, seigneur de Poligné, près de Laval, tué à la bataille de Beaugé, en 1421. Ce Jean Ouvrouin appartenait à une famille qui a donné un évêque à Rennes et un autre à Saint-Pol-de-Léon. C'est lui sans doute qui était sénéchal du comte de Laval, Jean de Montfort-Gaël, dit Guy XIII, qui accompagna son maître dans son pèlerinage en terre sainte, et qui rapporta son corps à Laval quand il eut succombé à son retour dans l'île de Rhodes, en 1414. Il fut le dernier mâle de sa famille, n'ayant laissé qu'une fille, dame des Roches, morte elle-même sans postérité vers 1430.

II. Guillaume IV DE COURCERIERS, dit le jeune, chevalier, seigneur de la Ferrière, servait sous les ordres de Pierre de Bueil dans la guerre de Bretagne, en 1390, comme le prouve une quittance de ses gages où est apposé son sceau portant *trois quintefeuilles.* Le 10 mars 1405, il assiste comme témoin au traité de mariage entre Charles de Rohan, seigneur de Guémené, et Catherine du Guesclin. En 1414, il rendit aveu pour sa terre de Courceriers au seigneur de Mayenne dont elle relevait. Enfin, il testa le 5 octobre 1421, « étant moult chargé et le corps agravé de maladie. » Comme son père, il avait été marié deux fois : 1° avec Jeanne *d'Avaugour*, qui fut inhumée au chancel de l'église de la Ferrière, en Anjou ; 2° avec

Jeanne *de Laval*, dame d'Aché, dans la paroisse de Saint-Berthevin, au Maine, fille de Thibault de Laval, seigneur de Loué, et de Jeanne de Maillé.

Du premier lit vinrent :

1° Guillaume *de Courceriers*, mort en 1417, avant son père. Il avait épousé Jeanne de *Goulaine*, dont il n'eut pas de postérité et qui lui survécut, ayant pour douaire la terre de Carrouge en Saint-Germain-de-la-Coudre.

2° Jean *de Courceriers* épousa Jeanne *Herbert*, de la maison de Northumberland, veuve de Jean Le Cornu, seigneur de la Barbotière, dont il n'eut qu'un fils :

Guimont *de Courceriers*, mort en bas âge.

3° Isabeau *de Courceriers*, héritière dudit lieu et de la Ferrière, fut mariée à son cousin, Cesbron de Villeprouvée, petit-fils de Jean de Villeprouvée, qui avait épousé, par contrat du 28 mars 1354, Isabeau de Courceriers, sœur de Guillaume III, par lequel nous avons commencé cette filiation. Cesbron de Villeprouvée avait été l'un des otages baillés aux Anglais en 1427 pour la délivrance du duc d'Alençon, fait prisonnier à la bataille de Verneuil, en 1424. La terre de Courceriers est passée par des alliances successives des Villeprouvée aux du Bellay, de ceux-ci aux du Plessis-Châtillon, et de ces derniers aux du Bois, de la branche de Maquillé.

4° Guillemette *de Courceriers*, mariée à Ambrise de Loré.

Du deuxième lit vinrent trois filles dont leur mère était tutrice en 1433, savoir :

5° N*** *de Courceriers*, mariée à N*** de Feschal, seigneur de Thuré.

6° Jeanne *de Courceriers*, abbesse de Nyoiseau, morte en 1449 (?).

7° Aliénor *de Courceriers*, abbesse de Nyoiseau après sa sœur, morte le 13 mai 1463 (?).

Page **23.**

Une famille de la *Jouïere* ou de la *Jouyère*, originaire du Maine et établie en Bretagne depuis 1580, a été maintenue dans cette dernière province en 1669. La terre de la Jouyère, au Maine, est la même chose que la *Juyère*.

La Jouïere porte : *de gueules au château sommé de trois tours d'or, accompagné en chef de deux étoiles d'argent.*

Page **24.**

LETTRE DE PIERRE III DE CORNULIER *au duc d'Étampes, publiée dans les* Preuves *de l'histoire de Bretagne de D. Morice, t.* III, *col.* 1323.

NOTA. — Ce duc d'Étampes dont il était premier secrétaire était Jean de Brosse, comte de Penthièvre, autrement dit Jean de Bretagne, gouverneur de cette province. Son arrière-grand-père, Jean de Brosse, était héritier par sa femme, Nicole de Bretagne, des droits du comte de Blois sur ce duché ; il les avait cédés à Louis XI en 1479.

Après avoir entretenu le duc d'Étampes de ses affaires privées, et l'avoir engagé à dépêcher quelqu'un de bien avisé sur les côtes de Bretagne, où il y avait eu de nombreux naufrages, il lui signale comme points principaux à visiter, et pouvant donner lieu à l'exercice du droit de bris attaché à sa charge, Châteaulin, Landerneau, Brest et surtout le Conquet, où s'est perdu un grand navire vénitien richement chargé, et il ajoute : « où il se pourrait bien trouver qu'il y avait belle compagnie d'or et d'argent, que je voudrais en vos mains, monseigneur, au lieu de vos assignations. »

Pierre de Cornulier lui expose ensuite quel est l'état des esprits à Nantes. « Ici il y a plus grand doute et apparence de sédition et émotion qu'auparavant ; d'autant que, ayant les huguenots entendu que les évêques s'étaient départis de Poissy sans aucune résolution en la religion, et que tous ceux des autres villes, indignés de cela, en faisaient plus grandes assemblées et se saisissaient des églises qu'ils ont pillées en plusieurs lieux, principalement à Tours, ceux d'ici ont pensé

ne devoir moins faire de leur part pour imiter les autres;
pour le moins aux assemblées, lesquelles ils font ordinairement à cette heure au cœur de la ville, jusqu'à deux et trois
cents personnes autorisées d'aucuns des officiers de la justice.
Entre lesquels étaient à la dernière assemblée, qui fut mardi
dernier chez un apothicaire nommé Pineau, tout auprès de la
Vivandière, deux auditeurs des comptes, lesquels M. le sénéchal envoya prier par Chauvinière de ne s'assembler ainsi
illicitement pour ne contrevenir aux ordres du roi et de vous.
A quoi le prédicant répondit qu'ils n'étaient que pour Dieu et
qu'ils se moquaient qu'on le leur permît. Et cependant la commune ne se taisait pas que telles assemblées étaient défendues
et qu'il les fallait châtier, ce qu'ils eussent fait de mauvaise
sorte sans une bannie que ledit sénéchal fit faire, et laissa
ledit Chauvinière à la porte pour empêcher l'événement, qui
est si douteux que si l'on n'y pourvoit ils se batteront à la fin,
car lesdits huguenots ne veulent pas cesser, et qui pis est
menacent et se promettent de se saisir de l'une des églises
pour leur temple, ce que les autres ne souffriront jamais ; et
si sera fort malaisé de les contenir pour le mauvais devoir que
y rend la justice, tant intimidée qu'elle n'y ose toucher.

« Et si au contraire, comme je leur dis, ils faisaient pratiquer
vos ordonnances aux premiers qui y contreviennent, ils n'auraient pas tant de peine. Pour laquelle je vois bien que suivant ce que vous avez mandé à la Reine, il faudra avoir
quelque homme d'autorité par deçà, qui y donne meilleur
ordre; à quoi cependant il est bien requis de prendre garde,
car on me dit hier soir qu'il avait bien entré hier trois cents
personnes étrangères, ainsi que ledit sénéchal m'a dit qu'il
vous écrit bien au long, ensemble des autres particularités et
différends desquels l'on lui vient faire plainte, où il me semble
que je lui dis assez qu'il ne pourvoit pas selon l'ordre que
vous avez établi et laissé en cela. Et crois que pour remédier
à une autre et plus grande assemblée qui se doit encore tantôt
tenir, il fera publier et défendre, suivant vos ordonnances, à
toutes personnes de s'assembler illicitement, et commandement
à tous vagabonds et étrangers de vider la ville, où il y en a
pourrait tant venir chaque jour que qui ne les empêcherait,
ils pourraient être assez forts pour jouer leurs mystères et se
rendre les maîtres de ladite ville. Qui est tout ce que je vous
en puis écrire pour cette heure, si n'est pour supplier le
Créateur vous donner, monseigneur, en parfaite santé, très-
bonne vie et longue.

« A Nantes, ce jeudi 23e jour d'octobre 1562.

« Votre très-humble et très-obéissant serviteur,

« CORNULIER. »

ÉTAT *des pensionnaires de Bretagne pour l'année finissant en*
décembre 1560.

Aux neuf capitaines des francs-archers et élus, à chacun 100 liv., ci.	900 liv.
Au capitaine général desdits francs-archers et élus . .	200
Au sr du Gué, capitaine des gentilshommes de l'évêché de Rennes	200
Au sr de Kerveno, capitaine de ceux de l'évêché de Vannes	200
Au sr de Thivarlen, capitaine de ceux de l'évêché de Cornouailles (et après sa mort au sieur de Thivarlen, son fils, 300 liv.)	400
Au sr de Kersymon, capitaine des gentilshommes de l'évêché de Léon	300
Au sr du Cambout, capitaine de ceux de l'évêché de Saint-Brieuc	300
Au sr de la Garroulaye, capitaine de ceux de l'évêché de Saint-Malo	200
Au sr de Guémadeuc, capitaine de ceux de l'évêché de Dol	200
Au sr de Saugne (et après sa mort 200 liv. à son fils) .	300
Au sr du Breil.	200
Au capitaine de Montfort, Guillaume de Monterfil, et après sa mort au sr de Champagné.	200
Au sr de la Roche-Giffart.	200
Au sr de Lezonnet.	200
Au sr de Saint-Esloy.	200
Au sr de Pontcallec	200
Au sr de la Prestière.	200
Au sr comte de Maure, et après sa mort au sr de la Roche	300
Au sr de la Rochette.	200
Au sr de Mouchy et dorénavant au sr de Boishue. . .	200
Au sr de Sainte-Agathe.	200
Au sr de Villeneuve	200
Au sr de la Mauglaye.	100
Au sr de Guenguat.	200
Au sr de Roscoet	300
Au sr de Kerordo	300
Au capitaine Gué	200
Au sr de Brignac	300

A reporter. . . . . . 7.100 liv.

3

Report. . . . . . 7.100 liv.

Au sr de Plaudry (et après sa mort 200 liv. au sr de la Chasteigneraie, 100 liv. au capitaine Vay et 100 liv. au sr de Cranay).	400
Au sieur de Trémigon.	200
Au sr de la Villeaudren.	100
Au sr de Boishue	100
Au sr de Conctrades.	100
Au sr de Trégomar.	200
Au sr du Rochay.	200
Au sr de Monterfil, capitaine de Vannes	200
Au sr de Robien.	100
Au sr de la Musse	200
Au sr de Fresnes	300
Au sr *de Cornulier*.	200
Au sr de Montigny, capitaine de Sucinio.	200
Au sr de Kergrois	200
Au sr de Carcou	200
Au sieur de Maupertuis.	200
A Jean de Verres et dorénavant au sr des Landes. . .	100
Au sr de la Mauvaisinière.	100

Somme totale. . . . . . . 10.200 liv.

Fait à Nantes, les États dudit pays y tenant, le 27 septembre 1561, certifié par Jean de Bretagne, duc d'Étampes, comte de Penthièvre, gouverneur et liéutenant général pour le roi en Bretagne.

Signé : JEAN BRETAGNE.

Contrat d'acquet de la vicomté de Rezé.

Sachent tous que par notre cour de Nantes a été présent devant nous, notaires royaux soussignés, noble et puissant François, sire de Guémadeuc, vicomte de Rezay, seigneur de Beaulieu et de la Vanerye, de Trévecar, Québriac, demeurant à présent audit lieu et manoir de Québriac, évêché de Saint-Malo, lequel après, etc., a été connaissant et confessant, et par ces présentes connaît et confesse avoir vendu, cédé et transporté à jamais par héritage à noble homme Me Pierre Cornulier, seigneur de la Touche et de Quihez, pensionnaire du roi en Bretagne, receveur de Cornouaille, secrétaire de la reine et de Mgr de Martigues, comte de Penthièvre, gouverneur et lieutenant général de Sa Majesté audit pays, demeurant en la ville de Nantes, présent et acceptant, savoir est : lesdites terres, vicomté et seigneuries nobles de Rezay, situées ès paroisses de

Saint-Pierre de Rezay, Saint-Jean et Saint-Pierre de Bouguenais, Le Bignon, Aigrefeuille et le Pélerin, avec la métairie du Bois-Jollain, appartenances et dépendances. Item, ladite terre et seigneurie de Beaulieu avec ses quatre métairies, l'une desquelles est nommée la Brenerie, autrement Beaulieu, l'autre le Grand-Fief, l'autre Tard-y-Fume et l'autre la Bretonnière, sises ès-paroisses de Port-Saint-Père, Saint-Léger, Brains, Bouaye et Saint-Mars-de-Coutays. Item, ladite terre et seigneurie de la Vanerye située ès paroisses de Haute-Goulaine et de la Haye, avec toutes leurs appartenances et dépendances, maisons, pressoirs garnis, jardins, pourprix, bois de haute futaie et taillis, vignes quarteries, prés, frosts, landes, communs, terres, prééminences d'église, droits de patronage, de juridictions haute, moyenne et basse, droits de lods et ventes, rachats, sous-rachats, déshérances et successions de bâtards, mesures à blé et à vin, droit de ban et d'estanche, droit de quintaine, de pêcheries, foires et marchés, sergents et receveurs francs, bians, corvées, rentes par deniers, blés et avoines, poules et chapons, dîmes, droit de coutume, d'aubaine, épaves, gallois, et tous autres droits et devoirs seigneuriaux. Item, vingt livres, monnaie de Bretagne, de rente due audit seigneur de Rezay sur la maison de Beaulieu située en cette ville de Nantes, en laquelle demeure N. H. Me Guillaume Lemaire, sénéchal dudit Nantes, paroisse Sainte-Croix. Plus dix livres dite monnaie de rente due sur une maison où demeure François Proust, pelletier, rue de la Juiverie. Item, soixante sous de rente, dite monnaie, sur la maison Denis Cassard, située au port Briand-Maillard. Item, trente sous, dite monnaie, sur une autre maison audit port. Plus la moitié de quatorze journaux de pré, partables avec la dame de la Noue, en la prée de la Petite Hanne, vis-à-vis le château dudit Nantes. Encore les prés des Cognaz et de Roger, situés en la paroisse de Saint-Herblain, près Coëron. Et généralement toutes et chacunes les terres, rentes et héritages appartenant audit sieur du Guémadeuc, tant ès dites paroisses qu'en la ville de Nantes et aux environs, sans en rien réserver, pour ledit Cornulier en jouir et disposer tout ainsi qu'a pu faire ledit seigneur du Guémadeuc et ses prédécesseurs, vicomtes et seigneurs desdits lieux.

A la charge, audit acheteur, de faire la foi et hommage au roi, notre sire, duquel lesdites choses sont prochement tenues sous sa cour et juridiction de Nantes audit devoir et à rachat quand le cas y advient. Et de payer, servir en outre à l'avenir à la seigneurie de Loyaulx, à présent réunie à la juridiction dudit Nantes, les rentes foncières féodales qui se trouveront être dues pour raison desdits lieux, lesquelles il a été dit ne pouvoir pour le présent déclarer.

Et a été ladite vente faite à gré de parties pour le prix

et somme de dix-huit mille livres tournois, par ledit Cornulyer présentement et réellement payée et nombrée comptant audit seigneur du Guémadeuc, qui l'a reçue devant nous en espèces de sept mille écus de Castille appelés pistolletz d'Espagne au cri du roi, et le reste en testons et douzains jusqu'au parfait et entier paiement de ladite somme de dix-huit mille livres tournois, de laquelle ledit seigneur du Guémadeuc se tient content et en quitte ledit Cornulyer, etc.

Fait et consenti en la ville de Nantes, en la maison dudit Cornulier, le huitième jour d'octobre l'an 1565, ainsi signé : F. de Guémadeuc, Cornulier.

Et outre la somme principale au contrat ci-devant, icelui faisant, a ledit Cornulier, du consentement et aveu dudit seigneur de Guémadeuc, présentement payé la somme de mille livres tournois pour vins et commissions, quelle somme sera censée partie de la somme principale. Fait lesdits jour et an, signé : F. du Guémadeuc, P. Alain, notaire royal.

Page 30.

Extrait des registres des délibérations du chapitre de Saint-Pierre de Nantes.

Eadem die (lunœ 12, august. 1602) venerabiles domini capitulantes, nominaverunt et eligerunt nobilem virum et discretum dominum Petrum Cornulier, consiliarum regium in curia parlamenti, in decanum ecclesiæ nannetensis, per obitum venerabilis quondam domini Tristani Guillemier, ultimi decani, vigore quorumdam actum ad instar Sancti Graciani turonensis fabricatoris, ad quos spectat eligere decanum, seu etiam ex fundatione ipsiusmet decanatus.

NOTA. — Cette élection demeura sans effet ; Me Etienne Louystre s'étant pourvu en cour de Rome, c'est lui qui prit possession du doyenné le 15 novembre 1602.

Page 31.

L'assemblée générale du clergé de France, réunie à Bordeaux au mois de juin 1621, désigna Pierre de Cornulier, évêque de Rennes, comme le plus éloquent de ses membres, pour haranguer le roi Louis XIII, en son nom, lors de son passage par cette ville. Le discours qu'il prononça en cette occasion solennelle, assisté des cardinaux de Retz et de la Valette et des principaux membres de l'assemblée, a été recueilli par le *Mercure français* (t. VIII, p. 118 à 142), ouvrage devenu fort rare, ce qui nous engage à le reproduire.

SIRE, comme les maux présents causent d'intolérables douleurs, étant accompagnés du souvenir des contentements et félicités passées, aussi la joie des prospérités et heureux succès n'a point de plus vif ressentiment que celui des misères endurées et souffertes, quand elles sont converties en bonheur, et que tout objet de déplaisir est ôté par le rétablissement des choses en leur entier, ou le recouvrement de ce que l'on tenait perdu, et que l'on avait autrefois tant chéri.

SIRE, le deuil et tristesse de l'Église gallicane était extrême, voyant l'ancienne et vraie religion opprimée, son lustre terni et défiguré, et sa liberté captive en beaucoup d'endroits de ce royaume ; principalement se souvenant y avoir autrefois tant régné, et que son époux prenait plus de plaisir à se paître entre les LYS qu'en tous les autres lieux de la terre. Maintenant que le ciel favorable à ses vœux lui a redonné la plupart de ce que la force et la violence avait ravi de ses mains, les souffrances se perdent par les rapproches de son premier bonheur, et notre misère commençant à se changer en félicité, nous changeons aussi nos craintes en espérances, nos soupirs en cantiques, et nos plaintes en louanges. Ce n'est donc plus, SIRE, le chant de la tourterelle pensive et gémissante en ses douleurs, comme elle a été continuellement presque depuis un siècle, qui s'entend en notre terre, mais qui, ressentant les approches d'une saison tant désirée, quitte son ton lugubre pour rendre avec allégresse mille actions de grâces à la divine bonté du soin particulier qu'elle a pris de cette monarchie, en laquelle elle nous a donné un roi puissant pour y rétablir la splendeur et autorité de l'Église, que ses envieux et contraires tenaient comme asservie à leurs volontés et rigueurs.

C'est vous, SIRE, qui faites évanouir nos pleurs et changez les tristes accents de nos voix en acclamations de joie, pour les avantages et grands biens que commençons à cueillir par votre piété et l'effort de vos armes ; aussi, après Dieu, nous en consacrons entièrement les louanges à votre vertu. C'est vous qui allez relevant chaque jour les autels que la félonne hérésie tenait atterrés et abattus de longue main, sur lesquels on renouvelle maintenant les anciens et vrais sacrifices de réconciliation et de paix. C'est vous qui dissipez toutes ces craintes et appréhensions qui nous environnaient jour et nuit. Aussi la

crainte ne loge plus dans nos âmes, et attendant pleine jouissance du repos et sûreté que vos labeurs nous promettent,
sans cesse nous bénissons votre nom et louerons à jamais vos
actions généreuses, lesquelles vont déjà si haut qu'elles peuvent être plus dignement admirées que louées.

Que les anciennes histoires des Hébreux exaltent tant
qu'elles voudront leur roi, qui commença à régner à huit ans,
et au douzième an de son règne entreprit de chasser
l'idolâtrie que ses prédécesseurs rois avaient tolérée et souf-
ferte ; ce qu'il fit en quatre ans, et à la fin d'iceux célébra avec
tous ses sujets réunis la Pâques la plus solennelle de toutes.
Nous éléverons encore par dessus notre Auguste, vous, SIRE,
qui aviez à la vérité un an plus que ce jeune roi lorsque
printes en main le plus noble sceptre de la terre, mais vous
l'avez aussi devancé en ferveur et en zèle envers Dieu, n'ayant
attendu le douzième an de votre règne pour empêcher que l'irréligion et révolte, qui sont sœurs et se tiennent ordinairement
par la main, ne dominassent plus longuement en vos villes.
Aussi attendons-nous cette grâce du ciel qu'en moindre temps
que quatre ans, nous verrons reverdir la saison en laquelle
Dieu sera servi et honoré de tous vos sujets, sans division,
comme il est indivis ; et comme il est toujours semblable à soi-
même, qu'il sera aussi invoqué d'un même esprit et créance
par tout votre royaume, dont la divine bonté agrandira infail-
liblement les bornes, vu la peine et le soin que prenez chaque
jour pour agrandir son service. Que si par les choses passées
on juge l'avenir, ou si ce qui est présent sert souvent de règle
et de loi à ce qui doit succéder, puisque l'an dernier Votre
Majesté a si heureusement rétabli dans le Béarn le vrai service
de Dieu, dont il avait été banni l'espace de cinquante ans,
puisqu'en six mois de cette année l'Église a été restituée à
soi-même, et l'obéissance des sujets à son roi dans l'étendue
des provinces les plus éloignées et rebelles, qui doute que devant un an ce peu qui reste de présomption et d'orgueil endurci
ne s'humilie devant Votre Majesté et ne cède à son invincible
courage ?

Votre bonne vie, SIRE, objet de toute perfection, vrai exemple
de justice et de vertu, et qui est cause que plusieurs quittent
leurs vices, est le gage de notre parfait bonheur, mais surtout
ce feu de l'amour divin qui enflamme continuellement votre
âme ; cet ardent désir qu'a votre Majesté de ramener un chacun
au giron de l'Église par des moyens si salutaires et si doux
qu'ils paraissent offices de roi, de père et de pasteur tout
ensemble. Cette incomparable affection que portez à la gloire
de Dieu, qui vous fait mépriser les périls, les hasards et toutes
sortes d'incommodités pour redonner les églises aux catholiques, rétablir les pasteurs légitimes dans le milieu de leur

bercail, rendre l'usage des sacrements libre au lieu où il était auparavant interdit ; et ce zèle inimitable qui vous anime de plus en plus pour faire rendre à Dieu l'obéissance, le service et reconnaissance qui lui sont dus, et à l'Église son ancien héritage : Tout cela, SIRE, nous est un assuré présage que ce même Dieu, pour l'honneur duquel vous combattez tous les jours, tout bon, tout juste et tout puissant, par un soin et amour réciproque, vous rendra toujours triomphant de vos ennemis, et fera qu'il n'y aura ville qui ne soit bientôt ouverte à Votre Majesté, par crainte, par amour ou par force.

Il serait à désirer que c'eût été plutôt par une voie que par l'autre, plutôt par la douceur que par les armes ; puisque les victoires moins teintes du sang des sujets sont celles qui plantent les palmes les plus hautes et les trophées les plus nobles dans la main de leurs rois, qui sont d'autant plus parfaits qu'ils imitent Dieu de plus près. Et comme ce qui reluit davantage en la divine Majesté est sa bonté qui lui est si naturelle, qu'elle se plaît à combler de bienfaits, même lorsqu'ils le méritent le moins, afin de les attirer à soi plutôt par cette grande loi d'amour que celle de sa puissance. Aussi n'y a-t-il rien de plus recommandable à un grand prince que la douceur et principalement à un roi très-chrétien, qui a été oint et sacré de l'huile sainte, marque de mansuétude et débonnaireté, qui doit paraître par dessus toutes ses œuvres comme l'huile surnage toutes les autres liqueurs. Mais aux maladies invétérées et malignes, comme celles qui affligent maintenant votre État, SIRE, la douceur et l'huile ne sont de soi suffisantes pour les guérir. C'est pourquoi Votre Majesté a été contrainte de recourir au feu et au fer, dont elle va chaque jour corrigeant et resserrant ces mauvaises humeurs qui causent du trouble en son royaume, semblables aux vapeurs de la terre, lesquelles attirées et élevées par la force et vertu du soleil, veulent par après troubler l'air et obscurcir la splendeur de ce même soleil.

Car quelles sortes d'avantages, de faveurs et de grâces n'ont-ils ressenti de temps en temps par édits de pacification et articles secrets, même par dessus vos autres sujets, pour lier leurs cœurs à la règle du devoir, et au terme d'une légitime obéissance ? Quels remèdes doux et lénitifs n'avez-vous pas recherchés en l'affaire de Béarn avant que d'y porter la main pour guérir le mal qui devenait incurable ? Quels pardons et remises n'avez-vous pas présentés à ceux de la Rochelle, pourvu qu'ils missent fin à leurs assemblées illicites ? Et, au lieu de faire leur profit de toutes ces bontés, quelle part n'ont-ils pas pris dans les mouvements et troubles passés, quoiqu'il ne fût question d'eux, ni de l'infraction de leurs édits, ni de leur

religion prétendue ? Quels efforts n'ont-ils fait encore depuis peu
dedans et dehors le royaume pour se soustraire entièrement
de votre obéissance ? A quelles extrêmes et pernicieuses résolutions ne sont-ils portés de partager votre couronne, faisant
un État dans le vôtre, si la puissance eût secondé leurs conseils ? Quels édits de proscription et de confiscation n'ont-ils
publié contre les ecclésiastiques et catholiques ? Quelles lois et
polices, quels départements de l'État n'ont-ils fait comme sou-
verains ? Quels actes d'hostilité et de cruauté n'exercent-ils
encore tous les jours sur vos sujets, la ruine desquels ils ont
conjurée par mer et par terre sans toucher aux étrangers ;
vrais scorpions de la montagne de Carie, dont la piqûre n'est
mortelle que contre les naturels habitants du pays.

SIRE, pour telles gens les grâces se convertissent en vices ;
oui, SIRE, en trop pardonnant, en trop gratifiant la partie vi-
cieuse, les grâces deviennent les nourrices des crimes. Que si
encore, depuis qu'ils ont vu votre juste courroux prêt à s'élancer
contre eux, leur fureur et leur rage les a portés jusque-là de
faire servir des églises au diocèse de Rieux d'écuries à leurs
chevaux, pris et emporté le saint ciboire, et chose que je n'ose
presque dire, arquebusé le crucifix, impiété presque semblable
à ce qui est arrivé près de Tonneins, où ils ont fait traîner le
même saint simulacre à la queue de leurs chevaux. Si ayant
surpris la ville d'Un, au diocèse de Pamiers, ils ont été si
exécrables que faire saler les bêtes immondes dans les fons
baptismaux après les avoir portés en procession, par dérision,
à l'entour de l'église. Malheureux qui contaminez par vos
abominations les lieux saints et sacrés, où les âmes fidèles
prennent leur seconde naissance et leur adoption pour le ciel.
Si, s'étant saisis de Clapiers, à une lieue près de Montpellier,
et ayant pris le curé, ils lui ont coupé le nez, puis précipité du
haut en bas du clocher. Bref, si partout où s'est étendue leur
puissance, mettant leur souverain bien en notre oppression et
leur contentement en nos douleurs, ils ont battu, outragé et
emprisonné les ecclésiastiques et catholiques, des biens desquels ils ont disposé à plaisir, que ne feraient-ils point s'ils
avaient assez de pouvoir pour mettre à exécution leurs haines
et implacables vengeances !

SIRE, tous ces outrages, et autre grand nombre que je mets
sous silence, faits à Dieu, à Votre Majesté et à tous vos bons
sujets, demandent justice, et justice telle que méritent ces
crimes ; car aux extrêmes maux il faut d'extrêmes remèdes.
Et pardonnez-nous, SIRE, si pour l'acquit de nos consciences
nous prenons la liberté de vous dire que les remèdes sont dus
par Votre Majesté, puisque les rois sont envoyés du ciel pour
venger les offenses qui sont faites en terre à la divine Majesté,
punir ceux qui renversent ses lois et maintenir l'Église en sa

splendeur par la justice, la force et les armes que Dieu, dont ils sont la vive image, leur a mis pour cet effet entre mains ; et tous ceux qui y ont manqué, toujours quelque infortune les a suivis à la trace, dont l'Écriture sainte ne nous fournit que trop de funestes exemples au quatrième livre des *Rois*, où il s'en remarque plusieurs qui ont eu les malheurs pour importuns compagnons de leurs jours ; parce qu'encore qu'ils fussent demeurés fermes en l'adoration du vrai Dieu, quoiqu'ils fussent de bonne vie en leur particulier, néanmoins ils n'avaient fait tous leurs efforts pour, en servant Dieu saintement, le faire aussi justement obéir par leurs sujets. Au contraire, tous ceux qui pendant leur règne ont sacrifié leurs plus sérieuses pensées, leurs peines et continuels travaux à l'augmentation de la gloire de Dieu et restauration de son Église, leurs jours n'ont été que victoires ou paix ; s'ils ont eu quelquefois de la peine à surmonter leurs ennemis, ce n'a été que pour élever plus haut leurs trophées et au ciel et en terre, car la peine est mère de la gloire, et la grâce et la paix ont été fidèles compagnes de leurs actions en ce monde, la grâce en la conduite et la paix en la fin.

Tel sera indubitablement le succès de votre louable dessein, SIRE, puisqu'il ne tend qu'à repousser les injures faites à Dieu et à Votre Majesté, lesquelles, tandis qu'elles seront tolérées et souffertes, entretiendront le chaos et la confusion en votre royaume. Car, où l'ordre, le respect et les lois divines et humaines sont violées, il est impossible que l'État soit en repos, ni que le bonheur soit perdurable. Et puisque les choses ont été réduites à ce point que leur erreur obstinée ne peut souffrir la vérité, les droits et l'autorité de l'Église, ni leur félonie ordinaire le joug de l'obéissance qui vous est due, que pouviez-vous mieux faire, SIRE, que prendre la verge de fer en main pour châtier ces criminels de lèse-majesté divine et humaine, qui aiment mieux vivre avec travail qu'être gouvernés en repos, qui convertissent toutes les grâces en venin, et s'aigrissent des effets de votre bonté dont ils se devaient adoucir ?

Car ce n'est pas, SIRE, que nous demandions la guerre ; au contraire, nous souhaitons la paix. Le Dieu que nous servons et annonçons tous les jours à vos peuples est un Dieu de paix, non de dissention. C'est à nous à le suivre avec ce même esprit, et la lui demander incessamment comme le terme et haut point de la félicité à laquelle se doivent aboutir les principales actions de ce monde. Mais, pour avoir une bonne paix, il faut quelquefois la cimenter avec la guerre, laquelle étant justement entreprise, quoiqu'elle traîne après soi des ruines, des ravages et des pertes, vaut néanmoins beaucoup mieux qu'une mauvaise paix. Et, comme de la mer, qui est amère, s'élèvent des nuées qui se convertissent par après en eaux

douces, utiles et profitables à la terre, de même du désordre
vient l'ordre, et d'une sainte guerre la paix et repos immua-
bles. Car Dieu, qui est juste juge, donne toujours heureuse fin
à une guerre bien fondée. Or, il n'y en eut jamais de plus juste
que la vôtre, SIRE, puisqu'elle ne tend qu'à faire rendre à
Dieu et à Votre Majesté ce qui leur est dû en ce royaume.
Ainsi serait crime de douter que la même justice divine ne vous
comble de prospérités et de victoires, foulant aux pieds la té-
mérité des brouillons, et qu'ayant fait ravaler la tempête, elle
ne fasse luire à l'entour de nous un air tranquille et serein,
lequel sera tellement assuré que nul rebelle dessein ne sera
désormais capable de le troubler ou changer.

Pour posséder ce bonheur, SIRE, et le rendre tout vôtre, en
sorte qu'il ne puisse plus s'écouler de vos mains, il ne reste
qu'à suivre la pointe des victoires que le Dieu des batailles a
miraculeusement mise en vos mains. Je dis miraculeusement,
SIRE, car encore que l'on ne puisse vous donner assez de
louanges au prix de vos travaux, et qu'à bon droit nous vous
puissions appeler l'auteur de notre bonheur, le roi de notre
délivrance, voire le sauveur de toutes ces provinces égarées et
perdues dans l'irréligion, la sédition et le vice ; si faut-il
avouer, SIRE, que la dextre du ciel a la meilleure part en tous
ces avantages. Car qui considérera que depuis votre partement
de Fontainebleau, qui fut au mois de mai dernier, les jours se
peuvent à meilleure raison compter par les villes réduites en
votre obéissance que les ans d'Alexandre par ses batailles
gagnées. Qui verra que d'un peuple belliqueux sujet à même
prince, les uns ne savent que vaincre et les autres que craindre.
Ceux qui menaçaient auparavant le ciel et étaient la terreur
des autres sont maintenant si saisis de frayeur qu'ils n'osent
se montrer ; ou s'ils font quelque vaine résistance, on les voit
incontinent tomber attérés à vos pieds, immolés à votre
gloire. Qui regardera aux mêmes lieux où étaient il n'y a que
trois ou quatre mois les plus forts bastions de l'irréligion, à
présent les croix arborées et plantées pour servir de marque de
notre rédemption et de mémoire tout ensemble à vos heureuses
conquêtes. Qui se souviendra que leurs présomptueuses assemblées ont attiré les vapeurs qui depuis ont excité vos ton-
nerres qui grondent si furieusement contre leurs têtes, ouvrant
leur aire et les murailles de leurs villes en cent lieux. Qui fera
cette observance qu'avec une armée médiocre, remplie pour
la plupart de malades, vous êtes venu à bout d'un nombre
infini d'ennemis et de tant de forteresses que l'on jugeait im-
prenables, dont les unes se sont rendues à votre seule présence, les autres ont été presque toutes réduites en poussière
et en cendres pour avoir été frappées de vos foudres. SIRE,
qui examinera tout cela en soi-même jugera que ce sont effets

d'un heur autant divin que de force et prudence humaine,
et que c'est Dieu, lequel se ployant à nos maux, nous a voulu
redonner par vos mains, comme d'un autre saint Louis, la
religion, la justice et la paix qui florissaient de son temps en
la France.

Et puisque tous ces bienfaits procèdent de la main du Tout-
Puissant qui les verse sur vous en grande abondance, ne vous
lassez, au nom de Dieu, SIRE, de les recueillir et en faire votre
profit et pour vous et pour nous, si que la gloire en demeure
pour jamais à Dieu, à vous le mérite et l'honneur, et à nous
le salut, car les grâces, comme elles viennent du ciel, si elles
ne sont chéries et cultivées en terre, retournent au lieu de
leur première origine. Ce qui n'a été si caché aux anciens
qu'ils n'aient figuré cette même doctrine sous le nom de la
fortune, laquelle donnait ses mains, mais elle ne permettait
jamais qu'on lui serrât les ailes. Cette fortune, SIRE, est la
divine bonté, laquelle vous présente ses mains pour défaire vos
ennemis et les nôtres. Mais, si vous ne vous en servez, elle a
ses ailes libres pour quitter la France et s'en retourner dans le
ciel. Et comme Dieu dit à Aza, roi de Juda, par son prophète
Azarias : le Seigneur a été jusqu'ici avec vous, parce que vous
avez uni votre querelle à la sienne ; il rendra encore de plus
en plus vos mains pleines de palmes, pourvu que ne vous
ennuyez de les moissonner. Mais ne détachez votre intérêt du
sien, autrement il vous abandonnerait aussi de sa part ; et
comme la puissance royale est un rayon de ce divin soleil, ce
soleil se cachant ou se retirant de notre horizon, le rayon ne
serait plus lumineux.

Ce qui doit obliger Votre Majesté à parachever ce qu'elle a
si heureusement commencé, ne faisant de l'irréligion et révolte
qu'une même querelle ; car dans la gloire de Dieu elle trouvera indubitablement l'obéissance de ses sujets. Et puisque la
récompense n'est due qu'à la persévérance, ni la vraie couronne de gloire qu'à la fin, non au commencement des actions
généreuses, n'estimez, SIRE, vos travaux achevés, ni le repos
de la France affermi, que lorsque verrez entièrement soumis
à vos pieds ceux qui sont coutumiers de renverser les lois du
ciel et de la terre, et rompre les liens de l'obéissance qu'ils
doivent à l'une et l'autre puissance. Autrement, laissant les
choses en l'état qu'elles sont, ce ne serait que pallier le mal,
et ressembler au malade auquel un médiocre allégement fait
croire qu'il est du tout guéri. Si les Israélites, après s'être
rendus maîtres de la campagne, eussent poursuivi leurs ennemis jusqu'aux montagnes où ils s'étaient retirés, ils n'eussent
vu depuis l'Arche ni leur gloire captive entre les mains des
Philistins. Si Joas, roi d'Israël, eût continué à frapper la terre
de son javelot, comme il avait commencé, il eût eu la Syrie

entièrement tributaire et asservie à ses lois ; mais pour ce qu'il s'arrêta après l'avoir seulement lancé trois coups, pour ce le prophète Élisée, se fâchant contre lui, lui dit que sa victoire serait imparfaite. Le moyen de rendre les vôtres parfaites et accomplies de tout point, SIRE, est de continuer à frapper et foudroyer cette terre ingrate qui ose s'élever contre vous. Et pour plus grande assurance, comme le même prophète mit ses mains sur celles de ce roi, pour enfler son arc, autrement le trait qu'il tira n'eût eu guère de force ; aussi faut-il, SIRE, que l'Église mette ses mains sur les vôtres pour aider à remporter entière victoire de vos ennemis, qu'elle accompagne vos armes de ses prières continuelles ; mais, par un aide commun, comme elle fortifie votre dessein, il faut aussi que l'honneur de l'Église soit la fidèle adresse et la force de votre bras en tous les traits que décochez contre eux. Autrement, ne visant qu'à votre seul intérêt, vos armes ne seraient volontiers invincibles. Mais Votre Majesté se proposant, comme elle fait, le service de Dieu pour principal objet, les siècles à venir sauront à son exemple que tout est possible et sujet à un roi qui approprie ses œuvres à la gloire de son Dieu.

Et d'autant qu'en une occasion si importante à l'honneur de Dieu, au salut des âmes qui nous sont confiées et tranquilité de cet État dont nous tenons le premier ordre, il serait mal séant voir Votre Majesté s'exposer tous les jours aux périls et courber tout son corps sous le faix de cette glorieuse entreprise qui est nôtre, et nous n'y soumettre seulement une partie des épaules ; voir tant de valeureux princes, l'un desquels a déjà éternisé sa mémoire par son grand courage, son zèle et sa mort glorieuse ; voir le chef de vos armées, auquel depuis qu'avec beaucoup de raison et de mérite avez confié votre épée, il a été taillé tant de vives et éternelles images à la gloire de Dieu et à la vôtre, que l'on ne peut trop consacrer de louanges à la sienne ; voir cette brave et généreuse noblesse, l'ornement de la France, la force de votre État, SIRE, qui vous accompagne chaque jour aux combats, aux siéges, aux assauts ; prodigue à l'envi de son sang pour l'avancement de la foi et le service de son roi ; voir tous les ordres de la France contribuer journellement leurs vies, leurs conseils et moyens aux périls et extraordinaires dépenses qu'apporte cette guerre, et nous devenir resserrés, ménagers de biens qui sont à la vérité déposés en nos mains, mais que nous ne devons tenir chers qu'autant qu'ils sont employés au service de Dieu, auquel ils ont été premièrement consacrés. Pour ce, SIRE, les députés du clergé de France, délibérant sur l'état des affaires présentes, nous ont donné charge de présenter à Votre Majesté un million d'or que nous dévouons à la perfection de ce chef-d'œuvre par vous si glorieusement commencé, et particulièrement au siége de la Rochelle, afin que, comme elle a été le chef de la rébellion, elle en puisse aussi être la fin.

Notable somme à la vérité, mais peu de chose en comparaison de l'immense grandeur de celui à l'honneur duquel telle offrande est dédiée, au zèle que nous avons de sa maison et à l'amour que nous portons à Votre Majesté que nous révérons comme l'ange du Tout-Puissant qu'il a envoyé ici-bas pour exterminer et chasser ces renards qui perdaient et gâtaient la vigne de sa chère épouse aux plus beaux et fertiles endroits de la France,

Recevez, s'il vous plaît, SIRE, ce présent, avec la même affection qu'il vous est offert. Présent sanctifié par nos vœux et bénédictions publiques et particulières ; présent d'autant plus juste que bien qui s'engage est pour le bien et augmentation de l'Église, et d'autant plus tolérable pour nous que, par ce moyen, demeure en son entier le reste du temporel de l'Église, l'aliénation duquel ne pouvait être agréable à un roi qui est le fils aîné de cette Église et qui chérit le bien et l'honneur de sa mère ; présent d'autant plus méritoire qu'il procède d'une sincère volonté, sans que le repentir ou regret lui ait donné d'atteinte autre que de n'avoir peu d'avantage pour un si digne sujet.

Et comme la divine bonté exauce souvent les vœux et demandes qui lui sont faites après avoir chargé ses autels d'offrandes, nous supplions aussi Votre Majesté de prendre en bonne part deux très-humbles prières en suite de nos offres. C'est, SIRE, qu'il vous plaise nous maintenir en nos anciens droits, priviléges et immunités, et prêter votre autorité et consentement pour nous faire jouir de ce qui est nôtre, soit qu'il consiste en fiefs ou en châteaux et places fortes, dont la garde nous appartient par raison et par le serment de fidélité qu'avons fait en vos mains. Ne souffrez plus, SIRE, qu'il soit fait aucun exercice de la religion prétendue dans nos terres ou dans l'étendue de nos fiefs, se souvenant que si nous les relevons de Votre Majesté, elle les relève de Dieu qui doit être plus particulièrement servi et honoré en ces lieux-là qu'en tous autres, puisqu'ils ont été donnés à l'Église pour expiation des fautes que l'on a commises en ce monde, et pour délivrance, voire pour rançon des peines auxquelles seraient sujettes les âmes que Notre-Seigneur a premièrement rachetées de son sang. Faites, s'il vous plaît, SIRE, par votre justice et bonté ordinaire, que ce qui nous a été ci-devant accordé par nos contrats soit inviolablement observé, afin que, comme tout le monde est déjà rempli de vos merveilles, nous publions partout que vos paroles sont aussi de fermes oracles. La parole de Dieu s'appelle vérité ; les promesses des princes doivent être fermes et

stables, non variables ni feintes, principalement en ce qui
concerne l'Église, la face de laquelle les grands rois comme
vous, SIRE, ont pris plus de plaisir à voir resplendissante que
triste et abaissée, et sa robe toute entière, non déchirée et
mise en pièces par tant de mains profanes. Notre-Seigneur
ne voulut permettre que sa robe fût partagée ni divisée.
Les prérogatives, la splendeur et la dignité de l'Église, c'est
la robe de son épouse ; vous, SIRE, qui en êtes le premier pro-
tecteur et défenseur, empêchez, s'il vous plaît, qu'elle soit
mi-partie en tant de mains, tantôt par des appellations comme
d'abus, qui renversent la juridiction ecclésiastique et auxquelles
on fait tenir lieu de juste conquête quand elles ont anéanti
l'autorité des prélats. Tantôt par des recherches qui se font
sous prétexte du sel, des huitièmes, des francs-fiefs, hommages
et autres telles indues vexations qui ne sont d'aucun revenu
pour Votre Majesté et d'une grande ruine pour nous. Tantôt
par les entreprises trop fréquentes des juges ordinaires, maires
et échevins des villes, lesquels tâchent par tous moyens à
nous asservir à leurs viles corvées ou nous les faire racheter
par argent contre les ordonnances. La religion et munificence
de vos ancêtres, SIRE, ont préféré l'aide de nos prières à tout
autre secours. Comme aussi l'on n'a jamais vu finir que bienheureux ceux qui ont élevé de leurs jours l'Église au comble
de ses honneurs, parce que les ecclésiastiques, médiateurs
entre Dieu et les hommes, qui savent combien sous l'autorité
et grandeur des bons princes Dieu est servi et l'Église ho-
norée, mesurent à leur vie et à la félicité de leur État la durée
de leur bonheur ; et pour ce il n'y a sacrifices ni prières qui
ne se terminent en eux avec ferveur et zèle, et les prières les
plus ardentes sont celles qui ont le plus de puissance pour
faire halte aux périls et attirer le bonheur.

L'autre supplication qui nous reste, SIRE, est qu'il vous
plaise ne calmer cet orage par les mêmes moyens que l'on a
fait au passé ; aussi bien, quand on partage les droits du ciel
avec ceux de la terre, quand on balance les craintes, les considérations ou apparences humaines avec la puissance et assistance céleste ; quand on mesure l'honneur de Dieu à son repos
ou intérêt particulier, tout ce qui se bâtit là-dessus est aussi
variable que son fondement qui est le monde ; et tout Édit qui
divise la foi divise aussi les royaumes. C'est cette paix, qui
n'est point paix et qui n'en retient que le nom. C'est un mal
fardé sous l'apparence d'un bien. Non, SIRE, que nous vou-
lions détourner les effets de votre clémence envers les particuliers qui, touchés d'un vrai repentir de s'être armés contre
Votre Majesté, auront recours à sa bonté comme à un asile
très-assuré pour eux, sachant bien qu'un grand monarque
comme vous, SIRE, se plaît plus à sauver et pardonner ses

sujets qu'à les détruire et les perdre. Mais tous ces avantages qui leur ont été donnés au passé par ces Édits généraux de pacification n'ont servi qu'à les rendre plus opiniâtres, à guider leur erreur contre Dieu et leur rébellion contre vous. Tant de fois s'accorder, tant de fois se mutiner ; tantôt se mettre au joug, tantôt le secouer, tout cela sont marques de leur infidélité et de notre faiblesse tout ensemble.

Moins encore prétendons-nous déraciner leurs erreurs par la force et violence, reconnaissant la liberté gravée naturellement dans l'esprit de l'homme, que ce qui s'y introduit par force n'est guère de durée, moins encore de mérite pour la foi, qui doit être libre et s'insinuer doucement par inspiration divine, par patience, par remontrances et toutes sortes de bons exemples. Aussi est-ce par cette douce contrainte que nous espérons voir fuir l'hérésie des bords de votre royaume, SIRE, et dissiper ce venin qui, comme un poison tombé dans le corps de votre État, a infecté beaucoup de bonnes parties d'icelui qu'il a trouvé dans sa voie. Sont là les armes desquelles nous prétendons nous servir pour les ramener à la vraie religion de laquelle ils se sont séparés. Mais de votre part, SIRE, comme les causes et racines d'un mal reconnu il les faut retrancher, et aller au devant pour en arrêter le cours, de même Votre Majesté ayant vu par effet que toutes ces places de sûreté que possédaient les rebelles, non par Édit, mais par un simple brevet dont le terme est échu, et par grâce particulière de laquelle ils se sont rendus indignes, n'ont servi qu'à entretenir une faction ouverte de désobéissance, et à exercer contre les ecclésiastiques et catholiques toutes sortes de rigueurs, comme si le ciel les eût fait naître dans ces villes d'otages pour leurs servir de victimes. Pour ce, nous supplions très-humblement Votre Majesté les faire démolir après que Dieu les aura remises entre ses mains, comme elle a déjà commencé, ou, en celles qu'elle voudra conserver, y rendre les catholiques les plus forts, desquels ils doivent attendre tout favorable traitement, comme vivant sous une loi qui enseigne à rendre le bien pour le mal, et à perdre le ressentiment des offenses. Mais eux, ils ne connaissent la patience que de nom, et nous la font pratiquer en effet quand ils ont le pouvoir. C'est le remède qui est dû maintenant à ce mal qui nous ronge ; autrement il serait à craindre que le pouvant à présent, et ne le faisant pas, une autre fois en le voulant on ne le pût pas.

Que si le peuple d'Israël, ayant reçu quelque perte par la main du Chananéen, fit vœu solennel à Dieu que s'il lui donnait victoire contre eux, il raserait ses forts, ce qui fut si agréable à la divine Majesté qu'incontinent il les rendit vainqueurs ; et eux aussi satisfaisant à leur promesse, mirent les villes de ce peuple infidèle par terre. Ne doutez point, SIRE, que si vous faites en ces lieux pareil vœu, pareille promesse à Dieu, il ne vous fasse pareille grâce, voire égale faveur qu'il fit autrefois à Philippe-Auguste et au père de saint Louis vos prédécesseurs, SIRE, lesquels en ces mêmes contrées remportèrent de très-signalées victoires contre les Albigeois qu'ils ruinèrent entièrement, eux, leur hérésie et leurs villes. Car ceux de notre temps ayant rebâti sur ces mêmes ruines leur nouvelle opinion, leurs erreurs et leur secte, et refusant aussi bien l'obéissance au petit-fils de saint Louis que les premiers dénièrent l'hommage au père ; nous nous assurons qu'à pareille faute adviendra pareil châtiment, et que la même divine Majesté vous sera aidante et propice pour venir bientôt à bout, non seulement de ce mont sourcilleux, dont la résistance ne fait qu'attirer une plus grande ruine sur soi et une plus ample gloire sur vous, mais aussi de toutes les autres villes rebelles, et particulièrement de la Rochelle, le centre d'où se tirent toutes les lignes de la rébellion à la circonférence ; ville qui ne s'est accrue que du malheur d'autrui, le cloaque de l'erreur et du vice ; ville pleine de blasphèmes et d'ingratitude contre Dieu et contre son roi qui l'a comblée de tant de priviléges ; et pour ce, qui mérite justement, non seulement en demeurer privée, mais aussi du nom de ville et réduite en village. Le moyen par lequel l'empereur Constance eut raison des gentils idolâtres fut qu'il les fit habiter dans des bourgs non fermés, d'où ils furent appelés *Pagans*, et sans autre plus rude contrainte, cessant l'adoration des faux dieux dans les villes, l'empire romain se vit incontinent tout chrétien.

Dieu veuille, SIRE, qu'il en advienne ainsi des rebelles de votre royaume, lesquels se voyant dénués de forts et de remparts et des moyens de mal faire, se convertissent à la foi catholique et à l'obéissance qu'ils vous doivent. Dieu veuille que ce qui reste d'opiniâtres accoure promptement à votre miséricorde, laquelle touchée d'un sentiment plus qu'humain oublie leurs fautes et les reçoive en sa grâce. Ou, s'ils continuent en leur audace, renversés contre terre, puissent-ils être la proie de vos armes et leur mémoire en perpétuel anathème. Béni soit l'Éternel de ce qu'il nous a donné un roi si valeureux, si pieux et si juste, qui va relevant de jour en jour les deux colonnes de la religion et de l'État qui penchaient contre terre en beaucoup d'endroits de ce royaume. Bénisse l'Éternel ceux qui confortent le courage et les célestes mouvements de Votre Majesté à l'exécution d'une si sainte résolution. Fasse l'heureuse loi que s'étant tous troubles assoupis et n'étant plus qu'un corps dont, SIRE, vous êtes l'âme, le corps répute toujours à bonheur d'obéir et servir l'esprit. Fasse le bonheur de la France que, nous ayant longuement commandés en paix et en repos, vous puissiez avoir après vous une longue lignée, héritière de vos vertus aussi bien que des sceptres. Et atten dant que le ciel convertisse nos souhaits en effets, recevez, s'il vous plaît, la très-humble, très-fidèle et très-véritable obéis sance que vous devons et protestons de rechef à Votre Majesté du plus profond de nos cœurs.

Page 33.

Extrait de l'*Histoire de la sécularisation de l'abbaye de Saint-Méen*, par D. Germain Morel, prieur de Saint-Melaine de Rennes, ms. in 4° de 300 pages, écrit en 1648, appartenant depuis 1855 au séminaire de Saint-Méen; publié, par extrait, par M. Ro partz, in 8° de 38 p. Saint-Brieuc, chez Prudhomme, 1863.

Pierre de Cornulier fut pourvu de l'abbaye de Saint-Méen le 6 juil let 1601, suivant la résignation de messire Jean d'Espinay. Il trouva l'église, les cloîtres et le dortoir proches d'une ruine irréparable, et les murailles de clôture renversées, à tout quoi il remédia au mieux et au plus tôt qu'il lui fut possible, mais non sans y faire de très-notables dépenses, avant même que d'en avoir rien touché. Il s'occupa aussi des propriétés rurales de l'abbaye, qui toutes étaient dans un abandon déplo rable. Il ne se contenta pas de rétablir; il créa un hôpital près de l'abbaye; il y dépensa plus de 25,000 liv., sans compter les rentes dont il dota cet établissement, qui subsiste toujours.

Mais les ruines matérielles étaient peu en comparaison des ruines morales que la décadence universelle des institutions monastiques avait entassées à Saint-Méen, durant le siècle qui s'était écoulé depuis que le bon abbé Robert de Coëtlogon avait laissé son abbaye si florissante et si sainte à la fois.

Pierre de Cornulier entreprit la réforme du monastère et voulut tout d'abord l'essayer avec les religieux mêmes qui s'y trouvaient. Il lutta longtemps, s'enferma avec eux, les exhorta ensemble et séparément; tout fut inutile : ces gens-là, qui n'avaient jamais vu dans la profession monastique que l'assu rance d'une béate oisiveté, étaient absolument inaccessibles à tout sentiment, à toute réflexion d'un ordre supérieur. L'abbé, attaquant le mal dans sa racine, leur défendit de se recruter et de recevoir des novices, afin de les renouveler par extinction. Ce fut une clameur immense; on employa toutes les influences; le réformateur tint bon, et, quand il ne resta plus qu'un

4

petit nombre de vieux moines, il appela les RR. PP. Bénédictins de la société de Bretagne et passa concordat avec eux pour leur établissement le 5 novembre 1626.

Par cet acte, il leur fut assigné le tout de la mense conventuelle, consistant en 440 boisseaux de froment, 272 boisseaux de seigle, 72 boisseaux d'avoine, 6 pipes de vin d'Anjou, 18 pipes de cidre, 150 charretées de bois, la jouissance perpétuelle d'un étang et quantité d'autres espèces de redevances conjointement appréciées à 4,320 liv., sans y comprendre les quatre offices claustraux, qui valaient encore autant. Et, afin de les aider à grossir de plus en plus leur communauté, il s'obligea, de son plein gré, à ne conférer aucun des prieurés dépendant de son abbaye qu'aux religieux de ladite société, déclarant toute collation faite autrement par lui ou ses successeurs invalide et de nul effet.

L'évêque de Saint-Malo, qui était alors Guillaume Legouverneur, sanctionna le concordat, et tout paraissait devoir aboutir à une prompte réforme de l'abbaye, quand tout fut indéfiniment ajourné. La société de Bretagne poursuivait à Rome l'approbation de ses statuts ; mais déjà des influences commençaient à prévaloir ; elles mirent des obstacles à la création d'une société provinciale, sous prétexte qu'il y en avait une autre approuvée pour tout le royaume, et l'on fit comprendre aux réformateurs bretons qu'ils n'avaient d'autre parti à prendre que de se fusionner avec la congrégation de Saint-Maur. L'union se fit au mois d'octobre 1628.

La congrégation de Saint-Maur, trop peu nombreuse pour satisfaire à ses propres engagements, ne put endosser ceux de la société de Bretagne et fournir des sujets à l'abbé de Saint-Méen, qui se vit réduit à attendre, en renouvelant ses infructueuses tentatives pour réformer ses moines par eux-mêmes. Enfin, au bout de douze ans, la congrégation de Saint-Maur se crut assez forte pour entrer dans les vues du prélat, et, le 18 août 1638, deux religieux de Saint-Mélaine de Rennes, autorisés par le général de leur ordre, traitaient avec l'abbé aux mêmes conditions que celles du contrat du 5 novembre 1626. Le même jour, comme pour prendre possession, deux autres religieux de Saint-Melaine étaient pourvus des offices de sacriste et d'infirmier.

Tout semblait terminé, quand Pierre de Cornulier mourut inopinément le 2 juillet 1639, jour fatal à tout l'ordre de Saint-Benoît, et particulièrement à cette pauvre abbaye. Pierre de Cornulier avait soixante-quatre ans ; pourvu de l'abbaye de Saint-Méen à l'âge de vingt-six ans, de l'évêché de Tréguier seize ans plus tard, et de celui de Rennes deux ans après, ce prélat possédait toutes les qualités du cœur et de l'esprit. Très-éloquent orateur, subtil philosophe, savant théologien, vertueux politique, homme d'État sans reproches, juge incorruptible et prélat très-vigilant, il fut mêlé à toutes les grandes affaires de son temps et de son pays. Une humilité profonde et sincère rehaussait toutes ses vertus ; il en donna une dernière marque en défendant que son tombeau portât d'autre épitaphe que celle-ci qu'il dicta lui-même :

PETRUS, PECCATOR EPISCOPUS, HIC RESURRECTIONEM EXPECTAT.

En mourant, Pierre de Cornulier, toujours préoccupé de la crainte d'emporter dans l'autre monde quelques deniers de ses bénéfices, avait légué 7,000 liv. pour la réparation des bâtiments claustraux de Saint-Méen ; son successeur à l'abbaye, Achille de Harlay, évêque de Saint-Malo, les employa à l'installation des Lazaristes, qu'il chargea de diriger le séminaire qu'il obtint d'établir dans le monastère qu'il fit séculariser.

Extrait d'un mandement de Pierre de Cornulier, évêque de Rennes, en date du 27 septembre 1627.

Pierre Cornulier, par la grâce de Dieu et du Saint-Siége, etc.

Sur la remontrance à nous faite par notre promoteur qu'il s'est fait et consenti des concordats entre les prieur (alors Jean Visdelou de la Goublaye) et religieux de Saint-Melaine, et D. Placide Sarcus, prieur de l'abbaye du Mont-Saint-Michel, se disant député du chapitre général de la congrégation de Saint-Maur, auxquels il y a beaucoup de choses contraires à la réforme que lesdits religieux de Saint-Melaine ont témoigné, tant par écrit qu'autrement, vouloir embrasser ; se donnant non seulement la liberté de vivre ainsi qu'au passé, mais même se déportant volontairement de tous leurs lieux réguliers et s'arrogeant chacun d'eux le pouvoir de toucher par leurs mains la pension par eux stipulée plus ou moins, ainsi qu'il est contenu en leurs dits concordats, et d'en être payés absents ou présents ; tellement que, s'ils avaient lieu, tout ce que l'on aurait ci-devant instamment poursuivi, tant audit parlement qu'au conseil de Sa Majesté, de la réformation et correction des mœurs desdits religieux de Saint-Melaine, demeurerait illusoire pour leur égard, voire la discipline régulière plus violée qu'au passé, ce qui consacrerait plus de confusion et de désordre en ladite abbaye que de réforme et de bonne édification ; c'est pourquoi il requiert lesdites clauses, etc.....

Le tout considéré, avant faire droit sur lesdites conclusions, avons ordonné que lesdits prieur et religieux de Saint-Melaine seront assignés devant nous à quinzaine pour répondre aux réquisitions de notre dit promoteur, et cependant défense auxdits prieur et religieux d'exécuter le concordat en ce qui concerne les articles et conditions ci-devant exposés par notre dit promoteur, sous peine de suspension de la fonction de leurs ordres, laquelle encourront *ipso facto* ceux d'entre eux qui contreviendront à nos dites défenses, etc.

(Tiré de la collection des Blancs-Manteaux, à la Bibliothèque nationale, T. 73ʰ, fᵒ 110.)

Les registres de Notre-Dame de Vitré portent la mention qui suit à la date du 22 juillet 1639 : « Illustrissime et révérendissime Père en Dieu messire Pierre *Cornulier*, évêque de Rennes, abbé de Saint-Méen et de Blanche-Couronne, seigneur des Gravelles, décéda à sa maison des Croix, près Rennes, le 22 juillet 1639 et fut ensépulturé le 28 en l'église cathédrale de Saint-Pierre, en la chapelle du Vœu du roi, bâtie aux dépens dudit sieur évêque. Son service fait en Notre-Dame de Vitré par le clergé d'icelle le jeudi 28 des mois et an que dessus. »

Dans la correspondance du cardinal de Richelieu, récemment publiée, on trouve une lettre de ce ministre, en date du 10 novembre 1638, adressée à Pierre de Cornulier, évêque de Rennes, président des États de Bretagne, dans laquelle il lui reproche de ne pas se prêter avec assez de complaisance aux vues de la Cour et du maréchal de la Meilleraie, son parent. Il le menace, en cas de persistance, de prendre le parti du parlement contre lui dans le différend qui existait entre eux.

Extrait des registres de la paroisse de Saint-Laurent de Nantes.

Le lundi 24 avril 1600 est décédée en la maison de la Scolasterie demoiselle Marie de Cornulier, femme et épouse d'écuyer Jacques de Launay, conseiller du roi et président en sa cour de parlement de Bretagne, le corps de laquelle fut inhumé le mercredi en suivant en l'église de Sainte-Radegonde où est leur enfeu.

Page **34.**

Extrait des registres de la paroisse d'Ercé-en-La-Mée.

Le corps de défunte religieuse Philippe Cornulier, prieure de Saint-Malo-de-Teillay, a été enterré en la chapelle dudit prieuré le 4 octobre 1644.

Saint-Malo-de-Teillay était un prieuré dépendant de l'abbaye de Saint-Sulpice de Rennes. En 1621, l'abbesse de Saint-Sulpice rappela toutes ses prieures et les obligea à venir demeurer en clôture à la maison mère ; cependant, il paraît que Mme de Cornulier revint parfois à Teillay, puisque c'est là qu'elle est morte en 1644.

Elle ne fut pas la dernière prieure titulaire de Saint-Malo, car elle eut pour successeurs en ce bénéfice sœur Renée de Beaucé en 1645, sœur Gillette de Lespronnière en 1695, et sœur Marie Ferret, décédée dernière prieure en 1729. A cette dernière époque, tous les titres des prieurés de l'abbaye de Saint-Sulpice furent supprimés, et les domaines et rentes de ces bénéfices furent unis à la mense conventuelle de l'abbaye mère. Depuis lors, Teillay ne fut plus qu'une simple ferme.

Peu après la mort de sœur Philippe de Cornulier, le monastère de Saint-Malo avait été dévasté par une troupe de malfaiteurs, à l'instigation, croit-on, du seigneur de la Roche-Giffart, ardent calviniste du voisinage. Il devint inhabitable et fut complètement abandonné. En 1667, l'évêque de Rennes se plaint de ce qu'on n'y voit plus qu'un cloître en ruines et une chapelle délaissée (note communiquée par M. l'abbé Guillotin de Corson, auteur du *Pouillé de l'archevêché de Rennes*).

Extrait des registres des délibérations du chapitre de Saint-Pierre de Nantes.

Eadem die (veneris 11° maii 1607) venerabiles domini capitulantes, gratum habuerunt et concesserunt prout de hoc requisiti fuerunt, Claudium Cornulier, dominum de la Haye, regis consiliarium, quæstoris rei ærariæ in citeriori an celtica Britannia, generalem præfectum, et in urbe capella ædificans nannetensi ; majorem meritissimum quandam capellam seu sacellum cum sacristia in ecclesia parochiali d⋅væ Luciæ ædificare necnon etiam altare in dicta capella et vitrum unum seu plura conficere suis stemmatibus seu capituli insignita.

Pages **40**, **41** *et* **42**.

Extraits des registres de la paroisse de Sainte-Luce, près Nantes.

Le 8 septembre 1605 fut enterré dans l'église de céans un enfant de M. le général de la Haye.

Le 10 novembre 1625 fut baptisée en l'église de Sainte-Luce Anne-Thérèse Cornulier, fille de messire Claude Cornulier, conseiller du roi, trésorier de France et général des finances en Bretagne, et de dame Judith Fleuriot, sa compagne, seigneur et dame de la Touche, la Haye en Sainte-Luce, les Croix, etc. Parrain écuyer Guy de Renouard, seigneur de Longlée, la Rivière, etc., conseiller du roi et maître ordinaire en sa chambre des comptes de Bretagne ; marraine dame Anne Cornulier, femme et compagne de messire Guillaume de la Noue, seigneur de Vair, Mazelles, etc., conseiller du roi en sa cour de parlement de Bretagne. Signé : de Renouard, Anne Cornulier de la Noue, Gabriel de Goulaine, Claude Cornulier, Barthélemy de Cadaran, etc.

Le 21 septembre 1627 ont été reçus à la bénédiction nuptiale noble et puissant Damien du Boys, chevalier, seigneur de la Ferronnière, de Beauchêne, de la Touche en Anjou, etc., et damoiselle Louise Cornulier, fille de nobles gens messire Claude Cornulier, seigneur de la Touche, de la Haye, etc., conseiller du roi, trésorier de France et général des finances en Bretagne, et de dame Judith Fleuriot, sa compagne.

Le 26 juin 1635 a été par nous, François Destais, prêtre, recteur de l'église paroissiale de Sainte-Luce, diocèse de Nantes, après avoir reçu les certificats de la part des parties ci-après dénommées : l'un du vicaire-général de l'éminentissime archevêque de Paris, par lequel il conste les bans avoir été faits en l'église de Saint-Jean-de-la-Grève de Paris, en date du 3 dudit mois de juin ; et l'autre de messire François Dudaud, prêtre, recteur de Sainte-Radegonde de Nantes, desquelles paroisses les époux et épouse sont paroissien et paroissienne ; certifie avoir reçu dans la chapelle du lieu noble de la Haye, en notre dite paroisse, à la bénédiction nuptiale, M. maître Nicolas Foucault, conseiller du roi en son grand conseil, et dame Louise Cornulier, veuve de défunt messire Damien du Boys, vivant seigneur de la Ferronnière, le tout jouxte les constitutions du saint concile de Trente. Signé : Foucault, Louise de Cornulier, C. Cornulier, Judith Fleuriot, Foucault, Cornulier, etc.

Page 55.

Du 25 septembre 1718, arrêt du Parlement de Bretagne qui, par droit d'évocation, enlève au présidial de Vannes, pour le reporter au parlement, le jugement de cette question : La métairie de Kergauvan, paroisse d'Elven, relève-t-elle du comté de Largouet, comme le prétend le marquis de Cornulier, ou du fief de Quintin-en-Vannes, comme le prétend le comte de Carcado-Rosmadec-Pontcroix et Molac ?

Page **57.**

Du 24 mars 1703, minu et déclaration des maisons, terres, rentes seigneuriales et foncières, droits utiles, tant domaniaux que féodaux, que fournit messire Toussaint de Cornulier, chevalier, marquis de Châteaufremont, etc., en qualité de père et garde naturel des enfants de son mariage avec feue dame Anne-Louise de Trémerreuc, dame comtesse de Largouet, son épouse, à haut et puissant Jacques de Matignon, etc. Pour l'éligement et perception du rachat acquis à la seigneurie de Matignon et de la Motte-Rogon par le décès de ladite dame de Trémerreuc, arrivé le 23 mars 1702, et le décès de Sainte-Thérèse de Trémerreuc, sa sœur, etc. Suit le détail de la maison et manoir de la Ville-au-Pouvoir et de la maison et manoir noble du Breil, dans la paroisse de Saint-Germain-de-la-Mer.

Étienne *Goret*, seigneur de la Talmaschère, épousa à Saint-Malo, le 26 juin 1611, Josseline Bernard, dont il eut deux fils :

1º Jean *Goret*, seigneur de la Tandourie en Corseul, marié à Françoise Pépin, dont une fille unique : Guyonne Goret, née à Saint-Malo le 17 janvier 1644, fut la première femme de Louis de Trémerreuc.

2º Laurent *Goret*, seigneur de la Talmaschère, laissa de sa femme, Jeanne Séré, quatre enfants, savoir :

A. Étienne Goret, seigneur de la Corbonnais, né à Saint-Malo le 20 avril 1651, épousa Marie Sauvage, dont il eut : Jean-Baptiste-Louis Goret, seigneur de la Tandourie, marié le 22 septembre 1729 à Jeanne-Baptiste-Céleste Raoul des Landes.

B. Marguerite Goret, née à Saint-Malo le 26 juin 1644, mariée en 1677 à Claude-Judes du Breil, seigneur du Chalonge.

C. Jeanne-Marie Goret, née le 10 avril 1652, mariée à René Guillaudeuc, seigneur du Plessis, dont postérité.

D. Françoise Goret, née à Saint-Malo le 19 septembre 1655, fut mariée trois fois : 1º avec François Augot, écuyer, secrétaire du roi ; 2º le 12 août 1688, avec Louis de Trémerreuc, veuf depuis le 30 juillet 1680 de Guyonne Goret, sa cousine germaine. Enfin elle convola en troisièmes noces à Saint-Malo, le 28 novembre 1690, avec François-Joachim des Cartes, seigneur de Kerleau, conseiller au parlement, et mourut le 11 août 1729 sans avoir laissé aucune postérité de ses trois mariages. Son dernier mari convola lui-même à Vannes, le 9 octobre 1729, avec Anne-Marguerite-Sylvie-Josèphe de Quilfistre de Bavalan, dont il n'eut qu'une fille, mariée au marquis de Châteaugiron.

Les *Goret* de la Grandrivière appartiennent à une autre branche de la même famille.

(Note communiquée par M. Saulnier, conseiller à la Cour d'appel de Rennes.)

Page **63**.

Du 2 mai 1781, aveu rendu, pour raison d'une tenue à domaine congéable, conformément à l'usement de Rohan, sise au village du Faux, en la paroisse de Loudéac, et relevant prochement de la seigneurie de Molac, à haute et puissante dame Marie-Angélique-Sainte de Cornulier, dame propriétaire des seigneuries de Molac, Moustouer, Rétéac, le Faux, Laubé, la Touche et autres lieux, veuve de haut et puissant seigneur messire Toussaint de Cornulier, chevalier, seigneur du Boismaqueau, ancien président à mortier au parlement de Bretagne.

Page **68**.

Extrait des registres de la paroisse de Sainte-Croix de Nantes.

Le 23 novembre 1664, la bénédiction nuptiale a été donnée à messire Jean-Baptiste de Cornulier. conseiller au parlement de Bretagne, seigneur de la Pérochère, et à demoiselle Jeanne Rogues, fille mineure de défunt écuyer Damiens Rogues et de demoiselle Guillemette Cosnier ; en présence de M. le président de Cornulier, de dame Marie des Houmeaux, dame de la Haye, de N. H. François Ragault, sieur du Boys, de demoiselle Guillemette Cosnier et autres.

Page **69**.

Du 7 juillet 1692, contrat de mariage de Toussaint Henry, seigneur de la Plesse, avec Pélagie de Cornulier, fille de Jean-Baptiste de Cornulier, seigneur du Boismaqueau, et de Jeanne de Rogues.

Du 27 juillet 1729, procuration donnée par Claude de Cornulier, seigneur du Boismaqueau, à Toussaint de Cornulier, son fils, pour se transporter à Rennes à l'effet d'y poursuivre la succession de Mlle Henry de la Plesse, petite-fille de Toussaint Henry, seigneur de la Plesse, et de Pélagie de Cornulier.

Page 72.

Du 18 décembre 1739, contrat de mariage de René Cochon, sieur de Maurepas, avec Marie-Anne Cosnier de la Botinière, fille de Gilles Cosnier, sieur de la Botinière, et de Marie-Marguerite Cosnier, au rapport de Mongin, notaire royal à Nantes.

Du 27 mai 1740, inventaire du mobilier de la maison de l'Esnaudière, en la paroisse de Rezé, dressé par ledit Mongin, à la requête de René Cochon de Maurepas et d'Anne-Marie Cosnier de la Botinière, son épouse.

Du 29 avril 1742, acte de dépôt en l'étude de Me Vrion, notaire à Nantes, du testament de René Cochon de Maurepas, daté du 12 septembre 1741.

Du 1er août 1747, contrat de mariage de Jean-Baptiste-Toussaint de Cornulier, chevalier, seigneur de la Sionnière, mousquetaire du roi, avec Marie-Anne Cosnier de la Botinière, veuve de Pierre Cochon de Maurepas, au rapport de Bertrand, notaire à Nantes.

Du 6 juillet 1754, échange d'héritages en la paroisse de Héric entre Jean-Baptiste-Toussaint de Cornulier, seigneur de la Sionnière, et Yvon du Portail.

Du 8 octobre 1758, acte de licitation passé entre Nicolas-Gilles Cosnier de la Botinière et Marie-Anne Cosnier, épouse de Jean-Baptiste-Toussaint de Cornulier; Mongin, notaire à Nantes.

Des 26 février 1762, 10 novembre 1763 et 22 juillet 1766, trois contrats d'acquêt de prés sis à Pont-Rousseau, faits par Jean-Baptiste-Toussaint de Cornulier, demeurant à sa maison noble de l'Esnaudière, en la paroisse de Rezé, le premier au rapport de Bazille, notaire à Nantes, les deux autres au rapport de Douaud et Briand, aussi notaires à Nantes.

Du 15 septembre 1775, acte d'afféagement en la paroisse de Sainte-Luce, près Nantes, fait par le chapitre de la cathédrale au profit de Jean-Baptiste-Toussaint de Cornulier, seigneur de la Sionnière, et de Nicolas-Gilles Cosnier de la Botinière; Jalabert, notaire à Nantes.

Du 13 avril 1791, requête présentée par Jean-Baptiste-Toussaint de Cornulier au sujet de la capitation.

Page 73.

Du 5 avril 1746, partage S. S. P. entre Toussaint de Cornulier, seigneur du Boismaqueau, Jean-Baptiste-Toussaint de Cornulier, seigneur de la Sionnière, et Jeanne de Cornulier, veuve de Jean-Pierre Charbonneau, seigneur de l'Étang.

Du 2 mai 1776, contrat de mariage de Louis-Anne du Tressay, chevalier, seigneur de la Sicaudais, avec Marie-Anne-Sainte de Cornulier. Renonciation du sieur de Cornulier père à la succession de sa fille, et traité entre lui et son gendre, en date des 20 et 23 janvier et 6 juillet 1781.

Des 8 et 17 avril 1779, partage des biens dépendants des successions de Gilles Cosnier de la Botinière, François Cosnier, Hippolyte Cosnier et Gilles Cosnier, ancien recteur de Saffré, entre Nicolas-Gilles Cosnier de la Botinière, Jean-Baptiste-Pierre de Cornulier, fils aîné d'Anne-Marie Cosnier, et Marie-Anne-Sainte de Cornulier, épouse de Louis-Anne du Tressay, seigneur de la Sicaudais.

Du 21 avril 1781, procuration donnée à Nantes par Jean-Pierre de Cornulier, officier de cavalerie, à Charles-Philippe de Valleton, et transaction passée le 29 dudit mois entre ledit mandataire et Jean-Baptiste-Toussaint de Cornulier, père de son mandant.

Du 14 nivôse an XII (5 janvier 1804), pétition adressée au préfet de la Loire-Inférieure par Jean-Pierre de Cornulier à l'effet d'obtenir la remise des titres et papiers provenant des successions de Jean-Baptiste-Toussaint de Cornulier, son père, et de Gilles Cosnier de la Botinière, son oncle, dont il était seul et unique héritier. Pièces qui avaient été déposées aux archives de la préfecture du temps de la guerre de la Vendée. Il fut fait droit à cette demande.

Page 89.

Le marquis Gontran de Cornulier, élevé dans le département des Landes, où son père s'était fixé pour la surveillance de ses grandes entreprises agricoles; marié jeune en Normandie, où sa femme le fixait dans le magnifique château de Fontaine-Henri dont sa tante, Mme de Canisy, lui assurait la possession; ne pouvait éprouver pour la terre de Vair l'attachement particulier qu'on ressent pour le lieu où se sont écoulées les premières années. Par l'effet des circonstances, il se trouvait dans la situation d'un de ces cadets de famille qui, déshérités dans leur province par l'inégalité des partages, allaient chercher fortune dans une autre, se disant : *ubi bene ibi patria*.

Cependant, si entre la terre de Vair et le marquis Gontran n'avait pu se former une de ces unions corporelles cimentées par la nature, il avait compris les avantages moraux qui portent une race à s'attacher à son berceau d'origine. Vair ne laissait pas que de lui apparaître comme la terre traditionnelle, le membre principal et le chef-lieu du marquisat de Châteaufremont, l'honneur de sa branche, le titre effectif de sa couronne héraldique. Si donc il ne pouvait pratiquer par lui-même le culte des pénates, il espérait du moins le voir repris par son second fils, l'aîné devant hériter de Fontaine-Henri, appelé peut-être un jour à donner son nom à sa branche.

Il destinait donc Vair à ce second fils ; et c'est dans cette vue que, dès 1863, il avait consacré 300,000 fr. à la reconstruction de ce château. Cette combinaison fut déçue ; ce second fils épousa en 1877 Mlle de Boisdenemets, héritière d'un beau château qu'il dut s'engager à habiter, comme l'avait fait son père en pareil cas.

Dans son état ancien, Vair aurait pu être conservé dans la famille comme terre de produit ; il ne le pouvait plus avec la lourde charge qui y avait été ajoutée. Trois cent mille francs *de constructions neuves devenues sans objet* et l'entretien de ces édifices inutiles constituaient une perte sèche hors de proportion avec une fortune ordinaire. Vair dut donc être vendu en 1879.

De ceci ressort une moralité importante : il n'y a pas de plus grand obstacle à la conservation des terres dans les familles que l'existence d'un château trop somptueux ; il produit l'effet d'une tête trop grosse pour le corps auquel elle appartient. Il est un obstacle aux partages en nature. Les exigences qu'il entraîne poussent son possesseur à contracter des alliances où toutes les convenances sociales ne sont pas gardées ; c'est un lourd boulet au pied. D'autres fois, et c'est ici le cas, on ne voit d'autre moyen de réparer une imprudence qu'en recourant à une amputation douloureuse.

Extrait des registres de l'état-civil de la commune de Martot.

Le 2 février 1875, acte de mariage de Jean-Henri-Marie, comte de Cornulier, né à Caen le 5 février 1849, demeurant au château de Fontaine-Henri, canton de Creuilly (Calvados), fils majeur de Gontran-Charles-Joseph, marquis de Cornulier, et d'Ernestine-Élisabeth Le Doulcet de Méré, marquise de Cornulier, demeurant ensemble au château de Fontaine-Henri, présents et consentants, d'une part.

Et Marie-Josèphe-Jeanne-Yvonne-Andrée Grandin de l'Éprevier, née au château de Martot, canton de Pont-de-l'Arche, arrondissement de Louviers (Eure), le 23 février 1854, demeurant à Martot, chez ses père et mère, fille mineure de Pierre-Alexandre Grandin de l'Éprevier et de Sophie-Caroline Lefort, présents et consentants, d'autre part.

Certificat du ministre de la guerre du 25 septembre 1874, portant que le futur époux a satisfait à la loi du recrutement et été définitivement licencié du service militaire le 31 décembre 1872. Déclaration du contrat de mariage reçu le 31 janvier 1875 par Louis-Armand Noyelle, notaire à Elbeuf-sur-Seine.

Témoins : Louis Leforestier, comte d'Osseville, demeurant au château de Camilly (Calvados), âgé de soixante-quatre ans, oncle paternel du futur ; Joseph-Victor, comte de Lonjon, âgé de quarante et un ans, demeurant au château de Benguet, département des Landes, oncle paternel du futur ; Gaston-Odoart du Hazé, marquis de Versainville, âgé de quarante et un ans, demeurant au château de Versainville (Calvados), beau-frère de la future ; et André Costé, comte de Triquerville, âgé de vingt-huit ans, demeurant au château de Cagny (Calvados), beau-frère de la future.

Extrait des registres de l'état-civil du VIIIᵉ arrondissement de la ville de Paris.

Du 27 octobre 1877, acte de mariage de Henri-Marie-Edmond-Toussaint de Cornulier, propriétaire, né à Caen le 18 décembre 1849, demeurant à Fontaine-Henri avec ses père et mère, fils majeur de Gontran-Charles-Joseph de Cornulier et de Ernestine-Élisabeth Le Doulcet de Méré, son épouse, présents et consentants, d'une part.

Et de Jeanne de Boisdenemets, née le 5 novembre 1855 à Cabaignes (Eure), demeurant à Paris avec sa mère, rue du Cirque, nᵒ 5, fille majeure de Armand-Léopold-Daniel, comte de Boisdenemets, décédé, et de Sophie-Caroline de Metz, sa veuve, présente et consentante.

Le contrat de mariage reçu par Mᵉ Adonis Fichet, notaire à Tourny (Eure), le 25 octobre courant.

Témoins : Louis Leforestier d'Osseville, âgé de soixante-six ans, demeurant à Lefresne-Camilly (Calvados), et Joseph-Victor de Lonjon, âgé de quarante-quatre ans, demeurant à Benguet (Landes), tous deux oncles de l'époux ; Victor-Armand-Daniel de Boisdenemets, âgé de soixante-seize ans, demeurant à Montmirey (Jura), cousin de l'épouse, et Charles-Louis-Casimir Ethès de Corny, chevalier de la Légion-d'Honneur, âgé de soixante-quatre ans, demeurant à Fontainebleau (Seine-et-Marne), oncle de l'épouse. Signé : H. de Cornulier, Jeanne de Boisdenemets, marquis de Cornulier, Le Doulcet de Méré, C. de Metz, comte L. d'Osseville, de Lonjon, comte de Boisdenemets, C. de Corny.

Extrait des registres de l'état-civil de la commune de Fontaine-Henri.

Le 5 avril 1869, à neuf heures du soir, a été par devant nous, maire de la commune de Fontaine-Henri, à la prière qui nous a été faite par le marquis de Cornulier, nous sommes rendus à son domicile en cette commune, où étant dans une pièce du rez-de-chaussée, les portes ouvertes et le public admis, ont comparu : M. Charles-Henri, comte de Cussy, domicilié à La Cambe, département du Calvados, âgé de vingt-six ans, né commune de Lessard-le-Chêne (Calvados) le 29 août 1842, fils de Charles-Isaac, marquis de Cussy, âgé de cinquante-six ans, et de Mathilde-Marie Frémin de Lessart, âgée de quarante-sept ans, tous deux domiciliés à La Cambe.

Et Mlle Marie-Madeleine-Aglaé-Joséphine de Cornulier, domiciliée en cette commune, âgée de dix-sept ans, née à Caen le 21 juillet 1851, fille mineure de M. Gontran-Charles-Joseph, marquis de Cornulier, âgé de quarante-trois ans, et de dame Élisabeth-Ernestine Le Doulcet de Méré, âgée de quarante-trois ans, tous deux domiciliés en cette commune.

Les comparants, accompagnés de leurs pères et mères, ici présents et consentants, nous ont requis de procéder à la célébration de leur mariage. Faisant droit à leur réquisition, etc.

Le contrat de mariage au rapport de Me Lavarde, notaire à Caen, en date de ce jour.

Témoins : Félix-Louis-Germain Bardou, avocat, âgé de soixante-trois ans, demeurant à Caen, ami de la future ; Ludovic, comte d'Osseville, propriétaire, âgé de cinquante-six ans, demeurant au Fresne-Camilly (Calvados), oncle de la future ; Alexandre-François, comte de Cussy, âgé de cinquante-trois ans, demeurant à Mandeville (Calvados), oncle du futur ; Auguste, vicomte de Blangy, âgé de trente-cinq ans, demeurant à Juvigny (Calvados), cousin germain du futur.

Signé : comte Henri de Cussy, Marie de Cornulier, marquis de Cornulier, marquise de Cornulier, née Le Doulcet de Méré ; marquis de Cussy de Jucaville ; marquise de Cussy, née Frémin de Lessart ; Bardout, comte L. d'Osseville, comte A. de Cussy, Aug. de Blangy, et Lepelletier, maire.

Page **93.**

Extrait des registres des insinuations de l'évêché de Nantes.

Permutation de la cure de Nort et du prieuré de Saint-Pierre de Matignon avec la cure de Saint-Étienne-de-Montluc.

L'an 1723, le 13 octobre, par devant les notaires royaux et apostoliques de la cour de Nantes, furent présents messires Ange-Achille de Gravé, prêtre, recteur de Saint-Étienne-de-Montluc, demeurant à Saint-Malo ; Jean-Baptiste de Cornulier de la Caraterie, prêtre, recteur de la paroisse de Nort (où il avait été nommé le 15 juin 1720), prieur du prieuré de Saint-Pierre de Matignon, au diocèse de Saint-Brieuc, demeurant ordinairement en la maison presbytérale de Nort, de présent en cette ville de Nantes, logé paroisse Saint-Vincent, en la demeure de messire Charlemagne de Cornulier, son frère ; et François du Breil de la Sauvionnière, prêtre de ce diocèse, chapelain des chapellenies vulgairement nommées des Pépauds et des Grand-Jans, fondées et desservies en l'église paroissiale de Saint-Philbert-de-Grandlieu, demeurant ordinairement à la maison noble de la Sauvionnière, paroisse de Vallet, de présent en cette ville de Nantes.

Lesquels ont créé et constitué pour leur procureur général et spécial Me***, auquel ils donnent par ces présentes pouvoir de, par eux et en leur nom, savoir : ledit sieur Gravé de résigner et mettre entre les mains de N. S. P. le Pape et autres ayant à ce pouvoir, pour cause de permutation canonique de pacifique à pacifique, ladite cure de Saint-Étienne-de-Montluc, dont il est paisible possesseur, avec tous les fruits et revenus d'icelle, sans en rien réserver, pour et en faveur, et non d'autre, dudit sieur de Cornulier de la Caraterie, recteur de Nort. Savoir aussi ledit sieur de Cornulier de la Caraterie de remettre et résigner sa dite cure de Nort, dont il est paisible possesseur, en faveur, et non d'autre que ledit sieur du Breil de la Sauvionnière. Et encore ledit sieur de Cornulier de la Caraterie de résigner et remettre son dit prieuré de Saint-Pierre de Matignon pour et en faveur, et non d'autre, dudit sieur Gravé, et ce du consentement de messire Charles de Cornulier, comte de Largouet et de Launay-Gouyon, patron laïque d'icelui prieuré en qualité de seigneur de Launay-Garnier. Et pareillement ledit sieur du Breil de la Sauvionnière de résigner et remettre ses dites chapellenies des Pépauds et des Grand-Jans en faveur dudit sieur Gravé, et ce du consentement de leurs patrons laïques. Au rapport de Peloteau et Devaux, notaires royaux et apostoliques.

La cure de Nort étant devenue vacante par le décès de N.
et D. Arnaud Dachon, le doyen du chapitre de la cathédrale
de Nantes avait présenté à l'évêque, pour lui succéder, le
15 mai 1720, N. et D. Jean-Baptiste de Cornulier, prêtre du
diocèse de Nantes, qui fut installé dans la cure de Nort le jour
de la Pentecôte, 19 mai 1720. Parmi les témoins qui signèrent
au procès-verbal de cette cérémonie figurent : de Cornulier
de Montreuil, Pierre de Cornulier et Charlemagne de Cornulier.

Page 109.

Charles-Alexis *de Lespinay des Clouzeaux*, étant devenu veuf
de Gabrielle-Félicité *de Buor de la Lande*, épousa en secondes noces, en 1797, Angélique *Josnet de la Doussetière*,
dont il n'eut pas d'enfants. Elle était déjà veuve de deux
maris et vécut jusqu'en 1820. En premières noces, elle
avait épousé Louis-Joseph *Charette de Boisfoucaud*, seigneur du Moulin-Henriet, dont elle eut une fille mariée
pendant la pacification de la Jaunnaie au général vendéen de Sapinaud. En secondes noces, Angélique Josnet
avait épousé François-Athanase *Charette de la Contrie*,
le célèbre général vendéen. De cette union, qui eut lieu
à Nantes le 25 mai 1790, naquit un fils, Louis-Athanase
Charette, né le 2 février 1792, mort à l'âge de deux
ans.

Page 110.

Aux élections du mois de mai 1869, un grand nombre d'électeurs
s'émurent de voir la Chambre composée presque en entier de
députés aveuglément soumis au pouvoir, reconnaissant ses
fautes en politique et en finances, mais n'ayant pas le courage
de s'y opposer. Élus par la pression administrative, ils ne
pouvaient s'élever contre un système dont ils tenaient réellement leur mandat. La circonscription électorale d'Ancenis
était, depuis deux sessions, représentée par un de ces députés
non sérieux : M. Thoinnet de la Turmelière, qui portait la

double chaîne de candidat officiel et de chambellan de l'Empereur. Pour lutter contre cette situation formidable, pour vaincre la pression administrative excitée tout à la fois par l'intérêt et par l'amour-propre, il n'aurait fallu rien moins qu'être assuré de l'assentiment des trois quarts des électeurs, un quart des bonnes volontés devant être comprimées par les menaces des autorités de toutes sortes.

La circonscription électorale d'Ancenis avait été singulièrement taillée dans le département : elle se composait de l'arrondissement d'Ancenis, plus des cantons de Moisdon, Nozay et Saint-Julien-de-Vouvantes, distraits de l'arrondissement de Châteaubriant, et des cantons d'Aigrefeuille, Bouaye, Clisson, Machecoul, Saint-Philbert et Legé, pris sur l'arrondissement de Nantes. En raison de cette configuration géographique, on jugea qu'un *Cornulier* était seul capable de faire échec au candidat officiel. On s'adressa d'abord à Hippolyte de Cornulier-Lucinière, qui déclina cet honneur et le fit reporter sur Henri de Cornulier, qui n'y avait jamais pensé, mais qui, libre et indépendant par position, ne crut pas pouvoir refuser une mission toute de dévoûment.

Sa candidature, lancée seulement quinze jours avant les élections, sans préparation suffisante, et dépourvue de l'appui du clergé, qui jugea politique de ne point intervenir dans le débat, n'en eut pas moins un résultat flatteur. Il y avait 41,839 électeurs inscrits ; 32,630 votèrent. M. Thoinnet fut réélu par 19,946 voix ; Henri de Cornulier en obtint 12,610 ; il y eut seulement 84 voix perdues.

Page **111.**

Extrait des registres de l'état-civil de la ville de Nantes.

Le 28 août 1876, acte de mariage de Henri-Louis-Marie de Cornulier, avocat, célibataire, fils majeur d'Auguste-Louis de Cornulier, sénateur, âgé de soixante-trois ans, et de Caroline Grimouard de Saint-Laurent, son épouse, âgée de cinquante-cinq ans, présents et consentants, né à Nantes le 9 janvier 1851, domicilié chez ses père et mère, à Saint-Hilaire-de-Loulay (Vendée), d'une part.

Et **Marthe-Virginie-Ernestine Richard de la Pervanchère,**

propriétaire, célibataire, fille majeure de Pierre-Alfred Richard de la Pervanchère, ancien député à l'Assemblée nationale, chevalier de la Légion-d'Honneur, âgé de quarante-neuf ans, et de Laure-Suzanne Sallentin, son épouse, âgée de quarante-quatre ans, présents et consentants, née le 26 décembre 1853, à Nantes, y domiciliée chez ses père et mère, rue du Lycée, d'autre part.

Lesquels ont passé contrat devant Mᵉ François-Adolphe du Cloux, notaire à Nantes, le 23 août.

En présence de Henri de Cornulier, propriétaire, âgé de soixante ans, oncle paternel de l'époux, et de Henri Grimouard de Saint-Laurent, oncle maternel de l'époux.

Hippolyte-Marie-Charles de Poulpiquet du Halgouet, âgé de vingt-huit ans, chevalier de la Légion-d'Honneur, beau-frère de l'épouse, et Arthur de Goulaine, propriétaire, âgé de cinquante-cinq ans, demeurant à Redon.

Extrait des registres de la commune de Casson.

Le 21 septembre 1878 est comparu M. le comte Louis-Henri-Marie de Cornulier, âgé de vingt-sept ans, domicilié à Saint-Hilaire-de-Loulay (Vendée), lequel a déclaré et présenté un enfant du sexe masculin, né ce jour, à une heure du soir, au château de la Pervanchère, en cette commune, de lui déclarant et de dame Virginie-Ernestine-Marthe Richard de la Pervanchère, son épouse, âgée de vingt-quatre ans, et auquel il a déclaré vouloir donner les prénoms de *Auguste-Laurent-Marie.*

Fait en présence de MM. Richard de la Pervanchère (Alfred), âgé de cinquante et un ans, chevalier de la Légion-d'Honneur, aïeul de l'enfant, et de Félix Hauraix, âgé de vingt-huit ans, homme de confiance, domicilié au château de la Pervanchère.

Signé : comte Louis de Cornulier, Richard de la Pervanchère, Hauraix et Pellé, adjoint.

Extraits des registres de l'état-civil de la ville de Nantes.

Le 10 août 1870 ont été mariés Olivier-Marie-Liguory Boux de la Vérie, propriétaire, célibataire, fils majeur de Armand Boux de la Vérie, âgé de soixante-sept ans, et de Marie-Victoire Guimbauld de la Grostière, son épouse, âgée de soixante-cinq ans, présents et consentants; né le 26 août 1839 à Saint-Christophle-du-Ligneron (Vendée) et domicilié à Challans, chez ses père et mère, d'une part.

Et Yolande-Marie de Cornulier, propriétaire, célibataire, fille majeure de Auguste, comte de Cornulier, âgé de cinquante-huit ans, et de Grimouard de Saint-Laurent, son épouse, âgée de cinquante et un ans, présents et consentants, née le

25 juin 1848 à Saint-Hilaire-de-Loulay (Vendée), et domiciliée à Nantes, chez ses père et mère, rue Félix, d'autre part.

Le contrat, en date du 9 courant, au rapport de M⁰ Reliquet, notaire à Nantes.

En présence de Charles Bastard de Villeneuve, propriétaire, âgé de quarante-huit ans, demeurant à Guignen (Ille-et-Vilaine), beau-frère de l'époux, et d'Achille-Galbaud du Fort, propriétaire, âgé de trente-huit ans, demeurant à Challans (Vendée), aussi beau-frère de l'épouse; de Henri de Cornulier, propriétaire, âgé de cinquante ans, demeurant rue du Lycée, oncle paternel de l'épouse, et d'Henri Grimouard, comte de Saint-Laurent, âgé de cinquante-cinq ans, demeurant à Saint-Laurent-de-la-Salle (Vendée), oncle maternel de l'épouse.

Le 28 juillet 1873, acte de mariage entre Adrien-Joseph-Marie de Mauduit du Plessix, propriétaire, célibataire, fils majeur d'Adrien-Thomas-Jules de Mauduit du Plessix, âgé de cinquante-neuf ans, et de Pauline-Julie de Kermarec, son épouse, âgée de cinquante-sept ans, propriétaires, présents et consentants ; né à Nantes le 22 avril 1845, et domicilié chez ses père et mère, à Locquiriec (Finistère), d'une part.

Et Berthe-Marie de Cornulier, propriétaire, célibataire, fille majeure d'Auguste-Louis-Marie, comte de Cornulier, âgé de cinquante-neuf ans, et de Pauline-Caroline Grimouard de Saint-Laurent, son épouse, âgée de cinquante-quatre ans, propriétaires, présents et consentants; née le 20 juin 1849 à Saint-Hilaire-de-Loulay (Vendée), et domiciliée à Nantes chez ses père et mère, d'autre part.

Laquelle a déclaré sous serment, avec ses père et mère et témoins, que c'est par erreur que l'on a omis dans son acte de naissance les prénoms de sa mère, qui sont Pauline-Caroline, et les prénoms de son père, Auguste-Louis-Marie, et non Auguste seulement.

Le contrat en date du 26 juillet, au rapport de Me Billot, notaire à Nantes.

Les témoins du mari ont été : Thomas-René-Hyacinthe de Mauduit du Plessix, propriétaire, chevalier de la Légion-d'Honneur, âgé de cinquante-sept ans, demeurant à Bains (Ille-et-Vilaine), et René-Thomas-Marie de Mauduit du Plessix, capitaine d'état-major, officier de la Légion-d'Honneur, âgé de quarante-deux ans, demeurant à Nantes, tous les deux oncles de l'époux.

Les témoins de la femme ont été : Henri de Cornulier, propriétaire, âgé de cinquante-sept ans, oncle de l'épouse, demeurant à Nantes, rue du Collége, et Henri Grimouard de Saint-Laurent, propriétaire, âgé de cinquante-neuf ans, demeurant à Saint-Laurent-de-la-Salle (Vendée), oncle maternel de l'épouse.

Ont signé : Adrien de Mauduit, Berthe de Cornulier, comtesse Auguste de Cornulier, comte Auguste de Cornulier, Grimouard de Saint-Laurent, H. de Cornulier, de Mauduit, née de Kermarec, de Mauduit du Plessix, Th. de Mauduit, R. de Mauduit, Auguste de Cornulier, Louis de Cornulier, M. de Kermarec, L. de Mauduit, Y. Boux de Casson, comtesse Félix de Romain, S. de Cintré, comtesse de Cintré.

Page 116.

Arrêt rendu le 30 août 1664 par la chambre de l'Édit du parlement de Paris au sujet des prééminences en l'église paroissiale de Nort, entre :

1o Messire François Bonnet, sieur de la Châtaigneraie ;

2o Messire Jean Beaudouin, prêtre, recteur de la paroisse de Nort ;

3o Messire Claude de Cornulier, abbé commandataire de Blanche-Couronne, seigneur de Lucinière ;

4o Messire César de la Muce, baron dudit lieu, seigneur de Villeneuve, du Moulin et de Rieux-en-Nort ;

5o Messire François de Montullé, seigneur de Longlée ;

6o Messire René de Pontual, président à la chambre des comptes de Bretagne, seigneur de la Gazoire, tant en son nom que comme tuteur de Joseph Rousseau, seigneur de Saint-Aignan.

Par une requête présentée au présidial de Nantes le 21 janvier 1659, François Bonnet avait demandé que le curé Jean Baudouin fût condamné à lui faire réparation de prétendus scandales et injures qu'il lui aurait adressés, avec défense d'y récidiver, et qu'il lui fût ordonné de rayer à ses frais les armes qu'il avait fait apposer à deux autels de son église. Qu'à cette fin descente serait faite sur les lieux et procès-verbal dressé en présence du substitut du procureur général du roi près le présidial de Nantes, avec défense de mettre à l'avenir aucunes armes en ladite église. En outre, condamner ledit curé à rapporter à la fabrique de son église les huit sous par lui exigés chaque dimanche depuis qu'il en était recteur.

Jean Beaudouin déclarait ne prétendre à aucuns droits ni prééminences en l'église de Nort, et présentait un acte capitulaire de ses paroissiens, témoignant de leur reconnaissance pour les bienfaits qu'ils en avaient reçus.

Sur quoi les présidiaux de Nantes rendirent, le 15 février 1659, une sentence qui mettait les parties hors de cause, sans dépens.

Le 28 août 1659, François Bonnet appela de cette sentence au parlement de Rennes, demandant que le curé Baudouin fût tenu d'avouer les faits par lui allégués et, en cas de contestation, qu'il lui fût permis d'en informer. A cet effet, que descente serait faite sur les lieux par l'un des conseillers audit parlement pour, en présence du procureur général, être dressé procès-verbal des innovations et armoiries que ledit Baudouin avait fait mettre en l'église de Nort.

C'est alors qu'intervint l'abbé Claude de Cornulier, par deux requêtes des 6 octobre et 7 novembre 1659, prétendant à la qualité de fondateur de ladite église de Nort, en la possession de laquelle lui et ses auteurs auraient toujours été fondés à cause de la terre et seigneurie de Lucinière, et concluant à ce que les armes que le curé Baudouin avait fait apposer aux autels et en ladite église fussent rayées, et à ce que défense fût faite au seigneur de la Muce de prendre la qualité de fondateur de ladite église paroissiale.

Le 24 novembre 1659, François de Montullé, seigneur de Longlée, dont les fiefs avoisinaient le bourg de Nort, était reçu intervenant dans le débat des prééminences auxquelles il prétendait de son côté.

Enfin, le 23 octobre 1660, René de Pontual présentait aussi sa requête à l'effet d'être maintenu dans les droits de prééminence auxquels il prétendait en l'église de Nort, à cause d'une chapelle prohibitive dépendante de sa maison de la Gazoire qu'il y possédait. Déclarant au surplus qu'il ne reconnaissait que le roi seul pour patron, fondateur et supérieur de ladite église.

En présence de ces compétitions, le curé Baudouin appela le seigneur de la Muce à défendre les droits qu'il prétendait contre ceux qui les lui disputaient.

César de la Muce, mis en demeure, déclare qu'il demande à être maintenu et gardé en la possession et jouissance qui lui appartient, d'être patron et fondateur de ladite église, située dans le proche fief de sa juridiction de Villeneuve, et dans les prééminences et droits honorifiques à lui dus en qualité de fondateur et seigneur des terres et juridictions de Villeneuve, le Moulin et Rieux-en-Nort, avec tous droits de haute, moyenne et basse justice qui s'exercent par ses officiers au bourg dudit Nort. En conséquence, conclut à ce que le curé Baudoin soit maintenu en l'usage de la permission qu'il lui a donnée de mettre ses armes aux endroits et choses qu'il avait gratuitement données à ladite église, et cela par reconnaissance de ses bienfaits. Sans toutefois que ledit curé pût

s'attribuer aucunes prééminences au préjudice des droits
honorifiques appartenant audit de la Muce à cause de ses juridictions.

Pendant que ces prétentions se débattaient devant le parlement de Bretagne, un arrêt du conseil privé du 6 octobre 1662
en renvoya la connaissance à la chambre de l'Édit établie au
parlement de Paris en faveur des religionnaires dont César de
la Muce était l'une des principales colonnes.

Devant cette nouvelle juridiction, toutes les parties firent
défaut, à l'exception de l'abbé de Cornulier et du baron de la
Muce ; c'est entre eux seulement que le débat s'établit. En
vain l'abbé établit-il que, par un usage plus que séculaire, les
seigneurs de Lucinière étaient en possession des prééminences
dans l'église paroissiale de Nort, le baron de la Muce lui
répondit victorieusement en arguant de la situation matérielle
des lieux.

Aucun des fiefs de la seigneurie de Lucinière ne touchait le
bourg de Nort. L'église paroissiale était bâtie dans l'enclave de
la juridiction du sieur de la Muce, et peu importait que l'endroit où elle s'élevait fût amorti. Les terres adjacentes et le
cimetière relevaient du sieur de la Muce, tant en proche qu'en
arrière-fief. Il en était de même de toutes les maisons du bourg
de Nort, fors une seule, qui était de Rieux sous Nozay. Il y
avait dans le chœur et chanceau de l'église un banc armorié
des armes des seigneurs de Vezins, précédents seigneurs des
juridictions que le baron de la Muce possédait en ladite paroisse, comme aussi un cep et collier et un poteau planté
vis-à-vis de la grande porte de l'église pour courir la
quintaine : ledit cep armorié des armes des seigneurs de
Vezins.

Sur quoi LA COUR, faisant droit sur le tout, a maintenu et
gardé ledit de la Muce comme seigneur haut justicier des
terres et seigneuries de Villeneuve, le Moulin et Rieux, en la
possession et la jouissance des droits honorifiques et prééminences en l'église de Nort. En conséquence, met l'appellation
dudit Bonnet à néant, ordonne que ce dont a été appelé sor-
tira effet, ce faisant a débouté lesdits Bonnet, de Cornulier,
de Montullé et de Pontual de leurs demandes, et condamnés
aux dépens vers lesdits Baudouin et de la Muce, et encore
ledit Bonnet à l'amande ordinaire de douze livres.

Page **119.**

Extrait des registres de la paroisse de Saint-Laurent de Nantes.

Le 5 décembre 1628 ont été épousés par Monseigneur révérendissime évêque de Nantes messire Pierre de Quermeno, fils de messire Préjan de Quermeno, chevalier, seigneur de Quéralio, Lauverguac, Bodeuc, Botpillio, la Haultière et des Hommeaux, gouverneur des ville et château de Guérande, et de dame Jeanne Charette, sa compagne, natif de la paroisse de Mouzeil, et damoiselle Judith Cornulier, fille de messire Jean Cornulier, chevalier, seigneur de Lucinière, Montreuil, conseiller du roi, grand maître enquesteur et général réformateur des eaux, bois et forêts de France au département de Bretagne, et grand veneur audit pays, et de dame Marguerite Le Lou, sa compagne, de la paroisse de Saint-Laurent de Nantes.

Signé : Ph. E. de Nantes, P. de Kermeno, Judic Cornulier, Jean Cornulier, Jeanne Charette, Marguerite Le Lou, Guillaume de Kermeno, Renée de Kermeno, C. Cornulier, V. Cornulier.

Page **129.**

Extrait des registres du parlement de Bretagne.

Du 9 octobre 1676, messire Guy le Meneust, président.

Ont été vues, chambres assemblées, les lettres de provision d'un office de conseiller originaire en la Cour, données à Versailles le 3 septembre dernier, obtenues par maître Jean-Baptiste Cornulier, avocat en la Cour, sur la résignation de maître Jacques de Farcy, conseiller, et la requête dudit Cornulier à ce qu'il plût à la Cour le recevoir et admettre en l'exercice dudit office. Sur ce délibéré, a été arrêté que la requête et lettres dudit Cornulier seront communiquées au procureur du roi, et les conclusions de maître Gilles de Boisbaudry, avocat général, vues, la Cour a commis maître Julien Le Gouvello, conseiller, pour informer des vie, mœurs, âge et religion catholique, apostolique et romaine dudit Cornulier.

Du 12 octobre 1676. A été vue, chambres assemblées, l'information faite en exécution de l'arrêt de la Cour du 9 de ce mois par un conseiller et commissaire d'icelle, des vie, mœurs, âge et religion de maître Jean-Baptiste de Cornulier ; conclusions du procureur général du roi ; et après que messire

Claude Cornulier, président, maître Charles Lefebvre, conseiller, et maître François Fouquet, président aux enquêtes, se sont retirés ; sur ce délibéré, a été arrêté qu'il sera donné loy audit Cornulier et fait entrer en ladite Cour. Lui est advenu à l'ouverture fortuite de la loi troisième *Eamque ista venit*, etc. *Cod. si mancipium ita venierit ne prostitueretur.*

Du 19 octobre 1676, messire Christophe Fouquet, président.

Maître Jean-Baptiste Cornulier, mandé en chambres assemblées, a répondu sur les lois ci-dessus, sur le *Digeste* à l'ouverture des livres et sur la pratique, puis s'est retiré. La Cour, délibérant sur la suffisance dudit Cornulier, a été présentée une requête de maître Siméon Lefebvre, prétendant avoir le droit d'être reçu avant lui ; sur quoi la réception dudit Cornulier a été ajournée à un mois pour vider l'incident. Néanmoins l'a fait rentrer, l'a reçu en son office de conseiller, et lui a fait prêter le serment en tel cas requis, sauf à ne prendre place que dans un mois.

Du 20 novembre 1676, messire Christophe Fouquet, président.

Ce jour, maître Jean-Baptiste Cornulier, pourvu de l'office de conseiller originaire en la Cour que possédait maître Jacques de Farcy, et y reçu le 19 octobre dernier, mandé en ladite Cour, chambres assemblées, y a pris place.

Du vendredi 13 décembre 1720, messire Pierre de Brillac, premier président.

Ce jour, chambres assemblées, la Cour, avertie que les parents de feu maître Jean-Baptiste de Cornulier étaient au parquet des huissiers et désiraient l'entrée en ladite Cour ; icelle leur ayant été permise, maître de la Bigottière, conseiller, qui les présentait, a dit que ledit maître de Cornulier étant décédé en cette ville de Rennes le jour d'hier, lesdits parents auraient délibéré suivant sa volonté de faire ce jour ses obsèques et funérailles dans l'église de la paroisse de Saint-Germain, aux onze heures du matin ; pourquoi ils supplient la Cour d'honorer la mémoire dudit défunt de son assistance auxdites obsèques. Sur quoi leur a été dit par messire Pierre de Brilhac, premier président, que la Cour se trouverait en corps auxdites obsèques et honorerait de sa présence le convoi des funérailles dudit défunt.

CONFIRMATION DU TITRE DE LA BARONNIE DE LA ROCHE-EN-NORT.

Louis, par la grâce de Dieu roi de France et de Navarre, à tous présents et à venir salut. Notre très-cher et bien amé cousin Henri de la Trémoille, duc de Thouars, pair de France, prince de Talmont, comte de Laval, nous a fait remontrer que lui et ses prédécesseurs ont de tout temps immémorial joui de la baronnie, terre et seigneurie de la Roche-en-Nort, tenue de nous à cause de notre comté de Nantes, où ses prédécesseurs ont toujours fait les foi et hommage qui ont été reçus en la chambre de nos comptes audit Nantes, en qualité de baronnie, à cause de quoi notre dit cousin vendant ladite terre à notre très-cher et bien amé cousin Louis de Rohan, prince de Guéméné, et à notre très-chère et bien amée cousine dame Anne de Rohan, son épouse, par contrat du 5 février 1626, il y a employé ladite qualité de baronnie et seigneurie de la Roche-en-Nort, laquelle ledit sieur de Guéméné a baillée par échange en la même qualité à la dame de la Roche-Giffart, les héritiers de laquelle ont fait procès pour leur garantir entre autres choses ladite qualité de baronnie, ce qui a été sommé et dénoncé à notre dit cousin, lequel a levé en notre chambre des comptes de Nantes les extraits des aveux de 1409 et du 6 avril 1467, par lesquels les prédécesseurs de notre dit cousin ont rendu leurs aveux de ladite terre de la Roche-en-Nort, conjointement avec la terre de la Roche-Bernard et de la Roche-à-Savenay, avec la qualité de baronnie conjointement aux trois terres. De plus, notre cousin a trouvé deux actes des 16 mai et 24 juillet 1464, par lesquels Françoise, duchesse de Bretagne, a composé des rachats et profits de fief qu'elle devait à cause de sa terre et seigneurie de Nozay, qu'elle reconnaît être tenue en fief de ladite baronnie. Et outre, notre cousin a levé un extrait des plaids de ladite terre, du 13 mai 1552, qui porte aussi ladite qualité de baronnie. Et combien qu'elle soit justifiée par lesdites pièces, étant impossible de trouver à présent le titre fondamental d'érection de ladite baronnie, néanmoins notre dit cousin, craignant qu'on voulût continuer les procès sous ce prétexte, nous a très-humblement supplié vouloir, en tant que besoin serait, confirmer ledit titre de baronnie.

A quoi inclinant, en considération des bons et agréables services qui nous ont été rendus par notre dit cousin, après avoir fait voir en notre conseil lesdits extraits d'aveux, composition de rachat et extraits des plaids de ladite terre, dont copies collationnées sont cy attachées sous le contre-scel de notre chancellerie, nous avons, en tant que besoin serait, confirmé et approuvé, confirmons et approuvons par ces présentes signées de notre main les titre et qualité de baronnie de la terre et seigneurie de la Roche-en-Nort. Voulons que les possesseurs d'icelle en jouissent audit titre et soient reçus à nous faire les foi et hommage, et rendu leurs aveux audit titre et qualité de baronnie, nonobstant qu'il ne paraisse de titre d'érection d'icelle, dont nous avons dispensé et dispensons notre dit cousin de la Trémoille.

Si donnons en mandement à nos amés et féaux conseillers

les gens tenant notre chambre des comptes à Nantes, et à tous
nos officiers qu'il appartiendra, de faire lire et enregistrer ces
dites présentes et du contenu en icelles, fassent et souffrent
les possesseurs de ladite terre de la Roche-en-Nort jouir
d'icelle en qualité de baronnie et droits qui en dépendent, et
reçoivent les hommages, aveux et dénombrements qui leur seraient présentés en ladite qualité, car tel est notre plaisir.
Donné à Saint-Germain, au mois de septembre, l'an de
grâce 1640 et de notre règne le trente et unième. Signé Louis;
et sur le repli : Par le roi, *de Loménie;* à côté, visa, et scellées
du grand sceau de cire verte sur lacs de soie verte et
rouge.

Suivant d'autres lettres, datées de Paris le 19 décembre 1640,
adressées à nos amés et féaux les gens tenant notre Cour de
parlement à Rennes, il est ordonné au parlement d'enregistrer
les lettres qui précèdent, quoiqu'elles ne lui soient pas adressées. En exécution de cet ordre, lesdites lettres patentes ont
été enregistrées au parlement de Bretagne le 4 janvier 1641,
t. XIX, fol. 245 et 246.

Page 135.

La succession de Pélage-Étienne-Claude de Cornulier du Vernay,
mort le dernier de sa branche, devait, pour le côte paternel,
se partager entre les descendants de Jean-Baptiste de Cornulier
et de Françoise Dondel, représentés alors par les enfants Blanchard de la Musse, par Mlle du Baudiez, mariée à M. Le Voyer,
et par M. de Lucinière. La République se présenta au nom de
ce dernier, qui était émigré, et partagea par moitié avec les
trois enfants Blanchard de la Musse, Mme Le Voyer ne s'étant
pas présentée pour recueillir le tiers qui lui revenait.

Plus tard, Françoise-Louise-Madeleine du Baudiez, épouse
de Jean-Baptiste-René Le Voyer, présenta requête aux admi-
nistrateurs du département de la Loire-Inférieure, pour être
réintégrée dans ses droits qu'elle avait négligé de faire
valoir par suite de l'ignorance où elle était de la mort de son
parent.

Elle expose qu'elle est petite-fille de Marie-Prudence de Cornulier, fille de Jean-Baptiste de Cornulier et de Françoise
Dondel, laquelle épousa Claude-François Louail de la Saudrais,
comme il appert d'un acte de ratification de son mariage consenti par ses père et mère le 30 mai 1701, au rapport de Le-
comte, notaire à Nantes.

Que de ce mariage naquit, le 13 avril 1715, Renée-Pélagie
Louail, baptisée le 16 avril 1716, et mariée avec François-

Gabriel du Baudiez, mort le 22 octobre 1765, et sa femme le 20 mars 1795.

Qu'elle-même est née le 16 avril 1750, et qu'elle a épousé, le 8 mars 1781, Jean-Baptiste-René Le Voyer.

Par décret du 28 mars 1807, il fut fait droit à sa demande.

Cette dame Le Voyer n'a laissé qu'une fille, morte célibataire à Rennes vers 1860.

Le comte de La Vergne de Tressan, lieutenant-général, commandant en Lorraine, était un savant des plus distingués ; il était membre des Académies des sciences de Paris et de Berlin, et de la Société royale de Londres.

Page **139.**

DE GENNES.

Cette famille, dit M. l'abbé Paris-Jallobert, dans son *Journal historique de Vitré* (in-4°, 1880), est peut-être la plus ancienne de Vitré, et elle en est, sans contredit, la plus nombreuse et la plus importante par ses alliances et par les charges qu'elle a occupées. Divers membres de cette famille ont laissé, depuis le XVᵉ siècle, des mémoires domestiques ; mais ils sont si confus et remplis d'anachronismes, qu'il est impossible d'en tirer une filiation exacte. Le généalogiste Chevillard y a échoué en 1746. De nos jours, deux alliés de cette famille ont tenté la même entreprise et apporté dans leur travail une ardeur et une opiniâtreté remarquables ; nous voulons parler de l'œuvre du docteur Laënnec, exécutée en 1814 et restée manuscrite, et de celle de M. Léopold Nivoley, publiée dans l'*Armorial* de M. d'Auriac, où elle occupe 59 pages grand in-4°. Ce qui a déterminé ces deux auteurs est le profond sentiment d'estime et de respect que les demoiselles de Gennes ont laissé dans toutes les familles où elles sont entrées. Rien de plus touchant que ce passage d'une lettre écrite en 1814 par le docteur Laënnec à l'un de ses cousins de Gennes : « Depuis seize mois, mon âme est triste jusqu'à la mort ; j'ai beau faire, je ne puis perdre un moment le souvenir de ma pauvre amie ; tout me la rappelle, et rien ne me distrait. Le seul adoucissement que je trouve à mon amère douleur est de dresser cette généalogie ; je trouve un charme inexprimable à écrire cent et cent fois le nom de celle qui m'était si chère. » Rien de plus expressif que cette parole de Mme de Lucinière, une belle-fille, disant à son mari : « Jamais vous ne sauriez assez bénir la mémoire de votre mère ; vous devriez baiser la trace de ses pas. » Quelle école que celle où l'on élevait des filles capables d'inspirer de pareils sentiments !

Nous n'avons à exposer ici que la filiation de la branche de VAUDUÉ, la seule qui nous touche immédiatement. Jean-Baptiste de Gennes, chef d'escadre, créé comte d'Oyac en 1698, appartenait à la branche éloignée du Bourg-Chevreuil, et n'a laissé qu'un fils, mort archidiacre à la Rochelle, en 1784.

I. N. H. Daniel DE GENNES, sieur de Vaudué, de la Chancellière, des Hayers et de la Baste, né à Vitré le 30 juillet 1621 et mort en 1707, était le troisième fils de Jean de Gennes et de Charlotte Conseil, sa seconde femme. Il était maître des eaux et forêts de la baronnie de Vitré en 1645, sénéchal de Combourg en 1673, et fut procureur-syndic de la ville de Vitré de 1679 à 1682. Daniel de Gennes épousa à Guérande, en 1642, Jeanne Pesdron, morte à Vitré le 30 janvier 1668, fille de Tobie Pesdron et de Jeanne Jollan, seigneur et dame de la Porte-Pradel ; tous les deux étaient protestants. De ce mariage vinrent quatre fils et trois filles, savoir :

1º Tobie DE GENNES, seigneur des Hayers, pourvu le 26 octobre 1690 de la charge de receveur héréditaire de l'octroi de la ville de Guingamp, mais qui quitta la France en 1700, et mourut à la Guadeloupe en 1709. Il avait épousé Suzanne *Geffrard*, fille de Pierre Geffrard, seigneur de l'Éguillerie, et de Marguerite du Verger, dame de l'Espinay, dont il eut deux fils qui suivent :

A. Pierre DE GENNES, seigneur de l'Éguillerie, receveur des consignations à Tréguier en 1743, avait épousé à Guingamp demoiselle *Bodin* dont il eut cinq filles : Marcuise et Suzanne, mortes sans alliance ; Françoise, dame de l'Éguillerie, mariée à M. des Nos de la Motte-Rouxel ; Manon, mariée à M. du Gaspern, et Catherine, femme de Mathieu de Launay.

B. Benjamin DE GENNES, seigneur de l'Espinay, mort en 1713, avait épousé Marie-Françoise *Blouet*, dame de Largentais, dont il eut deux fils religieux, et Jeanne-Marcuise de Gennes, mariée le 8 novembre 1735 à Charles-Antoine de Poussemothe, chevalier, seigneur de Thiersanville, lieutenant des vaisseaux du roi.

2º Jean DE GENNES, né à Vitré le 13 août 1650, épousa à Brest, où il était écrivain du roi, le 23 novembre 1700, demoiselle

Fiacre *Legendre*, veuve de Claude Fleury, dont il n'eut qu'un fils unique :

Pierre *de Gennes*, né à Brest en 1703, recteur de Montreuil-sur-Pérouse, puis doyen de l'église collégiale de Champeaux, près de Vitré, en 1731, mort le 3 août 1769.

3º Mathieu DE GENNES, auteur du rameau de la *Chancellière* qui suit, et qui s'est perpétué jusqu'à nos jours.

4º Benjamin DE GENNES, sieur de Vaudué, né à Vitré le 4 septembre 1657 et baptisé au temple protestant de cette ville, était fermier général des évêchés de Rennes, Vannes, Quimper, Tréguier et Léon en 1712 ; il mourut à Rennes le 21 avril 1742. Il avait épousé à Rennes, à l'église catholique de Toussaints, le 11 novembre 1683, Anne-Marie *Pommeret*, dame de Caisnoir, fille de Julien Pommeret, écuyer, seigneur de Bellestre, et de Henriette Le Goupil. Elle était née à Rennes le 5 juin 1666 et y est morte le 24 mars 1754. De ce mariage naquirent dix enfants dont sept seulement ont survécu, savoir :

A. Henri-Anne-Daniel *de Gennes*, né à Rennes, paroisse de Toussaints, le 28 novembre 1684, se fit Jésuite. Lors de la suppression de son ordre, en 1762, il était attaché à la maison de Paris en qualité de père spirituel des profès des quatre vœux. Il est l'auteur d'un violent pamphlet publié en 1737, et intitulé : *Le Jansénisme dévoilé*.

B. Julien-René-Benjamin *de Gennes* entra dans l'ordre de l'Oratoire et fut un fougueux janséniste. Moréri (*Dictionnaire historique*), l'abbé Ladvocat et Michaud (*Biographie universelle*) racontent sa vie agitée. Ils le font naître à Vitré le 16 juin 1687 et mourir à Sémerville, dans le Blaisois, le 18 juin 1748 ; mais on ne trouve son acte de naissance ni à Vitré, ni à Rennes, où était né son frère aîné ; les registres de Sémerville sont également muets sur son décès.

C. Benjamin *de Gennes*, sieur de Vaudué, dit le chevalier de Gennes, né à Vitré le 23 juin 1700, était receveur des fouages de l'évêché de Rennes en 1739, puis fut l'un des fermiers généraux de Bretagne ; il mourut dans son hôtel de la rue de Bourbon, à Rennes, le 26 mars 1765. Il avait épousé à Vitré, dont il avait alors la recette particulière, le 18 mars 1732, Anne-Marie *Le Clerc*, fille de François Le Clerc, seigneur de la Fontenelle, administrateur de l'hôpital de Vitré, de la même famille que Guillaume Le Clerc, seigneur de Crannes, capitaine de Laval, anobli par Henri IV en 1594, et d'Élisabeth Collot. Elle était née à Vitré le 3 février 1711 et mourut à Rennes, sans postérité, le 3 janvier 1762. Elle avait une sœur, sa cadette de onze ans, Thérèse-Élisabeth Le Clerc, dame des Fresnayes, qu'avait épousée à Rennes, le 13 mars 1761, Julien-Joseph Pinczon, chevalier, seigneur du Sel, des Mons, et qui mourut veuve à Rennes le 13 novembre 1795.

D. Jean-René *de Gennes*, né à Vitré le 7 mars 1705, suivit son frère aîné dans la Compagnie de Jésus. Il était recteur du collége de Vannes lors de la suppression de son ordre.

E. Jean-Baptiste-Marie *de Gennes*, né à Vitré le 24 juillet 1708, Bénédictin, savant bibliothécaire de l'abbaye de Saint-Vincent du Mans, fut arraché à ses paisibles travaux par la tourmente révolutionnaire, et périt, en 1793, dans les noyades de Nantes, comme l'établissent les recherches sur ces exécutions sommaires publiées par M. Alfred Lallié dans la *Revue de Bretagne et Vendée* (octobre 1878).

F. Anne-Marie *de Gennes*, née à N.-D de Vitré le 22 septembre 1701, mariée à Rennes, le 7 mai 1720, à Claude-Jean-Baptiste *de Cornulier*, chevalier, seigneur du Pesle, comte de la Roche-en-Nort.

G. Rose-Françoise *de Gennes*, née à N.-D. de Vitré le 25 janvier 1704, mariée à Rennes, le 25 novembre 1623, à Louis-Ange *de la Motte*, chevalier, seigneur d'Aubigné, conseiller au parlement de Bretagne.

5° Renée DE GENNES, dite Mlle des Hayers, née à Vitré le 10 janvier 1649, morte sans alliance.

6° Marie DE GENNES, née à Vitré le 24 avril 1656, mariée le 24 avril 1878 à Thomas Durand, seigneur de la Noslais.

II. N.-N. Mathieu DE GENNES, seigneur de la Chancellière, né à Vitré le 30 octobre 1654, conseiller du roi, pourvu en 1709 de l'office héréditaire de receveur des fouages de l'évêché de Saint-Malo, mourut le 29 novembre 1717. Il avait épousé à Vitré, le 6 mai 1693, Marie-Julienne Choppelin dont il eut six garçons et deux filles, savoir :

1° Julien-Anne-Daniel-Benjamin DE GENNES, né à Vitré le 20 avril 1694, mort jeune.

2° Mathieu DE GENNES, seigneur de la Chancellière, né à Vitré le 18 avril 1695, pourvu en 1718 de l'office de receveur ancien des fouages de l'évêché de Saint-Malo, capitaine des vaisseaux de la Compagnie des Indes, mort le 19 octobre 1751, avait épousé en 1727 Jacquette *Tréhouart*, dont il eut :

Jeanne-Françoise DE GENNES, mariée à Jean-Baptiste *Christy de la Pallière*, chevalier de Saint-Louis, capitaine des vaisseaux du roi, depuis chef d'escadre.

3° Jean-François-Julien qui suit.

4° Paul-Tobie DE GENNES, né le 9 août 1698, Cordelier.

5° Charles-Anne-Daniel DE GENNES, né à Vitré le 11 avril 1701, Dominicain.

    6º Étienne DE GENNES, né à Vitré le 3 juillet 1704, chanoine régulier.

    7º Henriette DE GENNES, mariée à Julien *Charil*, seigneur du Val, négociant à Nantes, d'une famille de Vitré.

    8º Renée-Marie DE GENNES, née le 10 mars 1696, dite Mlle de l'Éguillerie, mariée à N*** *de Launay-Hermans*, procureur du roi à Dinan.

III. Jean-François-Julien DE GENNES, seigneur de la Chancellière, né à Vitré le 28 février 1697, pourvu en 1718 de l'office de receveur alternatif des fouages de l'évêché de Saint-Malo, épousa le 18 mars 1721 Rose-Thomasse *Ernault*, dame de la Piardais, dont il eut :

    1º Jean DE GENNES, seigneur de la Chancellière, né en avril 1722, capitaine des vaisseaux de la Compagnie des Indes, épousa Marie *Charil*, dame du Val, sa cousine, dont il eut :

    Jean DE GENNES, né à Dinan en mai 1751 et Henriettes DE GENNES, née aussi à Dinan en août 1755, dont on ignore la destinée.

    2º Mathieu DE GENNES, né en mai 1723, lieutenant des vaisseaux de la Compagnie des Indes, tué vers 1760 dans un combat contre les Anglais, avait épousé à Dinan, en 1753, Hélène *Le Mègre*, dont il eut :

    A. Mathieu DE GENNES-VOLAMBERT, lieutenant de frégate, tué dans les mers de l'Inde, au combat du 9 juillet 1782. En récompense de la valeur qu'il avait montrée, le bailli de Suffren fit accorder une pension de 400 liv. à sa sœur, qui suit.

    B. Hélène DE GENNES, née à Dinan en mai 1754, dont la destinée est inconnue.

    3º François-Jean-Benjamin qui suit.

    4º Hélène DE GENNES, religieuse ursuline à Dinan.

    5º Françoise DE GENNES, mariée en 1750 à Henri *Apuril de Kerloguen* (1).

    (1) Anne-Marie-Perrine *Apuril*, de la branche du Val, avait épousé en 1762 Jean-Baptiste *de Gennes-Matignon*, d'où est venue Anne-Marie-Pauline-Sainte-Désirée *de Gennes*, mariée en 1783 au docteur Guillaume-François *Laënnec*, auteur d'une généalogie manuscrite des de Gennes, écrite en 1814, après la mort de sa femme.

    Ce Jean-Baptiste *de Gennes* avait pour demi-frère Claude-Vincent-Olivier *de Gennes-Maupré*, dont la petite-fille, Églé-Marie-Louise *de Gennes*, dernière de sa branche, a épousé en 1854 Léopold *Nivoley*,

6° et 7° Anne et Rose DE GENNES, religieuses hospitalières de Saint-Thomas.

8° et 9° Marie et Louise DE GENNES, mortes sans alliance.

IV. François-Jean-Benjamin DE GENNES, né à Dinan le 25 janvier 1730, capitaine d'infanterie au service de la Compagnie des Indes, fut pourvu le 7 mars 1762 de l'office de receveur alternatif des fouages de l'évêché de Saint-Malo en survivance de son père. Il quitta la Bretagne, passa à Montpellier et se fixa à Toulouse en 1765, où il mourut en 1785. Il avait épousé en premières noces, le 3 décembre 1762, Hélène *Apuril de Kerloguen*, fille de Henri ci-dessus et de Françoise de Gennes, et en secondes noces Henriette *Garnier*, dont il n'a pas laissé de postérité. Du premier lit est venu :

V. Marie-Benjamin DE GENNES, né le 25 mars 1763, mort le 30 mars 1841, marié en décembre 1794 avec Louise-Henriette *de Bastard-Saint-Denis*, fille de Dominique de Bastard-Saint-Denis, grand-maître des eaux et forêts de Guienne, et d'Anne de Redon, dont il a eu :

1° Jean-Anne-Frédéric qui suit.

2° Henriette-Aimée DE GENNES, née le 31 octobre 1796, mariée le 17 novembre 1813 à Henri-Bernard *de Passama*, baron de la Busquière, et décédée en février 1865, dont : Maxime de la Busquière, marié en 1845 avec Angèle de Carrière.

VI. Jean-Anne-Frédéric DE GENNES, né le 31 janvier 1799, a épousé le 22 novembre 1834 Louise-Camille *de Saint-Félix*, morte en août 1856, dont il a eu :

auteur de la généalogie des de Gennes, publiée dans l'*Armorial de la noblesse de France*, de MM. d'Auriac et Acquier.

Jean-Baptiste et Claude-Vincent-Olivier de Gennes avaient pour quatrième aïeul Gilles de Gennes, seigneur des Hayers, et Perrine Tirel, dame de la Gaulairie, mariés en 1569, lesquels furent aussi les père et mère de Jean de Gennes, seigneur de la Baste, qui épousa en secondes noces Charlotte Conseil.

En 1788, le docteur Laënnec, marié à une demoiselle *de Gennes*, eut à soutenir, en sa qualité de recteur de l'Université de Nantes, un procès devant la grande chambre du parlement de Bretagne où siégeait M. de Lucinière, fils d'une demoiselle *de Gennes*. Celui-ci crut, dans cette affaire, devoir se déporter comme juge, pour raison de parenté, et cependant il ne touchait M. Laënnec qu'au onzième degré.

1º Charles-Benjamin DE GENNES, né le 6 février 1836 ;

2º Louise-Pauline DE GENNES, née le 26 juin 1837 ;

3º Henriette-Aimée-Lucile DE GENNES, née le 24 juin 1839, mariée à Félix *de Poumerol*.

Page **140.**

Parmi tous ses titres princiers, Henri de la Trémoille ne dédaignait pas de faire figurer celui de *baron de la Roche-en-Nort*, témoin l'intitulé suivant de son acte d'abjuration du protestantantisme en date du 18 juillet 1628 : « Henri de la Trémoille, duc de Thouars, pair de France, premier baron de Bretagne, prince de Talmont et de Tarente, comte de Laval, d'Amboise, de Montfort, de Quintin, Benon et Taillebourg, vicomte de Rennes, baron d'Avaugour, de Vitré, Mauléon, l'Isle-Bouchard, Berrie, *la Roche-en-Nort*, chevalier du Saint-Esprit, etc., etc. » (*Journal historique de Vitré*, par l'abbé Jallobert, p. 97.)

Page **141.**

Claude-Jean-Baptiste de Cornulier, comte de la Roche-en-Nort, s'était fait adjuger, par sentence du présidial de Nantes du 20 décembre 1713, confirmée par arrêt du parlement de Bretagne du 24 octobre 1714, la prémesse lignagère de la terre et seigneurie du Pesle que son père avait vendue moyennant 38,000 livres à Jean Binet, seigneur de la Blottière, grand bailli d'épée du comté nantais, et à Anne Le Borgne, son épouse, par contrat du 24 décembre 1709. Ce retrait lui attira sur les bras tous les créanciers de son père et de son oncle, le président du Pesle, qui l'amenèrent devant le grand conseil, lequel, par arrêt du 27 août 1723, ordonna que l'arrêt du parlement de Bretagne du 25 octobre 1714 serait exécuté selon sa forme et teneur, ainsi que la sentence exécutoire des requêtes du palais de Rennes du 14 mai 1715.

Sentence du présidial de Nantes du 20 décembre 1713.

Entre messire Claude-Jean-Baptiste de Cornulier, chevalier, seigneur comte-baron de la Roche-en-Nort, d'une part ;

Et messire Jean Binet, chevalier, seigneur de la Blottière, grand bailli d'épée en Bretagne, et dame Anne Le Borgne, son épouse, d'autre part.

Intervenants dans la cause :

Dame Louise Trotereau, veuve de messire Jean-Baptiste de Cornulier, chevalier, seigneur du Pesle, en son vivant conseiller du roi, président en la chambre des comptes de Bretagne ;

Messire Jean Robert, chevalier, seigneur du Moulin-Henriet, et messire Jean Charette, chevalier, seigneur de la Chapelle-Gascherie ; pour eux et leurs consorts héritiers de feue Anne-Ménardeau, dame de la Ferronnière ;

Messire Nicolas de Lamoignon de Basville, conseiller d'État, intendant de la province du Languedoc, et dame Anne-Louise Bonin de Chalucet, son épouse, héritière universelle de feu messire Armand-Louis Bonin de Chalucet, évêque de Toulon;

Messire François Hutteau, seigneur des Burons.

Intimé :

Messire Jean-Baptiste de Cornulier, seigneur de Loriere, conseiller au parlement de Bretagne.

LE SIÉGE, parties ouïes, a adjugé au comte de la Roche-en-Nort la prémesse et retrait lignager de la terre et dépendances du Pesle, fiefs de la Grand'Haie et du Branday et ce qui en dépend, remboursant dans le temps de la coutume. Ordonné que le sieur de la Blottière fournira son articulement de loyaux coûts, frais et mises, parce que le comte de la Roche-en-Nort le déchargera entièrement des obligations portées en son contrat d'acquêt aussi dans le temps de la coutume. Décerne acte au sieur de Loriere de sa déclaration de consentir à ce que le sieur de la Blottière soit déchargé à son égard des obligations de son contrat. Au surplus, décerne aux autres parties acte de leur intervention et oppositions ; ordonne qu'elles en fourniront leurs moyens de défense ; et pour y être statué, les renvoie au premier jour de droit.

Page **142.**

Dans le premier *Supplément à la Généalogie de Cornulier,* imprimé à Nantes en 1860, nous avons conclu de la comparaison de deux actes cités page 253, l'un daté du 10 avril 1749 et l'autre du 17 mai 1751, que Claude-Jean-Baptiste de Cornulier était mort entre ces deux époques. Nous pouvons aujourd'hui resserrer cet intervalle de plus d'une année, car la pièce suivante prouve qu'il avait cessé d'exister avant le 3 mai 1750.

Un in-8° publié en 1752, sans lieu d'impression, et intitulé : *Décisions de Dieu en faveur des secours violents,* rapporte deux certificats datés du château de Lucinière, paroisse de Nort, évêché de Nantes, le 3 mai 1750, par lesquels Anne-

6

Marie de Gennes, *veuve* de messire Jean-Baptiste de Cornulier, chevalier, seigneur de Loriere, conseiller au parlement de Bretagne, et Anne-Marie de Cornulier, sa fille majeure, attestent la guérison miraculeuse de Mlle Marie Guesselin (Gouin) du fief, opérée par l'intercession de la soi-disant bienheureuse Gabrielle Moler, une des saintes du jansénisme.

Claude-Jean-Baptiste de Cornulier étant mort dans la clôture de l'abbaye, qui était hors de l'ordinaire, les registres de la paroisse de Saint-Gildas-des-Bois ne mentionnent pas son décès. D'un autre côté, n'étant pas moine, il est douteux que l'obituaire des religieux de la maison l'ait enregistré ; dans tous les cas, ce livre a disparu.

Page **145.**

Pour être admis à siéger au parlement en qualité de *maître* (c'est là le titre que se donnaient entre eux les conseillers), il ne suffisait pas de présenter ses lettres de provision ; le récipiendiaire était l'objet d'une enquête de vie, mœurs et religion ; il devait aussi subir devant les chambres assemblées un examen de capacité juridique. On acquérait l'office, mais il fallait prouver qu'on était apte à l'exercer.

Le 2 mai 1763, M. de Lucinière présenta les lettres des 2 mai et 20 avril par lesquelles il était pourvu de l'office de conseiller originaire, et avait été précédemment dispensé de l'âge requis, à la condition qu'il n'aurait voix délibérative qu'à vingt-cinq ans accomplis. Sur quoi la Cour lui fit prêter serment que sa charge *n'était point à louage*, c'est-à-dire qu'il ne l'occupait point en attendant un autre.

On prenait rang dans la compagnie du jour de sa réception ; c'est pourquoi il était utile d'y être reçu avant d'avoir l'âge compétent pour voter. La question du rang était chose importante : les fils de conseillers avaient le privilége de se faire recevoir avant ceux qui ne jouissaient pas de cet avantage. Une contestation de cette nature fut soulevée le 26 juillet 1763 entre M. de Lucinière et M. Charette de la Colinière, qui avait été pourvu avant lui et avait présenté sa requête à fin d'admission dès le 1er février, mais dont la réception avait été ajournée jusque-là par suite de l'opposition de M. Bonin de la Villebouquay, *fils de conseiller*, qui se désistait aujourd'hui.

M. de Lucinière représentait qu'il était fils et petit-fils de conseillers ; que si son père n'était pas mort dans l'exercice de sa charge, s'il avait même négligé d'obtenir des lettres d'honoraire, il n'en avait pas moins continué jusqu'à sa mort

d'en prendre la qualité dans tous les actes qu'il avait passés ;
qu'en conséquence il avait droit à la faveur accoutumée.

M. de la Colinière répliquait que M. de Lucinière n'était pas
dans le cas de M. de la Villebouquay, sur l'opposition duquel
la Cour avait sursis à son admission ; que son père avait vendu
sa charge après dix-sept ans d'exercice, et que les honneurs de
la vétérance ne s'acquéraient que par vingt années de services.
Que le privilége des fils de maîtres n'est qu'une exception à la
règle générale qui veut que les réceptions se fassent dans
l'ordre des provisions et de leurs présentations. Que tout
privilége est d'une application étroite ; que celui des fils de
maîtres ne peut concerner que ceux dont le père est actuel-
lement vivant ou qui est mort *in gremio curiœ ;* que la
transmission héréditaire ne saurait se comprendre autrement.

Ces raisons étaient solides, et la Cour les adopta par son arrêt
du 4 août 1763, en recevant d'abord M. de la Colinière et
immédiatement après M. de Lucinière. Elle établit même pour
règle de ses décisions à venir les principes exposés par M. de
la Colinière.

Page 149.

Alexandre Dumas, dans son roman : *Les Mohicans de Paris* (III, 84),
cite un certain nombre d'émigrés appartenant aux familles les
plus distinguées, qui furent obligés, pour vivre à l'étranger,
de prendre divers états, et parmi eux *le comte de Cornulier-
Lucinière,* qui trouva une place de jardinier.

Page 153.

Extrait de l'*Histoire de l'armée de Condé,* par Théodore Muret,
chap. VIII.

Le corps de Loyal-émigrant fut d'abord formé à Plymouth par le
comte de La Châtre ; n'étant encore composé que de 400 à
500 hommes, il fut débarqué à Ostende à la fin de 1793, fit
partie de l'armée anglo-hanovrienne du duc d'York, se trouva
au siége de Dunkerque et à la bataille de Hondschoote, où il
fit des prodiges de valeur.

Envoyé à Menin, l'une des places les plus exposées de la
frontière, le régiment de Loyal-émigrant passa dans cette ville
l'hiver de 1793 à 1794. Tous les jours Loyal-émigrant allait au

feu, prenant les armes à deux heures du matin, restant devant la ville les pieds dans la neige jusqu'à la rentrée des reconnaissances, qui souvent amenaient l'ennemi à leur suite, et engageant alors une fusillade d'avant-postes.

Au mois d'avril 1794, Loyal-émigrant comptait 1,400 hommes répartis entre deux bataillons. Il fut alors envoyé à Newport; mais peu après le premier bataillon revint à Menin. Le second bataillon, laissé à Newport et disséminé sur divers points des environs, tels que Dixmude, Scorbacq, le fort Cnoke, avait dû, après deux mois de petite guerre, replier tous ses postes dans la ville. Plusieurs détachements de cavalerie anglaise coupés de leurs corps vinrent s'y jeter aussi ; des troupes hanovriennes formaient le reste de la garnison.

Le 4 juillet 1794, le corps de Moreau, faisant partie de la grande armée de Pichegru, se présenta devant la place. Le lendemain, vers cinq heures du soir, deux bâtiments anglais, détachés de l'escadre qui croisait devant la côte, arrivèrent avec la mission d'embarquer le bataillon français exclu d'avance de toute capitulation.

Newport communique avec la pleine mer par un canal que le flux remplit. La marée basse laissant le port à sec, on ne pouvait partir que par la haute mer du jour suivant, à quatre heures du matin. A sept heures du soir, le bataillon prend les armes et se rend le sac au dos sur le quai, où il bivouaque jusqu'au jour en face des deux transports échoués sur la vase. Pour célébrer cette prochaine délivrance des Français, les officiers de la garnison hanovrienne les entraînent à un cordial banquet d'adieux.

Pendant toute la nuit, les émigrés voient embarquer sur le plus gros des deux transports quantités d'effets, jusqu'à des chevaux que des Anglais prudents veulent mettre à l'abri de tout événement. Déjà le pont est encombré, lorsque vers trois heures du matin on monte à bord ; mais la mer atteint vainement son plein : le navire trop chargé ne flotte pas. Le capitaine anglais représente qu'il est indispensable de déposer provisoirement à terre une partie des hommes pour alléger le navire et le hâler au large au moyen d'un grelin disposé à cet effet. En conséquence, on débarqua toute la compagnie de Bretagne commandée par le marquis de la Moussaye.

Le capitaine ne cessait d'assurer qu'aussitôt qu'il serait à flot dans le chenal, des chaloupes rapporteraient à son bord les hommes débarqués. Mais la mer baissait, le vent presque nul ; on pouvait craindre que ce gros transport n'échouât avant d'arriver à la mer ; aussi, dès qu'il flotta, le capitaine s'excusa-t-il de ne pouvoir attendre, ni se charger davantage, et il fit route, laissant à terre plus de trois cents hommes. Un moment après, ce même capitaine fut tué par la fusillade que les républicains, accourus sur le bord du canal, dirigèrent sur les deux navires qui sortaient.

Les républicains avaient très-bien vu qu'une partie des émigrés étaient restés à terre; ils résolurent de les empêcher de sortir. A la marée du soir, huit bouches à feu furent disposées pour leur couper la route. Il fallait passer à moins de trois cents pas de cette batterie qui se trouvait à fleur d'eau par la haute mer; on se décida néanmoins à courir cette terrible chance. Dans la journée, on avait équipé trois grandes barques, pontées seulement à l'avant et à l'arrière, le milieu restant à ciel ouvert. La compagnie de Bretagne et quelques hommes de surplus, en tout environ cent hommes, montent le bateau qui doit ouvrir la marche.

A cinq heures du soir, on part avec un vent favorable, mais très-faible. Le trajet à parcourir dans le canal est d'une demi-lieue, et la batterie républicaine se trouve à mi-chemin. Assis sur leurs havre-sacs au fond du bateau et très-pressés, les émigrés gardent un profond et solennel silence; l'artillerie du rempart tonne pour les protéger. La première barque arrive lentement par le travers de la batterie, qui ouvre aussitôt son feu. Tous les coups portent: chaque boulet rasant tue trois ou quatre hommes; les éclats de bois doublent le ravage des projectiles. MM. *de Lucinière* (Louis-Henri de Cornulier), Poulain, du Rocher-Pargat, de Grimaudet aîné, de Grimaudet jeune, de Lesquen, sont au nombre des premières victimes. En peu de minutes, le bateau, plein de morts, de mourants, de sanglants débris, présente un spectacle affreux. Criblé de projectiles, la voile emportée, les agrès hachés, le gouvernail enlevé, il vient s'échouer sous la batterie. Le désordre et l'horreur sont au comble; vingt-huit hommes, dont plusieurs grièvement blessés, parviennent à la nage au pied d'un petit fort occupé par les Hanovriens sur l'autre rive du canal, et sont sauvés. Un d'entre eux, qui n'avait reçu aucune blessure, y arrive dans un état complet de folie.

Rentrés et désormais enfermés dans la ville, les émigrés prêtèrent un concours énergique à sa défense; mais après douze jours de siége elle dut se rendre, et ces malheureux proscrits furent expressément exceptés de la capitulation. Vingt et un fugitifs seulement parvinrent à s'échapper à travers les inondations pratiquées pour la défense, et à franchir quinze lieues de pays occupé par l'ennemi jusqu'à l'Escaut. Au nombre de ces derniers se trouvait M. de Trégomain, volontaire de la compagnie de Bretagne, qui montait la première barque, depuis député d'Ille-et-Vilaine, et qui a transmis à Théodore Muret le récit de l'épisode de Newport.

Dans une lettre datée de Bonne-Fontaine, près Antrain, le 14 février 1845, M. de Trégomain, en confirmant et complétant les détails ci-dessus, ajoute : « Votre oncle fut une de ces victimes de l'honneur dont le dévoûment désintéressé, comme celui de toute l'émigration, a été si peu apprécié par une nation désormais incapable de rien comprendre à ce qui est noble et élevé, et surtout à ce qui ne rapporte pas de profit. »

Page **161**.

En rentrant en France, à la petite paix d'Amiens, le comte Théodore de Cornulier-Lucinière et sa jeune femme n'y avaient ni feu ni lieu ; ils furent d'abord recueillis par leur oncle, l'abbé d'Oilliamson, dans son petit manoir de la Madeleine, commune de Coulibœuf, près de Falaise. Cette première hospitalité trouvée, il leur restait à régulariser leur état-civil.

Ils s'étaient mariés à Londres, par contrat sous signatures privées, suivant l'usage de Normandie, le 29 mai 1802 ; mais on dut attendre la Restauration pour faire enregistrer cet acte, qui contenait des qualifications alors prohibées et pouvait compromettre plusieurs des témoins émigrés qui y avaient figuré. Ce fut donc seulement le 16 janvier 1817 que le dépôt en fut fait en l'étude de M⁰ Demieux de Morchène, notaire à Falaise, et que la minute en fut enregistrée le même jour à la requête de Jean-Baptiste-Benjamin-Théodore de Cornulier, comte de Lucinière, chevalier de Saint-Louis, et d'Anne-Henriette d'Oilliamson, son épouse.

Les mêmes obstacles, sinon de plus grands encore, se présentaient pour la régularisation de l'acte même du mariage, qui pourtant n'admettait pas de délai, puisqu'il s'agissait de la légitimité des enfants à venir.

L'union religieuse avait été bénite à Londres, dans la chapelle catholique de l'abbé Carron, dite chapelle des Saints-Anges, à Sommerstawn, le 2 juin 1802. Pour donner à ce mariage l'effet civil en Angleterre, il dut en outre être célébré deux jours plus tard à l'église anglicane de Saint-Pancrace du quartier de Middlesex, qui était la paroisse officielle de la résidence des époux. Rentrés en France bientôt après, ils avaient de nouvelles formalités à remplir pour y régulariser leur union.

L'article 171 du Code civil porte : « Dans les trois mois après le retour du Français sur le territoire de la République, l'acte de célébration du mariage contracté en pays étranger sera transcrit sur le registre public des mariages du lieu de son domicile. »

Mais cet article 171 fait partie du titre V, qui n'a été promulgué que le 27 mars 1803 ; ce n'est donc pas lui qui réglait la matière à l'époque de la rentrée en France des époux.

Quelle que fût d'ailleurs à cet égard la législation en vigueur en 1802, elle n'était point applicable à des émigrés frappés de mort civile durant toute leur absence ; l'amnistie dont ils avaient été l'objet n'avait pas d'effet rétroactif, ne les avait pas relevés de cette incapacité radicale ; leur mariage, contracté antérieurement à l'acte qui les avait rendus à la vie civile, se trouvait frappé d'une nullité absolue par la loi française.

Pour établir légalement leur état conjugal en France, le moyen le plus simple était de s'y marier à nouveau devant l'officier de l'état-civil, sans tenir compte de ce qui avait été fait en Angleterre, et c'est à ce parti qu'ils s'arrêtèrent.

Extrait des registres de l'état-civil de la commune de Coulibœuf, arrondissement de Falaise, département du Calvados.

Du 28 vendémiaire an onze de la République française (20 octobre 1802), acte de mariage de Jean-Baptiste-Benjamin-Théodore de Cornulier-Lucinière, âgé de 29 ans, né à Nantes, département de la Loire-Inférieure, le 3 mars 1773, demeurant à Coulibœuf, fils majeur de Jean-Baptiste-Benjamin Cornulier-Lucinière, demeurant à Nort (Loire-Inférieure), et de Jeanne-Marcuise-Perrine du Bourblanc-Apreville, vivants.

Et d'Anne-Henriette d'Oilliamson, âgée de seize ans, née à Coulibœuf le 9 octobre 1785, demeurant à Coulibœuf, fille mineure de Marie-Gabriel-Eléonor d'Oilliamson, vivant, demeurant à Caen, et de Françoise-Marie d'Oilliamson.

Lesdits époux ont déclaré prendre en mariage, l'un Anne-Henriette d'Oilliamson, l'autre Jean-Baptiste-Benjamin-Théodore Cornulier-Lucinière. En présence de Marie-Gabriel-Eléonor d'Oilliamson, père de l'épouse, demeurant à Caen, âgé de soixante-quatre ans ; de Thome-Hardouin d'Oilliamson, oncle de l'épouse, demeurant à Coulibœuf, propriétaire, âgé de cinquante-sept ans ; de Thome-Hardouin-François-Théodore d'Oilliamson, frère de l'épouse, demeurant à Caen, âgé de vingt et un ans ; et de Louis-François-Antoine Melun, propriétaire, âgé de trente-sept ans, demeurant à Coulibœuf.

Après quoi, moi, Louis Rocher, maire de Coulibœuf, chef-lieu de canton, faisant les fonctions d'officier public de l'état-civil, ai prononcé au nom de la loi que lesdits époux sont unis en mariage. Signé : Jean-Baptiste-Théodore-Benjamin de Cornulier-Lucinière, Anne-Henriette d'Oilliamson, E. d'Oilliamson, d'Oilliamson, Thome d'Oilllamson, Melun et Rocher, maire.

La plupart des actes passés par le comte de Cornulier-Lucinière l'ont été en l'étude de M⁰ de Bussy, notaire à Nantes. Ceux relatifs à la liquidation de sa succession l'ont été en l'étude de M⁰ Carrié, aussi notaire à Nantes : c'est là qu'il faudrait les chercher.

Supplément à la notice bibliographique des ouvrages publiés par le comte Ernest de Cornulier-Lucinière, pour faire suite à la notice insérée dans le premier *Supplément à la Généalogie de la maison de Cornulier*, imprimé à Nantes en 1860, pages 24 à 27.

Le dernier article de la précédente notice est le *Dictionnaire des fiefs du comté nantais*. M. Arthur de la Borderie, le savant antiquaire breton, a rendu compte de ce livre dans son *Annuaire historique et archéologique de la Bretagne* pour l'année 1861, pages 238, 239. « L'auteur, dit-il, a certainement été trop modeste en l'intitulant *Essai ;* un pareil essai est un coup de maître et épuise la matière. C'est là un excellent travail d'histoire et de géographie féodale, et nous croyons qu'en ce genre il est impossible de faire mieux. L'usage de ce beau livre est des plus faciles. »

Les publications qui l'ont suivi sont :

1° *Second supplément à la Généalogie de la maison de Cornulier, imprimée en 1847.* Orléans, 1863, in-8° de 164 pages.

2° *Généalogie de la maison de Cornulier,* avec illustrations. Nantes, 1863, grand in-8° de 176 pages.

3° Le présent *Complément de la Généalogie de la maison de Cornulier, imprimée en 1863.*

Il est aussi l'auteur d'une notice sur la maison *de Cornulier,* insérée dans l'*Armorial historique de la noblesse de France,* publié en 1845 par M. de Milleville.

4° *Généalogie de la maison de Vélard,* avec arbres généalogiques et écussons de quartiers. Orléans, 1868, grand in-8° de 207 pages.

5° Le comte Ernest de Cornulier a collaboré activement à la seconde édition du *Nobiliaire et armorial de Bretagne,* publiée par M. Pol Potier de Courcy, comme il est dit t. III, postface, pages VI et VII. Il a travaillé aussi à la nouvelle édition que le même auteur a donnée in-4° de l'*Histoire généalogique des grands officiers de la couronne,* comme il est dit dans la préface du t. IX, 2⁰ partie, page X, note *b.*

6° *Les dispositions testamentaires de Madame de la Barre.* Orléans, 1864, in-8° de 107 pages. C'est ce mémoire qui a inspiré les deux ouvrages suivants, d'un genre tout nouveau pour l'auteur.

7º *Les deux morales en matière dogmatique.*

1re édition, Orléans, 1867, in-8º de 43 pages.
2e édition, Orléans, 1867, in-8º de 47 pages.
3e édition, Orléans, 1869, in-8º de 72 pages.
4e édition, Orléans, 1870, in-8º de 128 pages.
5e édition, Orléans, 1870, in-8º de 155 pages.

Cette brochure, d'une allure un peu vive, est une imitation des *Provinciales ;* en voici le sujet :

Une mère meurt laissant deux filles : l'aînée qui, sans avoir rien fait pour démériter, n'était pas l'enfant chéri ; la seconde, qui était préférée. Les deux sœurs étaient d'ailleurs dans des positions sociales identiques.

En mariant l'aînée, la mère s'était engagée par écrit et sous un serment d'honneur à n'avantager ni l'une ni l'autre de ses filles.

En violation de sa parole, et sans alléguer aucun motif, la mère teste en cette forme laconique et brutale, entachée de prétérition : « Je donne à ma fille cadette tout ce que la loi me permet de lui donner. »

Quel était le devoir de cette légataire en présence de l'obligation morale, sinon légale, contractée par sa mère ?

8º *Du droit de tester.*

1re édition, Orléans, Herluison, 1872, in-8º de 95 pages.
2e édition, Orléans, Herluison, 1872, in-8º de 223 pages. Un compte-rendu avantageux de cette 2e édition a été inséré dans la *Revue critique de législation,* numéro de mars 1873.
3e édition, Orléans, Herluison, 1873, in-18 de 453 pages.
4e édition, Orléans, Herluison, 1875, in-8º de 503 pages.
5e édition, Orléans, Herluison, 1876, in-8º de 728 pages.

Le premier jurisconsulte de notre époque, M. Demolombe, doyen de la Faculté de droit de Caen, écrivait à l'auteur, le 15 novembre 1876, au sujet de cette cinquième édition :

« Monsieur, je vous remercie beaucoup d'avoir bien voulu m'envoyer, pour moi personnellement, votre belle et instructive étude sur le droit de tester ; je l'ai lue attentivement, avec autant de profit que de plaisir, et c'est en pleine connaissance de cause que je vous adresse aujourd'hui mes félicitations. »

Après ce témoignage, le plus compétent de tous ceux qu'on puisse invoquer, on ne peut citer que pour mémoire le rapport critique fait sur ce même livre par M. Franck à l'Académie des sciences morales et politiques, dans sa séance du 3 février 1877 ; il n'en conclut pas moins que « c'est une œuvre remarquable à plus d'un titre, et qui ne peut se lire sans un vif intérêt. » La *Revue littéraire mensuelle de l'univers,* du 29 mai 1877, journal qui défend la liberté de tester, ne laisse pas que de s'élever contre le jugement de M. Franck, dont les idées philosophiques sont bien connues, et de maintenir que M. de Cornulier a placé la discussion sur son vrai terrain.

La *Gazette des tribunaux*, dans son numéro du 15 juin 1878, contient, sur cette cinquième édition, un compte-rendu favorable, mais écrit dans le genre humoristique.

6ᵉ édition, Orléans, Herluison, 1878, in-8°, 2 vol. de 496 et 536 pages.
7ᵉ édition, Orléans, Herluison, 1880, 2 vol., t. I, de XVI et 595 pages; t. II, de 655 pages.

Il semble assez singulier que l'œuvre capitale du comte Ernest de Cornulier-Lucinière soit un traité juridique; les études de toute sa vie ne semblaient pas l'appeler, dans ses derniers jours, à écrire sur une matière qui jusque-là lui avait été absolument étrangère. Il a fallu, pour l'y amener, le concours d'une circonstance spéciale : *fecit indignatio versum*, et aussi sans doute une sorte de prédisposition résultant d'un effet d'*atavisme*, de cette loi en vertu de laquelle les aptitudes se transmettent parfois en sautant par dessus des générations intermédiaires.

Quant au sujet en lui-même, il a toujours été l'objet d'une vive controverse. L'homme a-t-il le pouvoir d'étendre son empire matériel au-delà du tombeau? Peut-il, par l'effet de sa volonté, se décerner une sorte d'immortalité dans l'ordre temporel? Le testament n'est que le premier degré dans la création des substitutions indéfinies. *In memoria œterna erit justus*, est une maxime de l'ordre spirituel qui ne s'applique aucunement aux œuvres du corps, d'où émane la propriété. La transmission posthume des biens est une extension contraire à la nature d'un pouvoir qui n'appartient qu'à l'homme vivant; le prolongement abusif d'une personnalité qui a disparu du monde réel; une monnaie qui a cours, bien qu'elle soit de mauvais aloi.

Le pouvoir de tester, quelle que soit l'origine qu'on lui attribue, appartient à l'ordre purement intellectuel; or, s'il est vrai, comme le remarque M. Guizot, que « les forces morales ne sont pas les seules, mais les plus puissantes entre celles qui décident du sort des peuples, » il faut bien reconnaître que, dans la société domestique, le lien matériel est incomparablement plus accusé que dans la société politique. La communauté des intérêts entre sujets d'un même État étant moins intime que la communauté du sang entre parents, il y a lieu de faire, dans la famille, une part plus grande au rapport physique qu'on ne la fait entre simples concitoyens.

Sans doute, le rêve général des hommes distingués est de se survivre, de laisser un nom, de prolonger de quelques heures la trace de leur passage sur cette terre, de se dérober pour un instant à l'oubli immédiat qui les menace; ils aiment à se repaître de ce semblant d'immortalité, et le testament est le moyen à la portée de tous de se procurer cette satisfaction. Mais la loi civile et la loi morale doivent-elles seconder aveuglément ce penchant, comme s'il émanait toujours d'une aspiration saine, conforme à l'idée religieuse et à l'organisation sociale ? Il est permis d'en douter quand on remarque qu'il n'y a que chez les Romains où la mort *ab intestat* ait été considérée comme un malheur *redoutable*, au point de leur faire imaginer la *substitution pupillaire* comme moyen de tester à la place de leurs enfants exposés à mourir après eux avant d'avoir atteint l'âge de puberté, c'est-à-dire la capacité légale pour faire un testament. Tester était chez eux passé à l'état de monomanie.

C'est surtout comme une sorte de religion, émanation directe de l'ancien culte des mânes, que la faculté de tester se fait accepter du plus grand nombre ; mais elle ne peut être reçue à ce titre par les chrétiens. Ni la loi purement naturelle, ni la loi promulguée du haut du Sinaï, ni la seconde loi positive, celle du *Deutéronome*, ni l'Évangile, n'ont consacré cette faculté.

Le testament se présente encore sous des apparences recommandables de moralité, d'utilité domestique, économique et sociale. On tire la moralité de la nécessité d'une sanction pour le pouvoir paternel ; mais c'est une singulière manière de le protéger que de lui attribuer une puissance, alors qu'elle ne lui est plus utile pour se maintenir. Quant à l'utilité domestique, l'exception à la *règle doit être justifiée ; une homologation est nécessaire* quand on tient compte de la faiblesse humaine ; on ne peut livrer le patrimoine de la famille aux caprices d'un testateur, dont souvent ni l'intelligence ni le cœur ne méritent qu'on lui dresse des autels. Les masses sont surtout *impressionnées par les fondations tapageuses* qui revêtent un air de patriotisme ; au fond, elles ne sont qu'une manifestation de l'orgueil. « Faisons une tour qui s'élève jusqu'au ciel, disaient les constructeurs de Babel, et notre nom restera à jamais célèbre. » Quand on y regarde de près, on reconnaît bientôt que ces grands philanthropes ne méritent pas tous les éloges qu'on leur prodigue. Le baron Gobert, fondateur du grand prix de l'Institut, mort en Égypte en 1833, laissait des collatéraux proches et dignes d'intérêt, ce qui ne l'empêcha pas de léguer en toute propriété, aux fermiers qui les exploitaient à l'époque de son décès, les douze domaines qu'il possédait aux environs de Vitré.

Le testament étant généralement reçu comme un dogme, et les raisonnements ayant difficilement prise sur les matières de foi, l'auteur d'un traité contre le pouvoir posthume ne pouvait se flatter de l'espoir de convertir beaucoup de dissi-

dents à sa doctrine. C'est là ce que prouvent la plupart des
réponses qui lui ont été adressées, et dont nous allons analyser
la substance.

« C'est un ouvrage de haute portée philosophique et qui atteste de pro-
fondes études de droit ; c'est une œuvre de raison, de savoir, et
même un acte de courage, car la thèse est hardie.

« Si, aux yeux de quelques-uns, cette attaque à l'autorité du testament paraît téméraire, tous doivent reconnaître qu'elle est conduite avec une grande circonspection ; la condamnation n'est pro-
noncée qu'après un examen scrupuleux de tous les arguments
invoqués en faveur de cette autorité, depuis les considérations
abstraites tirées de la métaphysique, jusqu'aux plus vulgaires appli-
cations du pouvoir posthume. Montesquieu observe qu'il n'est pas
à propos de régler par des lois politiques ce qui est du domaine
privé, ni par les lois religieuses ce qui est des domaines politique,
civil ou domestique. Chaque régime doit être gouverné par des lois
spéciales appropriées à sa nature, par la raison que chacun d'eux
porte en soi un principe d'autorité qui lui est propre et qui n'a pas
d'action directe sur les autres régimes. Entre eux, les connexions
sont nombreuses sans doute ; mais elles ne suffisent pas pour faire
l'unité ; c'est sur cette remarque que, de tout temps, on a établi
pour les différents corps des tribunaux et des codes spéciaux. Plus
généralement encore, l'ordre temporel est distinct de l'ordre spirituel ; il y a là deux puissances indépendantes l'une de l'autre,
auxquelles saint Paul commande de porter un égal respect, car
toutes les deux émanent de Dieu. Aux forces intellectuelles appartient le gouvernement de l'ordre moral, aux forces corporelles
celui de la matière. Le testament, ne représentant qu'une idée
pure, ne saurait régler la dévolution des biens qui font l'objet des
successions ; l'hérédité ne peut suivre que la filière du sang. Telle
est en résumé la théorie de l'auteur.

« Il n'y a pas lieu de s'étonner qu'elle ait rencontré une assez
vive opposition dans le camp des spiritualistes exclusifs, car la
question du droit de tester n'est au fond qu'une branche de la grande
et éternelle querelle de la délimitation des pouvoirs spirituel et
temporel. »

« Sérieusement écrit et plein de vues originales, on trouve dans
ce livre une somme abondante de fortes études. On admire la puissance de méditation et l'étendue de l'érudition qui y éclatent. Ce
travail intéressant ouvre au législateur des horizons nouveaux ; il
est pour le magistrat d'une lecture aussi utile que variée. »

« On ne peut que rendre hommage aux savantes et patientes
recherches qui ont présidé à la composition de ce curieux travail ;
c'est tout à la fois une œuvre de jurisconsulte, de moraliste et de
philosophe, qui mérite de figurer avec distinction parmi les documents les plus intéressants que puissent consulter les hommes voués
aux études sérieuses. »

« Par l'exposé si élevé et si plein de faits de cette théorie sur le testament, se trouve admirablement réfuté le prétendu dogme de la liberté de tester dont l'adoption serait, au dire de l'école de M. Le Play, la condition de salut de la société moderne. »

« On est étonné de l'abondance et de la variété des arguments qu'on rencontre dans ce livre ; il y en a d'appropriés à tous les genres d'esprits. L'auteur excelle à soulever des controverses inattendues et qui ébranlent les thèmes faits. L'attention est soutenue par le passage continuel à des considérations de tous genres ; au moyen de cette succession de tableaux variés, l'auteur réussit à maintenir jusqu'à la fin l'intérêt de la lecture, malgré l'aridité du sujet et l'abstraction des principes exposés. »

« On pourrait reprocher à l'auteur de s'attacher trop, dans le cours de sa thèse, à l'examen des propositions accessoires qu'il rencontre sur sa route ; de creuser trop curieusement au pied de chacune, pour voir si sa racine est saine ; de distraire ainsi l'esprit du sujet principal. S'il est vrai que tout se tienne, que *tout soit dans tout*, suivant une formule célèbre, on ne peut cependant pas s'assujettir à traiter de tout à propos de chaque question particulière ; on n'en finirait jamais, et il faudrait condamner les spécialités dont l'utilité est incontestable. Cette manière de procéder par sondages successifs, en lançant des éclaireurs à tout propos ; cette œuvre du pionnier répond bien à la pression continue, mais elle manque de l'éclat de l'invasion qui subjugue subitement. Toutefois, il faut reconnaître que cette méthode a l'avantage de ne laisser aucune objection debout derrière soi, qu'elle garantit des faux pas et des conclusions précipitées, et que c'est elle qui produit les effets les plus durables. »

Cependant, tout en concédant les prémisses, la plupart refusent, par une sorte d'inertie, d'adhérer aux conséquences qui en découlent logiquement. La généralité des appréciations peut se résumer par celle qu'a formulée de la manière suivante le doyen de l'une de nos Facultés catholiques de droit :

« *Sans arriver à partager les conclusions de l'auteur*, j'ai été très-impressionné par la lecture de ce beau et consciencieux travail. On y trouve approfondie, plus que nulle part ailleurs, cette grave question du pouvoir posthume où les principes rationnels et les données de la pratique doivent évidemment concorder. On y trouve signalés tous les dangers et toutes les difficultés de la liberté de tester. Ce livre a sa place marquée dans la bibliothèque de tous les juriconsultes qui s'occupent des réformes à apporter à la législation. »

Au reste, toutes ces appréciations particulières pèsent peu en présence du jugement porté par le prince de la science dès le 15 novembre 1876, et citée plus haut.

A l'occasion du pouvoir de tester, qui implique celui du pouvoir de l'esprit sur la matière extérieure, M. de Cornulier avait à toucher des sujets délicats, tels que la nature de la propriété de main-morte. Sur ces points, il ne s'est pas toujours trouvé d'accord avec les canonistes. Au début de son *Traité des contrats*, le P. Gury se plaint aussi de la difficulté qu'il y a de concilier les lois de la conscience avec celles du code civil. Cela se comprend tout d'abord, car le juge de l'intention ne peut décider comme le juge du fait : le premier se propose le maintien du calme intérieur, le second de faire régner l'ordre matériel dans la société. Le juge spirituel, entraîné par son amour de la charité, en arrive même à lui sacrifier la justice. C'est estimer la concorde à un trop haut prix.

On a reproché à l'auteur d'avoir souvent invoqué l'autorité peu orthodoxe du sceptique Montaigne ; il suffit pour le justifier de rappeler ce que le cardinal du Perron disait du livre des *Essais :* « C'est le bréviaire des honnêtes gens. »

La thèse que M. de Cornulier a développée a pour base fondamentale cette proposition : *La faculté d'acquérir, de conserver et de transmettre la propriété est essentiellement d'ordre corporel. L'esprit n'intervient dans ces actes que pour les qualifier ; ce n'est pas lui qui leur donne l'être.* Le testament, étant un produit de l'intelligence pure, n'est capable que d'un effet moral ; c'est à tort que la loi civile lui attribue une puissance coercitive qui ne lui appartient pas naturellement. Partant de là, il estime que la loi civile, en conférant aux simples particuliers le pouvoir de violer la règle commune des successions, devrait tout au moins se réserver un droit de contrôle sur l'exercice d'une faculté dangereuse, n'accorder son *exequatur* qu'après une homologation portant sur le fond de la disposition aussi bien que sur sa forme.

Le plan général et toute la matière de l'ouvrage sont résumés dans le rapport suivant ; c'est un exposé à peu près complet de ses grandes lignes.

« M. de Cornulier examine la faculté de tester au double point de vue de ses conséquences pratiques et du droit rationnel d'où on la dérive, et, sous ces deux aspects, elle lui paraît également inadmissible. C'est, dit-il, le pouvoir sans la responsabilité ; or, la responsabilité est, dans l'ordre moral, une conséquence aussi inséparable du commandement que la réaction l'est de l'action dans l'ordre matériel. C'est en vain que les chartes humaines ont prétendu soustraire les monarques constitutionnels à l'empire de ce corollaire ; elles y ont toujours échoué. Comment prétendre que là où les lois fondamentales des sociétés ont été impuissantes, une disposition particulière du code fera violence à la nature ?

« Si, dit l'auteur, une longue habitude ne nous avait pas familiarisés avec la dévolution testamentaire, notre bon sens se révolterait contre ce régime de l'individualisme qui supprime la conséquence du lien de consanguinité. Si les Romains, nos initiateurs en jurisprudence, n'avaient pas été amenés par leurs croyances religieuses, par des dispositions particulières à leur oga nisation sociale et par des degrés successifs, à sanctionner les volontés posthumes, jamais elles n'auraient été admises comme loi dans nos codes, tant les principes de nos coutumes traditionnelles y répugnent, tant nos mœurs y sont opposées.

« En effet, en brisant le lien charnel par le caprice individuel, en substituant le bon plaisir au devoir domestique, en donnant l'élection pour base à l'hérédité, le testament ôte toute stabilité à la famille. Chez lui, c'est l'esprit qui, contrairement à la marche graduelle des choses, se précipite d'un bond vers le but ; l'esprit qui devance les faits au lieu d'attendre qu'ils se déroulent pour les saisir au passage ; c'est le vol audacieux d'Icare, le plus ordinairement suivi d'une chute pareille à la sienne.

« Les monarchies se maintiennent avec une succession de princes alternativement bons et mauvais, capables et ineptes ; mais un principe les garde : le roi est mort ; vive le roi ! Dans la société domestique, la situation est la même : le propriétaire est mort ; vive l'héritier présomptif ! Telle est la loi de la vie pour les nations et pour les familles ; l'application du précepte de l'*Imitation* ; *fili, sta sine electione.*

« Si du moins la volonté du testateur était toujours droite et éclairée ! Mais le plus souvent elle est dictée par une passion aveugle, par la faiblesse ou par l'amour-propre. M. de Lescure a tracé de la célèbre Mme Geoffrin un portrait qui convient à beaucoup de ceux qui laissent des dispositions importantes. « Épouse égoïste, mère indifférente, cette bonne et
« excellente femme se voua si ardemment à sa famille litté-
« raire, qu'il ne lui resta plus de tendresse pour sa famille na
« turelle ; son mari et sa fille durent se contenter de l'os dont
« la moelle allait aux amis de son choix, à ses parents d'adoption.
« Prodigue de sentiments superflus, avare des sentiments néces-
« saires, indifférente à ce qui aurait dû l'intéresser, pleine de
« zèle pour ce qui ne la regardait pas ; en un mot, détachée
« des devoirs de famille. »

« L'auteur établit que la propriété appartient à toute la famille ; qu'il en est chez elle du patrimoine comme de la communauté sous le régime conjugal ; que le père est là ce que le mari est ici ; que c'est le seul principe dont on puisse faire découler irrésistiblement le droit des enfants à l'hérédité, et surtout à la réserve légale, droit qui ne ressemble en rien au communisme dans l'État politique, si ce n'est peut-être le cas des *vacants*. Il démontre que la faculté de tester n'est pas de droit naturel ; qu'elle n'est pas une conséquence du droit de propriété, alors même qu'on supposerait celui-ci rigoureusement individuel. Il fait voir que la donation testamentaire n'a rien de commun avec la donation immédiate entre vifs, pas même avec l'ancienne donation différée dite *à cause de mort*, abolie par l'ordonnance de d'Aguesseau, et qui avait été le mode de libéralité transitoire usité entre les deux autres. Il rappelle que ni la loi ancienne, ni l'Évangile n'admettent le testament ; qu'il était inconnu des peuples primitifs ; qu'il ne mérite aucune faveur à titre d'acte généreux ; que l'autorité qui lui est accordée n'est qu'un reste de l'antique culte des mânes, superstition qui implique bien la reconnaissance de l'immortalité de l'âme, mais qui n'est pas un corollaire nécessaire de ce dogme. Enfin que c'est une grossière erreur historique de prétendre que le pouvoir de tester fut plus étendu dans notre ancien droit coutumier qu'il ne l'est sous le régime du code, et d'inférer que de là vient l'abaissement de l'autorité paternelle, que tout le monde s'accorde à déplorer.

« Quand on représente la faculté de tester comme une conséquence du droit de propriété, il est aisé de répondre que ce droit, *tout temporel*, ne s'étend pas au-delà de la vie ; que qui n'a rien donné de son vivant ne peut plus rien donner après sa mort ; qu'il est absurde d'ajourner la donation d'une chose à une époque où on ne la possèdera plus ; qu'il y a là une véritable dérision. Mais il est un autre argument moins facile à saisir, parce qu'il n'a pas de corps certain : c'est celui tiré de l'idée religieuse attachée au testament, et ce n'est pas le moins puissant sur la généralité des esprits. C'est cette idée vague que l'auteur poursuit sur le terrain théologique où elle se retranche, montrant qu'elle n'a rien de fondé dans la saine doctrine chrétienne.

« Quant au droit juridique qu'aurait le testateur de disposer de sa succession par une ordonnance qui n'est promulguée qu'après sa mort, M. de Cornulier y voit une énormité, l'empiètement le mieux caractérisé du pouvoir spirituel sur le domaine temporel. Au début de ses mémoires, le prince de Metternich pose cet aphorisme : *La vraie force, c'est le droit ; sans le droit, tout est fragile.* Cette maxime s'applique aussi bien à la stabilité de la famille qu'à celle de l'État. La transmission du patrimoine étant la grande affaire de la société domestique, il importe tout d'abord de savoir si *le vrai droit* se trouve dans la succession naturelle ou dans l'attribution testamentaire ; c'est par cet examen philosophique que s'ouvre le second volume.

« En général, c'est l'esprit réfléchi qui donne l'impulsion à

celles des forces corporelles dont la mise en action est aban-
donnée à l'arbitre de l'individu : *mens agitat molem* ; dans
tous les cas, c'est lui qui garde le contrôle sur l'usage qui est
fait de ces forces, qui décide s'il est bon ou mauvais. Il y a là
pour le pouvoir spirituel une supériorité de dignité manifeste,
puisqu'il est juge et inspirateur ; mais son autorité ne va pas
jusqu'à anéantir les actes matériels qui sont accomplis, ni
jusqu'à suppléer ceux qui manquent. Or, c'est précisément
ce dernier rôle qu'il s'attribue dans le testament, où la pensée
prétend disposer des biens de la succession sans le concours de l'instrument nécessaire pour réaliser cette attribution.

« *Vouloir et pouvoir sont deux ;* cet adage n'est jamais plus
vrai qu'en matière de propriété. Le concours de l'esprit et de
la chair est indispensable pour donner à l'acte de l'homme une
valeur temporelle ; mais par sa chair il faut entendre moins la
matière dont les tissus cellulaires sont composés que l'agent
particulier qui animalise cette matière inerte :

> Laissez aux vers leur pâture ;
> Ce cadavre n'est pas moi.

Ce qui donne à l'acte sa perfection est le pacte conclu entre
deux volontés d'ordres différents, celle de l'âme rationnelle et
celle du principe de la vie. Dans le testament, la partie intel-
lectuelle du défunt veut, ou plutôt elle a voulu, car on ignore
si sa pensée est restée la même depuis qu'il est mort ; mais,
en admettant qu'elle ait persisté sans variation, il est clair que
la puissance d'exécution lui fait défaut le jour où il s'agit de
réaliser son projet.

« Nous n'avons pas, dit Buffon, le pouvoir de donner une
existence réelle aux conceptions de notre esprit ; le réel ne
peut être le produit de l'abstrait. Nos idées ne peuvent produire que des images mentales. Aussi le testament, qui n'est
qu'une idée, ne pourrait-il produire qu'une sorte de *jus ad
rem* impuissant devant le *jus in re* de l'héritier déjà saisi par
le seul fait de la mort du défunt propriétaire.

« Et même, ce n'est pas seulement le bras corporel qui
manque au testateur pour opérer le transfert de sa succession ;
c'est encore la matière à transporter, puisque ses biens lui ont
été ravis par l'effet de sa mort. A l'époque où il écrivait ses
dispositions, il était bien capable de les réaliser ; mais il n'a
rien fait pour conclure, pas même pour en préparer l'exécution. Il n'a imprimé à la matière de sa succession aucun mouvement, et l'on ne peut alléguer qu'elle suive d'elle-même
une impulsion précédemment donnée. Ayant manqué l'occasion
d'agir alors qu'il en avait le pouvoir, c'est la puissance civile

7

qui, s'assimilant la pensée du testateur, substitue la faculté
dont elle jouit à la personnalité physique du défunt qui est
disparue. Il y a là une conception monstrueuse, un composé
hybride d'une âme et d'un corps qui n'appartiennent pas au
même sujet.

« Si l'esprit peut se complaire dans une Salente idéale, le
corps a des exigences plus prosaïques ; l'union des deux na-
tures ne permet pas que l'une d'elles jouisse d'une prépondé-
rance telle que l'équilibre établi par le Créateur se trouverait
détruit. Partout la domination des théories amène l'anarchie
dans l'ordre temporel. Si les querelles d'attribution ont moins
d'éclat dans la sphère domestique que dans la sphère politique, le principe de la distinction des puissances ne doit pas
y être moins scrupuleusement respecté, car la rivalité y est la
même, et la paix n'y est obtenue qu'aux mêmes conditions.
Lors de la discussion relative à l'émancipation des catholiques
en Angleterre, lord Liverpool disait : « Ce n'est pas contre
« les dogmes de l'Église romaine que je m'élève, mais
« contre son ingérence dans les relations de la vie privée. »
Il y avait bien de l'inconséquence à parler ainsi dans un pays
où règne la liberté absolue de tester, c'est-à-dire l'empire illi-
mité de l'esprit dans une matière qui n'est pas de son ressort.

« Plusieurs estimeront sans doute que, dans cette partie
philosophique, l'auteur se perd dans les nuages de la métaphysique en poursuivant la recherche, non des raisons premières
que l'intelligence humaine ne saurait atteindre, mais de raisons assez générales pour pouvoir s'adapter à des branches fort
diverses de nos connaissances ; en faisant à des principes supé-
rieurs un appel qui ne laisse pas que de surprendre le lecteur ;
en invoquant des considérations de toutes sortes, même des
abstractions algébriques qui n'ont qu'un rapport bien éloigné
avec le sujet qu'il traite. Au milieu de cette variété d'arguments dont on n'aperçoit pas toujours la connexité, on est dé-
routé. Le reproche serait fondé s'il s'agissait de mettre en
lumière une vérité de l'ordre mathématique, où chaque proposition a une existence indépendante, autonome, exactement
déterminée ; sur ce champ d'études, il faut marcher droit au
but et avec le plus de célérité possible : toute digression nuit
à la clarté de la démonstration. Il n'en est plus ainsi quand
il s'agit des vérités de l'ordre moral ; elles empiètent les unes
sur les autres, et c'est là qu'il est vrai de dire, suivant une
formule célèbre, que *tout est dans tout*, car chacune de ces vérités est une collection qui n'a ni commencement ni fin nettement
marquée ; elles se tiennent toutes comme les cellules dans un
corps vivant ; elles sont solidaires ; une flamme commune les
anime et ne fait que modifier son intensité en passant de l'une
à l'autre.

« En psychologie, le moraliste est dans le cas de l'anato-
miste en physiologie : tous les deux opèrent une dissection; ils
ne peuvent isoler une partie sans toucher aux voisines, sans
sonder celles-ci pour juger de la part à faire à chacune. Telle
est encore la situation du juriconsulte, obligé de conférer entre
eux plusieurs articles du code pour en induire l'esprit général
et en faire l'application au cas particulier qui l'occupe. C'est
là la conséquence de toute doctrine, de tout système, qu'il soit
matériel ou intellectuel.

« La morale, le droit civil et l'économie politique sont trois
branches distinctes de la science gouvernementale ; elles se
tiennent de près, se pénètrent souvent, mais néanmoins ne se
confondent pas. La morale est la règle de l'équité pure, du devoir
primordial tel qu'il est imposé à tous les hommes en général,
indépendamment des temps et des lieux ; elle est d'essence reli-
ligieuse et de forme dogmatique. Le droit positif, édicté par
le législateur temporel, pose des limites précises entre ce qui
est permis et ce qui est prohibé, eu égard à l'ordre social. Il
respecte les grandes lignes de l'équité ; mais il se plie aussi
au caractère particulier du peuple qu'il doit régir ; il ne vise
qu'à une justice relative. L'économie politique a pour objet
principal la recherche des meilleurs moyens que puisse em-
ployer une nation pour arriver à la prospérité matérielle.
M. de Cornulier reproche à M. Le Play de s'être laissé domi-
ner par les considérations utilitaires des économistes, sans re-
garder assez au principe de justice, qui doit avoir la priorité.
Il reproche aux légistes de n'avoir pas toujours fait à la morale la part qui lui est due comme assise fondamentale de
toute association honnête. Il s'élève surtout contre les conces-
sions scandaleuses que les gardiens attitrés de cette règle
supérieure croient devoir faire à la disposition civile, en vue
sans doute du maintien de la paix et de l'harmonie entre les
deux pouvoirs. Il estime que cette condescendance a pour
effet de faire perdre à la morale son caractère auguste d'uni-
versalité et d'immutabilité, de la réduire à une simple constatation de l'état des mœurs et des coutumes du jour, ce qui
lui ôte toute autorité. Le pacte de confiance, conclu dans les
mêmes conditions où serait passé un contrat en forme légale,
a, dit-il, dans l'ordre moral la même valeur que celui-ci
aurait dans l'ordre civil. Il n'y a point de différence entre les
deux obligations, mais seulement entre les instruments qui en
constatent l'existence. Quand le juge de la conscience décide
autrement, il abandonne la loi de Dieu pour suivre celle des
hommes.

« C'est à l'occasion du testament qu'il se livre à cette critique, et il cite à l'appui de son accusation le fait suivant :

« Une mère a deux filles. En mariant l'aînée, elle s'engage

sur l'honneur et par serment à ne pas avantager la cadette ;
cependant elle meurt en léguant à celle-ci toute la quotité
disponible, et garde un silence absolu sur l'aînée. On ne peut
découvrir aucun motif à cette disposition. Vient-elle d'un
oubli, d'une défaillance ou d'un caprice ? Est-elle dictée par
une haine sourde ? On ne sait. Quoi qu'il en soit, la loi civile ne
reconnaît comme valides que les obligations de ce genre qui
ont été insérées dans le contrat même de mariage. Ici, la mère
peut manquer à la parole donnée et acceptée, trahir impuné-
ment sa foi, car elle n'a juré que par lettre missive. Elle sera
notée d'infamie par l'honnêteté publique ; mais les tribunaux
maintiendront sa disposition. D'un autre côté, c'est en vain
qu'on invoquerait l'autorité du casuiste ; il répondrait que le
testament en forme légale a eu la vertu d'anéantir le simple
pacte d'honneur, et par conséquent que la fille avantagée n'est
pas tenue de payer la rançon de la mémoire de sa mère. *Filia
ignoravit qua ratione factum, vel cognovit id absque legitimis
rationibus factum est ; controvertitur inter doctores, ac proinde,
ex principio reflexo, non potest ad restitutionem neque in foro
conscientiæ compelli.* Telle est la décision d'une des plus
hautes sommités canoniques de nos jours ; telle est la conséquence du *probabilisme.*

« On invoque à l'appui de cette décision une maxime d'un
autre âge et qui n'a plus cours de nos jours : *Libertas ultimæ
voluntatis est favorabilior quam causa dotis.* C'était admissible
du temps où le mari pouvait répudier sa femme à sa volonté ;
avec le mariage *indissoluble,* la promesse qui en a été la condition est devenue *irrévocable.* Indépendamment de toute circonstance, la parole donnée oblige définitivement ; c'est la loi
de l'Évangile ; c'est le cri de nos mœurs : *Majores nostri nihil
prius existimaverunt quam fidem datam servare.* Nul n'ose
soutenir aujourd'hui que la mère ne fut pas obligée personnellement ; mais quelques-uns prétendent que la fille n'avait
pas hérité de son obligation. Mais c'est faire le mal, dit saint
Paul, que d'y consentir et d'y coopérer volontairement. Et
tirer profit du mal qu'on a laissé faire est une circonstance
aggravante, devient de la complicité. Dans le récit de la
passion, Hérode, Caïphe, Judas, sont justement flétris ; mais
c'est surtout Ponce-Pilate qui est cloué au pilori ; c'est en
vain qu'il se lave les mains, car, s'il ne les a pas trempées dans
le crime, rien ne pouvait aboutir sans son consentement. La
fille était spécialement tenue de couvrir la nudité morale de sa
mère, sous peine d'encourir la malédiction qui a frappé Cham.
Jésus-Christ, dit saint Ambroise, a voulu que sa mère fût
mariée, bien qu'il dût naître d'une vierge ; il a mieux aimé
que quelques-uns doutassent du miracle de sa naissance plutôt
que de l'honneur de sa mère.

« Si une obligation dépourvue des formalités exigées par la loi positive n'ouvre pas le droit à une action civile, elle le donne à une action morale. Il y a antinomie, contradiction rationnelle à prétendre que le testament, œuvre d'un seul esprit, puisse anéantir ce qu'ont fait deux esprits conjugués. La convention est d'ordre supérieur à la volonté unilatérale, sous quelque forme et à quelque moment que celle-ci se produise, fût-ce au dernier jour de la vie. Soutenir que la volonté du défunt efface le pacte conclu entre vivants, par la raison que celui-ci est mort, est tomber dans l'idolâtrie des mânes. D'un autre côté, il est au moins étrange de trouver chez les organes du spiritualisme une doctrine suivant laquelle, dans l'ordre moral, l'obligation contractée de confiance seulement ne passerait pas aux héritiers comme l'obligation contractée en la forme civile leur passe dans l'ordre légal. La conséquence de cette négation est de tomber dans le réalisme pur, dans le système de l'État-Dieu.

« Si M. de Cornulier critique le pouvoir testamentaire avec une véhémence et une opiniâtreté qu'on peut taxer d'exagération, il faut convenir du moins qu'il soutient sa thèse en assez bonne et nombreuse compagnie : d'Aguesseau, d'Argentré, Balde, Bourdaloue, Charron, Domat, Heineccius, Labruyère, Lebrun, Montaigne, Pasquier, Poullain du Parc, Thomasius, Toullier, etc., ne tiennent pas le testament en grande estime et témoignent assez qu'ils le subissent plutôt qu'ils ne l'acceptent. Platon n'en veut pas du tout dans sa *République* et blâme Solon de l'avoir introduit à Athènes. Mais une autorité plus haute justifie pleinement la manière de voir de notre auteur ; il est écrit dans la *Genèse : Qui egredietur de utero tuo ipsum habebis hœredem.* Le livre des *Nombres*, réglant la succession des patrimoines, prescrit de déférer l'hérédité suivant la proximité du sang, en ajoutant que cet ordre doit être observé d'une manière *inviolable*.

« Le *Deutéronome*, la seconde loi complétant celle du Sinaï, condamne formellement les préférences ; saint Ambroise, saint Chrysostôme, Massillon, les *Conférences ecclésiastiques d'Angers* insistent sur cette prescription. Telle est aussi la doctrine de saint Augustin : *Voluntas Dei ordinem naturalem conservari jubens et perturbari vetans.* « C'est la nature des « choses et non la qualité des personnes qui doit servir de « règle à nos jugements, » dit saint Jérôme.

« Les Juifs avaient, pour maintenir les biens dans les familles, l'institution du jubilé et un certain droit d'aînesse qui n'est plus compatible avec nos mœurs, et c'est comme moyen d'y suppléer, en vue de la reconstitution des patrimoines, que certains politiques et économistes demandent qn'on laisse une marge plus large aux dispositions testamentaires. L'idée n'est

pas heureuse ; l'incapacité de la plupart des testateurs est no-
toire, et rien ne garantit qu'ils suivraient la voie désirée. L'in-
tégralité des domaines n'a plus d'ailleurs, de nos jours, l'importance qu'on lui attribue par une vaine réminiscence de ce
qui avait lieu dans un autre âge où l'autorité de l'homme
venait de la terre.

« Certains politiques et économistes prétendent que les
grandes terres sont un élément nécessaire d'une bonne organisation sociale ; M. de Cornulier réfute cette opinion en alléguant que les petits domaines sont ceux qui inspirent l'attachement le plus vif à leurs propriétaires. Il aurait pu citer
à l'appui de sa thèse, parmi les esprits élevés, le témoignage
de Joachim du Bellay, s'écriant au milieu des splendeurs de
Rome :

> Quand reverrai-je, hélas ! de mon petit village
> Fumer la cheminée, et en quelle saison
> Reverrai-je le clos de ma pauvre maison,
> Qui m'est une province et beaucoup davantage ?
> Plus me plaît le séjour qu'ont bâti mes aïeux
> Que des palais romains le front audacieux,
> Plus mon petit Lyré que le mont Palatin.

« L'effet le plus direct et le plus certain du testament est de
semer la division dans la famille ; or, l'union des frères est
plus précieuse que l'union des champs. Enfin, le testament est
une de ces armes clandestines dont l'usage est prohibé dans
un État bien ordonné.

« On a reproché à la doctrine de notre auteur de dessécher
le cœur, sous prétexte de satisfaire aux exigences de la raison.
Il a, ce nous semble, répondu à cette critique en distinguant
le codicille sentimental de l'acte attributif des biens.

« Cependant il n'est pas moins vrai qu'une attaque dirigée de
front contre le principe même du testament peut être jugée
téméraire ; les meilleurs arguments échouent contre la coutume
établie, contre les idées reçues. On convient bien qu'il y a des
abus de détail sur lesquels on passe condamnation ; mais c'est
trop exiger que de demander le sacrifice de l'institution elle-
même. Elle a ses defauts sans doute ; mais elle doit être bonne
dans son ensemble, puisqu'elle s'est perpétuée. La thèse de
M. de Cornulier est par trop radicale ; elle est révolutionnaire.

« Qui donc ici vient troubler l'harmonie établie, si ce n'est
le testateur ?

« Laissant de côté l'opinion des individus ou des corpora-
tions qui sont directement intéressés au maintien des dispositions posthumes, et avec lesquels il serait inutile de discuter,
il faut reconnaître que l'auteur se trouve en face d'une coali-
tion de résistances formée de trois catégories principales. La

première, qui ne raisonne pas son opposition, parle au nom de passions diverses qui entendent se donner libre cours, de l'orgueil surtout, qui aspire à substituer sa loi du jour à l'ordre permanent de la nature ; de l'esprit de licence, qui réclame ici la liberté de tester et là la liberté de divorcer. Les deux autres se présentent avec plus de suite dans les idées, sous la forme systématique et doctrinale, et, chose remarquable, arrivent à la même conclusion en partant de principes opposés. Les matérialistes utilitaires ne veulent pas que les biens soient abandonnés au hasard de la naissance et des événements ; ils prétendent qu'ils doivent être conférés au choix, ne voyant pas que l'élection n'est, en fait, que le hasard des compétitions, un sort doublé de jalousie. Ils applaudissent à la dévolution testamentaire comme à un premier pas fait dans le sens de leur théorie ; ils s'en contentent en attendant mieux.

« Tel est aussi l'avis des communalistes qui rêvent l'abolition de la famille ; le testament leur apparaît comme un puissant dissolvant de la société domestique, un coup direct porté à l'ordre successoral. Bebel, le grand socialiste allemand, disait à M. Tissot : « Le jour où l'hérédité de naissance sera abolie, « ce jour-là le socialisme se trouvera établi de lui-même. » En effet, la faculté de tester étant d'institution civile, son adoption implique la reconnaissance de la supériorité du droit conventionnel de la cité sur le droit naturel de la famille.

« Viennent enfin les spiritualistes raffinés, les mystiques, ceux qui tiennent la matière en mépris, la descendance charnelle comme de nulle considération vis-à-vis de l'affiliation spirituelle, qui estiment que l'esprit devrait commander aux éléments ; ceux-là ne voient dans le testament que le triomphe de l'âme sur l'ordre corporel, une reconnaissance de son immortalité, une application de leur idéal angélique, très-beau sans doute, mais qui a le grave défaut de ne pas être de ce monde pour lequel sont faits les biens temporels. Ceux-là oublient notre ancienne maxime nationale, plus religieuse assurément que leur aspiration quintessentiée : *Solus Deus heredem facere potest, non homo*. On peut leur appliquer le mot de saint Augustin : *Et superbia est illic, quia homo in sua potius esse quam in Dei potestate dilexit*. Le vrai spiritualisme, dit Mgr Freppel, n'est pas celui qui fait abstraction du corps pour réduire l'homme à l'état de pur esprit. C'est un faux spiritualisme que celui qui, ne tenant aucun compte des conditions de la nature humaine, se drape dans le manteau d'un fastueux orgueil et regarde avec dédain ce qui n'est rien moins qu'une loi consécutive de notre être.

« On le voit, l'auteur se trouve seul en face de trois sortes d'adversaires ; sa situation est celle du dernier des Horaces, et la tactique adoptée par celui-ci lui était indiquée : il fallait attaquer chaque doctrine séparément. S'il a dédaigné ce moyen vulgaire, c'est qu'il ne recherchait pas un succès effectif; sa prétention s'est bornée à ruiner la faveur dont jouit une institution qu'il juge irrationnelle dans son principe et mauvaise dans ses effets, laissant au temps le soin de féconder un terrain qu'il s'est borné à préparer.

« M. de Cornulier avait trop insisté dans le cours de ses *Etudes* sur les inconvénients que présentent les changements brusques apportés dans les habitudes, pour ne s'être pas rallié en définitive au système des réformes graduelles dans les conclusions où il formule ses idées immédiatement applicables. Là il ne demande plus l'abolition complète du pouvoir testamentaire, mais sa limitation dans des bornes plus étroites, ce qui est devenu nécessaire depuis l'abolition du régime particulier des propres, e t sa mise en tutelle, comme l'entendait d'Aguesseau. Il réduit la quotité disponible en ligne directe, et étend le principe de la réserve jusqu'au cinquième degré collatéral avec diminution d'intensité. Il voudrait que tous les testaments fussent motivés et ne devinssent exécutoires qu'après homologation. Il demande que la représentation, source du droit héréditaire, soit admise en collatéral comme elle l'est en ligne directe. Suivant lui, le droit des enfants naturels reconnus prime celui des simples légataires. La faculté d'adopter, nouvellement introduite chez nous, lui semble trop étendue. Enfin il voudrait que la loi accordât au survivant des époux, durant sa viduité, une portion de l'usufruit des biens de son conjoint prédécédé, de manière que son sort ne dépendît plus d'un testament. Telle est la matière des huit *Études sur le droit de tester* que nous venons de parcourir ; si elles prêtent quelque part le flanc à la controverse, elles suggèrent du moins une infinité de pensées neuves et utiles à méditer ? »

Page **162.**

Extrait des registres de l'état-civil de la ville d'Orléans.

Le 16 juillet 1833, acte de mariage de Ernest-François-Paulin-Théodore, comte de Cornulier-Lucinière, lieutenant de vaisseau, né à Nantes (Loire-Inférieure) le 4 janvier 1804, fils de feu Jean-Baptiste-Benjamin-Théodore, comte de Cornulier-Lucinière, capitaine d'artillerie, chevalier de Saint-Louis, et d'Anne-Henriette d'Oilliamson ; avec Charlotte-Germaine-Néalie de la Barre, née à Auxerre (Yonne) le 16 août 1809, fille de Jean-Baptiste de la Barre, chevalier, et de Edmée-Modeste-Eugénie-Élise du Faur de Pibrac, son épouse.

Témoins : Albert-Hippolyte-Henri de Cornulier-Lucinière, âgé de vingt-trois ans, demeurant à Nantes, rue Saint-Laurent, n° 8, et Alphonse-Jean-Claude-René-Théodore de Cornulier-Lucinière, lieutenant de frégate, chevalier de la Légion-d'Honneur, âgé de vingt-deux ans, *demeurant à Brest, tous les* deux frères germains de l'époux. André-Gaspard-Parfait, comte de Bizemont, ancien chef d'escadrons, chevalier de Saint-Louis, de Saint-Lazare et de Notre-Dame-du-Mont-Carmel, âgé de quatre-vingt-un ans, demeurant à Orléans, grand-oncle maternel de l'épouse ; *et Jean-François de Toustain, chevalier de* Saint-Louis, demeurant à Pithiviers, oncle maternel de l'épouse.

Le 30 janvier 1865, *acte de mariage de Amaury-Georges-Marie,* vicomte de Vélard, né à Orléans le 15 août 1839, fils de Georges-Camille, vicomte de Vélard, chevalier de l'ordre de Saint-Ferdinand d'Espagne, et de Aline-Casimire-Eugénie de Montbel, son épouse ; avec Alicie-Charlotte-Eugénie-Marie de Cornulier-Lucinière, *née à Lorient (Morbihan)* le 19 février 1843, fille de Ernest-François-Paulin-Théodore, comte de Cornulier-Lucinière, lieutenant de vaisseau en retraite, chevalier de la Légion-d'Honneur, et de Charlotte-Germaine-Néalie de la Barre, son épouse.

Témoins : *Benoît-Pierre-Jules de la Ville de Beaugé,* ancien capitaine-adjudant-major des grenadiers à cheval de la garde royale, âgé de soixante-sept ans, demeurant à Orléans, oncle maternel de l'époux ; Marie-René Roussel de Courcy, secrétaire d'ambassade, officier de la Légion-d'Honneur, commandeur de *l'ordre de Pie IX, officier du Sauveur de Grèce,* âgé de trente-sept ans, demeurant à Sully-la-Chapelle (Loiret), cousin germain de l'époux. Édouard-Guy-François-Pierre, comte du Faur de Pibrac, chevalier de la Légion-d'Honneur, âgé de soixante-dix-neuf ans, demeurant à Orléans, grand-oncle maternel de *l'épouse ; et Albert-Hippolyte-Henri,* comte de Cornulier-Lucinière, âgé de cinquante-cinq ans, demeurent à Nantes, oncle paternel de l'épouse.

Extrait des registres de l'état-civil de la ville de Nantes.

Le 12 mai 1835 ont été mariés Albert-Hippolyte-Henri, vicomte de Cornulier-Lucinière, né le 17 juillet 1809, fils de feu Jean-Baptiste-Benjamin-Théodore de Cornulier-Lucinière et de Anne-Henriette d'Oilliamson ; avec Céleste-Claire de Couëtus, née à Nantes le 17 novembre 1810, *fille de* Jean-Baptiste de Couëtus et de feue Anne-Marie-Jacqueline de Galard-Béarn.

Témoins : Alphonse-Jean-Claude-René-Théodore, baron de Cornulier-Lucinière, lieutenant de frégate, chevalier de la Légion-d'Honneur, âgé de vingt-quatre ans, frère de l'époux ;

Arnaud-Désiré-René-Victor de Cornulier, âgé de trente-six ans, cousin de l'époux. Jean-Alexandre-Ernest de Couëtus, âgé de trente et un ans, frère de l'épouse; et Louis-Albert de Couëtus, ancien officier de dragons, âgé de vingt-six ans, aussi frère de l'épouse, demeurant tous les deux à Saint-Philbert-de-Grandlieu.

Le 20 novembre 1860 ont été mariés Marie-Charles-Adrien de Couëtus, né à Nantes le 4 février 1834, fils de Louis-Albert de Couëtus, âgé de cinquante ans, et de Léontine de la Roche-Saint-André, son épouse, âgée de cinquante-trois ans; avec Marie-Rogatienne-Anne-Philomène de Cornulier-Lucinière, née le 29 mai 1836, fille d'Albert-Hippolyte-Henri, vicomte de Cornulier-Lucinière, âgée de cinquante ans, et de Céleste-Claire de Couëtus, son épouse, âgée de quarante-neuf ans.

« Témoins : Michel Gazet du Châtelier, âgé de cinquante et un ans, cousin de l'époux; Jules-Henri Pépin de Bellisle, âgé de vingt-huit ans. Albert-Jacques-Charles-Robert d'Oilliamson, âgé de soixante-quinze ans, grand-oncle de l'épouse; et Théodore-Gabriel-Benjamin de Cornulier-Lucinière, âgé de quarante-trois ans, oncle de l'épouse.

Le 26 août 1872 ont été mariés Bonabes-Alain-Marie du Plessis-Quinquis, capitaine aux zouaves pontificaux, depuis volontaires de l'Ouest, chevalier de la Légion-d'Honneur, décoré de la croix de Mentana, né à Saint-Frégant (Finistère) le 6 avril 1844, fils de Louis-Marie du Plessis-Quinquis, âgé de cinquante-cinq ans, et de Cécile-Jeanne-Marie-Josèphe-Anne de Kersauson-Kerjan, son épouse, âgée de cinquante-quatre ans. Et Alix-Marie de Cornulier-Lucinière, née à Nantes le 23 octobre 1841, fille d'Albert-Hippolyte-Henri, vicomte de Cornulier-Lucinière, député à l'Assemblée nationale, âgé de soixante-deux ans, et de Céleste-Claire de Couëtus, son épouse, âgée de soixante et un ans.

Témoins : Athanase de Charette, général de brigade, officier de la Légion-d'Honneur, âgé de quarante ans, demeurant à Couffé (Loire-Inférieure); André de Rodellec du Porzic, âgé de vingt-six ans, demeurant à Saint-Pierre-Quilbignon (Finistère), cousin germain de l'époux. Alphonse-Jean-Claude-René-Théodore, comte de Cornulier-Lucinière, contre-amiral, grand-officier de la Légion-d'Honneur, âgé de soixante et un ans, oncle de l'épouse; et Louis-Albert de Couëtus, âgé de soixante-deux ans, oncle maternel de l'épouse.

En sa qualité de fabricien de la cathédrale de Saint-Pierre de Nantes, le comte Hippolyte de Cornulier-Lucinière prenait un intérêt tout particulier à l'achèvement de ce monument, resté incomplet depuis des siècles; il usa de toute son influence de membre de l'Assemblée nationale, puis du Sénat, pour faire affecter à cet édifice les fonds nécessaires pour le terminer et pour y ajouter une sacristie digne du vaisseau principal.

Page 163.

Extrait des registres de l'état-civil de la ville d'Orléans.

Le 27 avril 1840 ont été mariés Théodore-Gabriel-Benjamin Charles, comte de Cornulier-Lucinière, né à Nort (Loire-Inférieure) le 11 juin 1817, fils de feu Jean-Baptiste-Théodore-Benjamin, comte de Cornulier-Lucinière, capitaine d'artillerie, chevalier de Saint-Louis, et de Anne-Henriette d'Oilliamson, son épouse ; avec Caroline-Germaine-Marie de Sailly, née à Orléans le 21 août 1822, fille de feu Armand-Joseph, vicomte de Sailly, et de Anne-Marie-Louise-Alexandrine du Faur de Pibrac, son épouse.

Témoins : Albert-Jacques-Charles-Robert, marquis d'Oilliamson, âgé de cinquante-deux ans, demeurant à Saint-Germain-Langot (Calvados), et Armand-François-Théophile, chevalier d'Oilliamson, âgé de quarante-sept ans, demeurant au même lieu, tous les deux oncles maternels de l'époux. Armand-Charles, marquis de Sailly, âgé de soixante-trois ans, demeurant à Sailly, près Mantes (Seine-et-Oise), oncle paternel de l'épouse ; Jean-Baptiste, chevalier de la Barre, âgé de cinquante-six ans, demeurant à Orléans, oncle maternel de l'épouse.

Extrait des registres de l'état-civil de la ville de Nantes.

Le 27 avril 1863 ont été mariés Pierre-Rogatien, baron de Lambilly, né à Taupont (Morbihan) le 19 mars 1835, fils de Thomas-Hippolyte, marquis de Lambilly, âgé de soixante-six ans, et de feue Alphonsine-Modeste-Paule-Rogatienne de Sesmaisons ; et Caroline-Henriette-Marie de Cornulier-Lucinière, née à Orléans le 18 février 1841, fille de Théodore-Benjamin-Charles, comte de Cornulier-Lucinière, âgé de quarante-cinq ans, et de Caroline-Germaine-Marie de Sailly, âgée de quarante ans.

Témoins : Claude-Gabriel-Clément-Rogatien, comte de Sesmaisons, chevalier de la Légion-d'Honneur, âgé de quatre-vingt-quatre ans, aïeul maternel de l'époux ; Humbert-Henri, comte de Lambilly, capitaine d'état-major, chevalier de la Légion-d'Honneur, âgé de trente ans, frère de l'époux. Ernest-François-Paulin-Théodore de Cornulier-Lucinière, lieutenant de vaisseau en retraite, chevalier de la Légion-d'Honneur, âgé de cinquante-huit ans, demeurant à Orléans ; et Albert-Hippo-lyte-Henri de Cornulier-Lucinière, âgé de cinquante-quatre ans, tous les deux oncles paternels de l'épouse.

Page **168**.

Extrait des registres de l'état-civil de la ville de Nantes.

Le 5 août 1846 ont été mariés Marie-Alfred-Ernest de Cornulier-
Lucinière, lieutenant au 6ᵉ bataillon de chasseurs d'Orléans,
autorisé à contracter ce mariage par lettre du ministre de la
guerre du 23 juillet dernier, né à Joué (Loire-Inférieure) le
15 janvier 1822, fils de feu Jean-Baptiste-Benjamin-Théodore
de Cornulier, comte de Lucinière, et d'Anne-Henriette d'Oilliamson, domicilié à son corps à Coléah (Algérie) ; et Margue-
rite-Amélie Law de Lauriston, née le 3 avril 1823, fille de feu
Louis-Georges Law de Lauriston, ancien receveur général des
finances à Nantes, chevalier de Saint-Louis et de la Légion-
d'Honneur, et d'Agnès de Vernety.

Témoins : Léon Juchault de la Moricière, lieutenant-général,
gouverneur de la province d'Oran (Algérie), âgé de quarante
et un ans ; Ernest-François-Paulin-Théodore de Cornulier-
Lucinière, ancien lieutenant de vaisseau, chevalier de la
Légion-d'Honneur, âgé de quarante-deux ans, demeurant à
Rezé. Comte Agnès-Marie-Xavier-Vincent-François de Vernety,
âgé de soixante-quatre ans ; le baron Jean Marion de Beaulieu,
maréchal de camp du génie, âgé de soixante-trois ans.

L'acte de décès du comte Alfred de Cornulier-Lucinière avait
été dressé si précipitamment à Sébastopol, le 9 septembre 1855,
le lendemain de l'assaut qui amena la prise de cette ville, que
les noms y étaient méconnaissables, tant ils étaient défigurés.
Il fut transcrit en cet état sur les registres de la commune de
Joué-sur-Erdre, lieu de sa naissance, le 13 octobre 1855.
Requête dut être présentée au président du tribunal civil d'Ancenis pour obtenir la rectification de cet acte conformément
aux actes de naissance et de mariage du défunt, ce qui fut
ordonné par un jugement en date du 9 juillet 1870.

Par arrêté municipal du 31 décembre 1856, approuvé par le préfet
de la Loire-Inférieure le 9 janvier 1857 et rendu exécutoire le
12 février suivant, l'ancienne rue de la Patache, sur la prairie
de Mauves, à Nantes, partant du quai de Lourmel et aboutis-
sant au bureau de l'octroi, près de la rivière, dut prendre le
nom de *Cornulier*, en mémoire de la mort glorieuse du comte
Alfred à Sébastopol.

La comtesse Alfred de Cornulier-Lucinière s'était promis d'aller
prier sur la tombe de son mari à Sébastopol, et d'y conduire
sa fille. Elle a réalisé ce projet en 1873, en débutant par un
pèlerinage en Terre-Sainte dont elle a publié la relation sous

ce titre : *Caravane française en Terre-Sainte*, Paris, Téqui, 1re édition, 1875, 1 vol. in-12 de 343 pages ; 2e édition, 1879, 1 vol. in-12 de 489 pages.

Au récit très-intéressant de son voyage en Palestine, dans le Liban, à Damas et à Constantinople, elle n'a pas jugé à propos de joindre l'épisode de sa visite en Crimée ; il y avait là des impressions trop intimes pour les confier au public. Malgré ce retranchement, ce petit livre ne laisse pas que de captiver l'attention du lecteur par l'allure vive, facile et entraînante du récit ; l'auteur sait communiquer ses émotions ; on chevauche à ses côtés, et l'on est charmé par une foule de remarques fines et délicates que l'esprit pénétrant d'une femme était seul capable de saisir.

Page **169.**

Extrait des registes de l'état-civil de la ville de Nantes.

Le 3 janvier 1838 ont été mariés Alphonse-Jean-Claude-René-Théodore, baron de Cornulier-Lucinière, enseigne de vaisseau, chevalier de la Légion-d'Honneur, fils de feu Jean-Baptiste-Benjamin-Théodore, comte de Cornulier-Lucinière, ancien officier d'artillerie, chevalier de Saint-Louis, et d'Anne-Henriette d'Oilliamson ; et Louise-Élisabeth-Charlotte de la Tour-du-Pin-Chambly de la Charce, née à Paris le 25 septembre 1814, fille d'Alexandre-Louis-Henri, vicomte de la Tour-du-Pin-Chambly de la Charce, ancien capitaine d'état-major, chevalier de l'ordre de Saint-Jean-de-Jérusalem, et de Élisabeth-Marie-Modeste de Sesmaisons.

Témoins : Jean-Baptiste de Couëtus, ancien officier de cavalerie, chevalier de Saint-Louis, âgé de soixante-six ans ; Ernest-François-Paulin-Théodore, comte de Cornulier-Lucinière, lieutenant de vaisseau, âgé de trente-trois ans, frère de l'époux ; Alexandre-Pierre-Louis-Gabriel, comte de Sesmaisons, chevalier de Saint-Louis, de la Légion-d'Honneur et de Saint-Ferdinand d'Espagne, âgé de quatre-vingt-onze ans ; et Louis-Berlion-Joseph, vicomte de la Tour-du-Pin-Chambly de la Charce, ancien lieutenant d'état-major, âgé de trente-quatre ans.

En rendant compte au ministre de la guerre de l'audacieuse entreprise qui avait amené la prise de la ville de Bône, le gouverneur général de l'Algérie s'exprimait ainsi : « Je ne sais à quelle page de l'histoire remonter pour trouver une pareille action de courage. » Et le maréchal Soult disait à la tribune : « Ce brillant coup de main est le plus beau fait d'armes de notre siècle. »

*Lettre de M. le comte de Chambord à l'amiral comte René
de Cornulier-Lucinière.*

« Frohsdorf, le 17 juin 1873.

« L'un de vos meilleurs amis, le comte de Monti de Rezé, fidèle
interprète de vos sentiments, m'a parlé de votre part, Monsieur
l'amiral, de votre dévoûment à la France et à son roi. J'en
ai été très-touché, et je veux vous le dire ici moi-même. Je
vous ai suivi pendant votre longue carrière, et j'ai vu avec
une vive satisfaction qu'en soutenant noblement dans toutes
les parties du monde la renommée de la marine française,
vous êtes resté constamment digne du pays où vous êtes né et
du nom que vous portez. Je vous en félicite, et je vous en
remercie.

« Je compte sur vous pour m'aider, si Dieu le permet, à
sauver du naufrage le vaisseau de la France. Comptez vous-
même, Monsieur l'amiral, sur ma gratitude et sur mon affection. »

Signé : « HENRI. »

Page 170.

Extrait des registres de l'état-civil de la ville de Lyon.

Le 19 juin 1871 ont été mariés Henri-Raoul-René de Cornulier-
Lucinière, né à Nantes le 31 octobre 1838, capitaine au 14ᵉ régiment d'infanterie de ligne, fils d'Alphonse-Jean-Claude-René-
Théodore, comte de Cornulier-Lucinière, contre-amiral, grand officier de la Légion-d'Honneur, et de Louise-Élisabeth-Charlotte de
la Tour-du-Pin-Chambly de la Charce, qui l'autorisent ; et Jeanne-
Marie-Louise-Berthe Sauvage de Saint-Marc, née à Toulouse le
11 décembre 1851, demeurant à Lyon avec ses père et mère,
fille de Jean-Gustave Sauvage de Saint-Marc, receveur principal des douanes, et de Bénédicte-Marie de Nériez, qui l'autorisent. Le contrat en date du 17 juin, au rapport de Mᵉ Mitti-
fiot, notaire à Lyon. L'autorisation du ministre de la guerre
pour contracter ledit mariage en date du 9 courant.

Témoins , en outre des pères et mères des époux : Tous-
saint-Pierre de Nériez, âgé de soixante-quatorze ans, ancien
chef de division au ministère des finances, demeurant à Paris ;
Charles-René Sauvage de Saint-Marc, âgé de cinquante-
cinq ans, propriétaire, demeurant à Lyon ; Paul-Louis-Ernest
de Cornulier-Lucinière, âgé de trente ans, lieutenant de vaisseau, et Camille-Louis-Marie de Cornulier-Lucinière, âgé de
vingt-huit ans, lieutenant d'infanterie.

Extrait des registres de l'état-civil de la ville de Nantes.

Le 6 juin 1870 ont été mariés Paul-Louis-Ernest de Cornulier-Lucinière, lieutenant de vaisseau, chevalier de la Légion-d'Honneur, né à Nantes le 18 février 1841 et domicilié à Toulon (Var), fils d'Alphonse-Jean-Claude-René-Théodore, comte de Cornulier-Lucinière, contre-amiral, commandeur de la Légion-d'Honneur, commandant en chef en Cochinchine, où il réside, et de Louise-Élisabeth-Charlotte de la Tour-du-Pin-Chambly de la Charce, son épouse, âgée de cinquante-cinq ans, présente et consentante ; avec Nathalie-Marie-Louise du Couëdic de Kergoualer, née à Nantes le 30 janvier 1849, fille de Charles-Florian-Louis, baron du Couëdic de Kergoualer, ancien lieutenant de vaisseau, chevalier de la Légion-d'Honneur, âgé de soixante et un ans, présent et consentant, et de feue Marie-Juliette-Clémentine Galdemar.

Autorisation du ministre de la marine pour contracter ledit mariage du 12 mai 1870. Procuration du père du futur et son consentement au même effet, en date des 29 avril 1868 et 30 mars 1870. Avis du procureur impérial de Nantes, en date du 17 mai, ordonnant d'attribuer au père, dans le présent acte, le titre de comte au lieu de celui de baron qui lui est attribué dans l'acte de naissance du futur. Le contrat en date du 3 juin, au rapport de Me Martineau, notaire à Nantes.

Témoins : Charles-Gabriel-René-Berlion, baron de la Tour-du-Pin-Chambly de la Charce, membre du conseil municipal, âgé de cinquante ans, oncle maternel de l'époux, demeurant à Nantes ; Ernest-François-Paulin-Théodore de Cornulier-Lucinière, lieutenant de vaisseau en retraite, chevalier de la Légion-d'Honneur, âgé de soixante-six ans, demeurant à Orléans, oncle paternel de l'époux. Jean-Auguste Icery, propriétaire, âgé de soixante-neuf ans, demeurant à Nantes, oncle maternel par alliance de l'épouse ; et Abéric de Miollis, propriétaire, âgé de trente-cinq ans, demeurant à Ploërmel (Morbihan), beau-frère de l'épouse.

Paul-Louis-Ernest de Cornulier-Lucinière, lieutenant de vaisseau, a publié :

1o En 1873, sous le voile de l'anonyme : ÉTUDE SUR LA DÉFENSE DES CÔTES, insérée dans le *Bulletin de la réunion des officiers, mélanges militaires* (2e série, LXVI, LXVII), Paris, Tanera, 1873. Il en a été fait un tirage à part.

2o En 1879, sous son nom : NOTE SUR LA TACTIQUE EN ESSAI, in-8o avec figures, Parie, Berger-Levrault, 1880.

En mars 1878, Paul de Cornulier remit au vice-amiral d'Hornoy, commandant alors l'escadre d'évolution dont il faisait partie, cette note sur la tactique navale qu'on expérimentait pour les escadres cuirassées. L'amiral transmit ce mémoire au ministre qui, sur la proposition de la commission centrale d'examen des travaux des officiers, adressa des félicitations à l'auteur, et ordonna l'insertion de son mémoire dans la *Revue maritime*, où il parut en mars 1879. Une mention honorable fut, en outre, accordée à ce travail par le ministre, sur la proposition de la commission académique, composée de membres de l'Institut, chargée de signaler au ministre les meilleurs mémoires insérés en 1879 dans la *Revue maritime*.

Encouragé par le premier succès qu'avait obtenu sa NOTE, Paul de Cornulier adressa au ministre de la marine, à la fin de 1878, un mémoire plus développé sous le titre d'*Étude sur les évolutions d'une escadre cuirassée*. Ce nouveau mémoire fut, de la part de la commission d'examen des travaux des officiers, l'objet d'un rapport au ministre dont voici les conclu-clusions, qui furent approuvées par dépêche ministérielle du 28 décembre 1878 :

« Le travail présenté par M. de Cornulier lui fait le plus grand honneur et prouve que cet officier a fait une étude très-sérieuse et très-approfondie des évolutions d'une escadre cuirassée. La commission centrale n'a pas à se prononcer sur la question de savoir si la méthode d'évolutions obliques qu'il propose est préférable à celle de la tactique officielle. Elle se borne à constater que le travail de M. de Cornulier est très-instructif et très-intéressant, et que cet officier a fait une révision très-complète et très-détaillée des évolutions de la tactique d'après les idées qu'il avait émises déjà dans une note soumise au mois de juillet dernier à l'appréciation de la commission et qui lui a valu des félicitations. La commission centrale émet le vœu que de nouvelles félicitations soient adressées à cet officier ; mais elle ne juge pas opportun de demander la publication d'un travail aussi étendu dans la *Revue maritime*, la tactique en essai venant d'être modifiée tout récemment, et sa nouvelle impression n'étant pas terminée. »

Par décret du 12 juillet 1881, Paul de Cornulier-Lucinière a été promu au choix au grade de capitaine de frégate.

Extrait des registres de l'état-civil de la ville de Nantes.

Le 27 décembre 1877 ont été mariés à Nantes Camille-Louis-Marie de Cornulier-Lucinière, capitaine au 1er régiment d'infanterie de ligne, né à Nantes le 23 mai 1844, fils d'Alphonse-Jean-Claude-René-Théodore, comte de Cornulier-Lucinière, contre-amiral, grand-officier de la Légion-d'Honneur, ancien maire de Nantes, âgé de soixante-six ans, et de Louise-Élisabeth-Charlotte de la Tour-du-Pin-Chambly de la Charce, son épouse, âgée de soixante-deux ans, présents et consentants. Et Anne-Julie Nouvellon, née à Frossay (Loire-Inférieure), fille de Louis-Charles Nouvellon, propriétaire, âgé de cinquante-huit ans, et d'Adélaïde-Julie Adam, âgée de cinquante-cinq ans, son épouse, présents et consentants. Le contrat en date du 23 décembre, au rapport de Me Henri Fleury, notaire à Nantes.

Témoins : Albert-Hippolyte-Henri de Cornulier-Lucinière, sénateur, âgé de soixante-huit ans, oncle paternel de l'époux ; Charles-Gabriel-René de la Tour-du-Pin-Chambly de la Charce, membre du conseil général de la Vendée, âgé de cinquante-sept ans, oncle maternel de l'époux. François-Xavier-Marie-Alphonse Bacqua, propriétaire, âgé de trente-huit ans, demeurant à Nantes, beau-frère de l'épouse ; et Jacques-Marie-Maurice Goislard de Villebresme, propriétaire, âgé de trente ans, demeurant à Aulnay (Eure), aussi beau-frère de l'épouse.

Le 1er juillet 1878 ont été mariés à Nantes Christian-Adrien-Marie Pérez, capitaine au 6e régiment de hussards, né à Mirande (Gers) le 21 juillet 1849, fils de Paul-Joseph-Octave Pérez, âgé de soixante-douze ans, et de Marie-Françoise-Charles de Colomez de Gensac, son épouse, âgée de cinquante-quatre ans. Et Louise-Anne-Henriette-Marie de Cornulier-Lucinière, née à Nantes le 24 juillet 1851, fille d'Alphonse-Jean-Claude-René-Théodore de Cornulier-Lucinière, contre-amiral, grand-officier de la Légion-d'Honneur, ancien maire de Nantes, membre du conseil municipal, âgé de soixante-six ans, et de Louise-Élisabeth-Charlotte de la Tour-du-Pin-Chambly de la Charce, son épouse, âgée de soixante-quatre ans, présents et consentants.

Témoins : Joseph-Hyacinthe-Louis-Julie d'Ariès, contre-amiral, commandeur de la Légion-d'Honneur, âgé de soixante-cinq ans, demeurant à Tilhac (Gers), cousin de l'époux ; Victor-Jean Féline, général de brigade, commandeur de la Légion-d'Honneur, âgé de cinquante-sept ans. Charles-Gabriel-René-Berlion de la Tour-du-Pin-Chambly de la Charce, âgé de cinquante-huit ans, oncle maternel de l'épouse, et Albert-Hippolyte-Henri de Cornulier-Lucinière, sénateur, âgé de soixante-sept ans, oncle paternel de l'épouse.

Ont signé : Anne-Henriette de Cornulier-Lucinière ; Pérez ; contre-amiral d'Ariès ; contre-amiral comte de Cornulier-Lucinière ; comtesse de Cornulier-Lucinière, née de la Tour-du-Pin-Chambly de la Charce ; comte de Cornulier-Lucinière, sénateur ; baron de la Tour-du-Pin-Chambly ; général Féline ; de Grandville, née de Cornulier ; comte de Gensac ; E. de Gensac ; comtesse de Gensac ; M.-E. de Gensac ; comtesse Alfred de Cornulier-Lucinière ; vicomtesse de Cornulier ; vicomte R. de Cornulier ; vicomte R. de Cornulier-Lucinière ; du Plessis-Quinquis ;

8

C. de Cornulier-Lucinière ; G. de Cornulier-Lucinière ; comte de la Tour-du-Pin ; B. du Plessis-Quinquis.

Victorine de Cornulier-Lucinière a prononcé ses vœux perpétuels de religion, le 6 juillet 1881, dans la maison des Dames de la Retraite, à Lille (Nord).

Page **171.**

Extrait des registres de la paroisse de Saint-Laurent de Nantes.

Ont été épousés par vénérable et discret messire Pierre Ledin, en présence de M. le recteur soussigné, messire Philippe Cornulier et demoiselle Jeanne Garnier. Fait ce 4 juillet 1645.

    Signé : P. Ledin, J. Garnier, Cornulier, Françoise du Plessier, Françoise de Breneray, Jeanne Bitaud, R. Chollet, recteur.

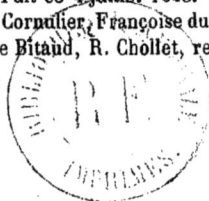

COMPLÉMENT DE LA GÉNÉALOGIE

DE LA

MAISON DE CORNULIER

IMPRIMÉE EN 1863

COMPLÉMENT DE LA GÉNÉALOGIE

DE LA MAISON

DE CORNULIER

IMPRIMÉE EN 1863

ADDITIONS ET CORRECTIONS

AU TEXTE DE LA FILIATION SUIVIE

ET DES PIÈCES JUSTIFICATIVES

ORLÉANS
IMPRIMERIE DE GEORGES JACOB
CLOITRE SAINT-ÉTIENNE, 4
—
1883

COMPLÉMENT DE LA GÉNÉALOGIE

DE LA

MAISON DE CORNULIER

IMPRIMÉE EN 1863

ADDITIONS A LA FILIATION SUIVIE

Pages **12**, **13** *et* **14.**

NOTA. — La filiation suivante doit être substituée à celle qui a été donnée ci-dessus, p. 1, 2 et 3.

V. Noble écuyer Antoine DE CORNILLÉ, seigneur de la Bichetière, de la Motte et du Plessis de Torcé, épousa en 1525 Geffeline DE CHAMPAIGNÉ, qui était veuve de lui quand elle fut maintenue, par lettres du 17 mars 1536, au nom et comme tutrice de ses enfants, dans les prééminences aux églises paroissiales de Cornillé et de Torcé. Elle vivait encore en 1555, car un acte du 17 novembre de ladite année la qualifie de douairière de la Bichetière. De ce mariage vinrent :

1° Briand DE CORNILLÉ, qui suit.

9

2º Guy DE CORNILLÉ, seigneur de la Hannebaudière, près le Lion-d'Angers, qui mourut avant 1578, sans laisser de postérité.

3º Arthur DE CORNILLÉ, seigneur de la Rivière-Mainfray, dans la paroisse de Bais, inhumé à Cornillé le 20 mars 1597, ne paraît pas s'être marié.

4º Pierre DE CORNILLÉ, abbé de Montmorel, au diocèse d'Avranches, en 1558, fut chassé de son abbaye par Louis de Montgommery, seigneur de Ducey, chef des calvinistes du pays, et obligé de se réfugier au mont Saint-Michel, où il obtint du roi Charles IX des lettres de sauvegarde datées du 2 janvier 1575. Il se démit de son abbaye le 31 août suivant, en faveur de Jean Louvel, son neveu, retenant mille livres de pension, puis fut nommé curé de la paroisse de Terregaste, dépendante de Montmorel, où il mourut le 8 janvier 1589. Il fut enterré dans le chœur de son ancienne église de Montmorel, devant le maître autel.

5º Marguerite DE CORNILLÉ fut marraine de sa nièce, Christine *de Cornillé*, le 11 mai 1549 ; elle épousa *N. Louvel*, écuyer, de la maison de la Touche, en l'évêché de Rennes.

6º Agathe DE CORNILLÉ, inhumée à Cornillé le 5 avril 1593.

VI. Briand DE CORNILLÉ, seigneur de la Bichetière, de la Guichardière, de la Fonchais en Domagné, de la Motte et du Plessis de Torcé de 1536 à 1575, homme d'armes à l'arrière-ban de 1541, chevalier de l'ordre du Roi, épousa, vers 1545, Jeanne DE POIX, née au château de Fouesnel, en la paroisse de Louvigné-de-Bais, le 8 juin 1524. Elle était fille aînée de Michel de Poix, seigneur de Fouesnel et du Fretay, et de Renée *du Hallay*. Elle vivait encore le 3 mars 1589. De ce mariage vinrent treize enfants, tous nés au manoir de la Bichetière, savoir :

1º Macé DE CORNILLÉ, né le 7 mars 1548, mort jeune.

2º Guy DE CORNILLÉ, né le 9 octobre 1551, nommé par Jean d'Espinay. Il est qualifié noble et puissant écuyer, seigneur de la Bichetière, de la Motte et du Plessis de Torcé, dans les aveux qui lui sont rendus de 1556 à 1587, c'est-à-dire dès avant la mort de son père, qui s'était, paraît-il, démis de ses biens en sa faveur. C'est lui qui, en 1574, stipule au contrat de mariage de sa sœur, Christine de Cornillé, avec Pierre de la Haye, comme héritier présomptif, principal et noble de ses père et mère. Par acte du 9 novembre 1578, il fit donation à son neveu, Louis de la Haye, seigneur de Mongazon, de la terre de la Hannebaudière, qu'il avait héritée de son oncle, et généralement de tous ses acquêts et conquêts. Il mourut sans avoir été marié; vers 1596, et fut le dernier mâle de la branche de la Bichetière.

3° Michel DE CORNILLÉ, né le 5 décembre 1552, eut pour parrain et marraine Michel de Champaigné et Madeleine de Poix. Il mourut jeune.

4° Jehan DE CORNILLÉ, né le 30 décembre 1562, nommé par Jehan du Bé et Michelle le Sénéchal, mourut en bas âge.

5° Antoine DE CORNILLÉ, né le 19 juin 1565, mort en bas âge, avait été nommé par Guy de Rosmadec et Geneviève du Hallay, dame de Mesneuf.

6° Bertranne DE CORNILLÉ, l'aînée de tous les enfants, nommée à Cornillé le 12 juin 1546 par Bertrand de Sévigné et Geffeline de Champaigné, sa grand'mère. Elle mourut jeune.

7° Isabeau DE CORNILLÉ, née le 12 avril 1547, morte en 1597, resta héritière de la Bichetière, de la Motte et du Plessis de Torcé à la mort de son frère Guy, décédé en 1596. Elle se maria deux fois : 1° avec Guy *de Kermenguy*, conseiller au parlement de Bretagne, mort le 27 avril 1583 ; 2° avant 1589, avec Louis *Collobel*, seigneur de Coatres, aussi conseiller au parlement de Bretagne, dont elle était veuve dès 1592.

Du premier lit elle n'eut qu'une fille : Jeanne *de Kermenguy*, dame de la Bichetière, de la Motte et du Plessis de Torcé en 1597, mariée à René de Guéhenneuc, seigneur de la Briançais, Toufou, la Garretais, le Chêne, etc. En 1600, son mari et elle vendirent la Bichetière au sieur Lombart, lieutenant du gouverneur de Rennes.

Du deuxième lit, Isabeau de Cornillé eut, outre un fils né à Rennes le 9 septembre 1589, et qui ne vécut pas, deux filles : Françoise et Julienne Collobel, célibataires, majeures en 1599.

8° Christine DE CORNILLÉ, nommée à Cornillé le 11 mai 1549 par Christophe de Poix, son oncle, et Marguerite de Cornillé, sa tante, fut mariée, *sous le régime de l'assise du comte Geoffroy*, par contrat passé au manoir de la Bichetière le 20 février 1574, avec Pierre *de la Haye*, écuyer, seigneur de la Sevaudière, en la paroisse de Bouëre, au Maine, fils puîné de Pierre de la Haye, seigneur dudit lieu, et de Perrine de Courtoux. Elle mourut avant 1578, ne laissant qu'un fils, Louis de la Haye, seigneur de Mongazon.

9° Roberde DE CORNILLÉ, né le 10 juin 1550.

10° Marguerite DE CORNILLÉ, née le 24 mars 1554.

11° Catherine DE CORNILLÉ, née le 8 novembre 1556.

12° Antoinette DE CORNILLÉ, dame de la Croix, née le 9 février 1558, épousa le 12 novembre 1580 Pierre *Hupel*, écuyer, seigneur du Val, en l'évêché de Nantes, qui convola, avant 1603, avec Françoise de Bruc, dame des Brieux.

13° Jeanne DE CORNILLÉ, née le 8 août 1559, mariée, croit-on, avec Zacharie Croc, conseiller au parlement de Bretagne, seigneur de la Ronce, en la paroisse de Billé, près Fougères. Elle vivait encore en 1587, sans postérité.

Page 31.

Par une ordonnance de 1620, Pierre *de Cornulier* rendit obligatoire pour tous les prêtres de son diocèse l'usage du bréviaire nouvellement réformé par ses prédécesseurs suivant le rite romain, mais en y ajoutant le propre des saints du pays dont le culte ne devait pas être abandonné. Par la même ordonnance, il maintient l'abrogation de certains jours fériés et prescrit de célébrer désormais la fête de saint Louis avec double solennité.

Page 42.

Gabrielle, ou plutôt Marie-Gabrielle *de Cornulier*, fut élevée chez les Ursulines de Rennes et entra en religion à dix-huit ans chez les Visitandines de la même ville. C'était, disent les mémoires de l'ordre, une personne accomplie, au physique comme au moral; mais elle tomba bientôt dans un état d'infirmité tel que la maison ne put utiliser ses grandes qualités. Elle mourut le

9 avril 1654, âgée de trente-trois ans et professe de seize ans, du rang des sœurs de chœur.

Anne-Thérèse *de Cornulier* fit profession à la Visitation de Rennes à l'âge de seize ans. Elle occupa successivement presque toutes les charges de l'ordre où elle servit la communauté avec un courage qui surpassait ses forces, car, si elle était excellemment douée, sa complexion était faible et délicate. Elle finit par être affligée de grandes et cruelles infirmités auxquelles elle succomba le 6 octobre 1675, âgée de cinquante ans, professe de trente-quatre, et du rang des sœurs choristes.

Marie-Thérèse *de Cornulier* est morte au premier monastère de la Visitation de Rennes le 16 janvier 1681. Sa vie a été publiée dans *l'Année sainte de la Visitation.* Née en 1619, elle fut professe durant quarante-six ans, dont vingt-cinq ans de supériorité.

Page **44.**

Pierre DE CORNULIER vendit, en 1654, sa terre noble de l'Étang, en la paroisse de Saint-Pern, à Judes du Pré.

Page **47.**

8° Louise, où plutôt Marie-Louise *de Cornulier*, naquit en 1646 et reçut son partage de cadette dans la succession de son père en 1658. A l'âge de quinze ans, en 1661, sa mère la fit entrer à la grande Visitation de Rennes, espérant qu'elle y deviendrait religieuse comme les deux tantes qu'elle y avait déjà ; mais elle ne put goûter l'esprit de cet ordre et demanda à en sortir.

Les Bénédictines de Saint-Sulpice cherchèrent à l'attirer chez elles ; elle repoussa leurs avances. Sa vocation la conduisit aux Hospitalières, et c'est dans leur monastère de Saint-Yves de Rennes qu'elle prononça ses vœux, le 17 février 1663.

Elle avait été élue supérieure de cette maison quatre fois et l'avait gouvernée avec un plein succès durant douze ans, lorsqu'elle apprit, avant la fin de son dernier triennal, qu'elle venait, au mois d'octobre 1697, d'être choisie par les Hospitalières de Quimper pour diriger leur communauté. Cette maison était en proie à l'anarchie, criblée de dettes, déchirée par des divisions intérieures, en hostilité ouverte avec l'autorité épiscopale.

Quitter une maison paisible, où elle était aimée et estimée, pour
aller rétablir l'ordre dans une sorte d'enfer, était une terrible perspective ; Marie-Louise se dévoua et vint heureusement à bout de cette
tâche ardue. Après six années d'une direction pleine de sagesse et
d'habileté, elle laissa cette maison transformée et dans le meilleur état.
Lorsqu'elle la quitta, en 1704, pour aller rejoindre son monastère de
Saint-Yves de Rennes, ce n'était plus cette communauté désolée qu'elle
avait trouvée ; tout y était en pleine prospérité, au moral comme au
temporel.

De retour à Saint-Yves, elle y fut, dès la première élection, nommée
assistante, et c'est dans cette charge qu'elle termina ses jours le
23 mars 1710, âgée de soixante-quatre ans et professe de quarante-sept.

Les annales des Hospitalières de Rennes disent que Marie-Louise de
Cornulier était une femme d'un mérite supérieur, d'une prudence con-
sommée, d'une charité sans bornes et d'un fond de religion à toute
épreuve ; on ne pouvait lui reprocher qu'une crainte exagérée de la
mort, non pour elle-même, mais à cause de ses suites. Sa pacification
de la maison de Quimper et le rétablissement de ses finances font le
plus grand honneur à son esprit et à ses connaissances.

Page 67.

Jean-Baptiste de Cornulier, seigneur du Boismaqueau,
fut proposé deux fois au roi pour être maire de Nantes
par l'assemblée des notables : en 1688 et en 1692.

Page 89.

Le comte Joseph-Victor de Lonjon est mort en juillet 1881.
Daniel est le nom patronymique de la famille de Boisdenemets.

Page 92.

Entre 10° et 11° intercaler :
Louise-Thérèse *de Cornulier* des Gravelles, postulante aux Carmélites de
Nantes, où elle avait déjà pris l'habit, y mourut le 15 novembre 1685.

Page **98.**

Le mariage de Charlemagne de Cornulier avec Rose Char-lotte de Goyon a été bénit le 3 juillet 1770 dans la cha-pelle du château du Boiscornillet, paroisse d'Izé, près de Vitré.

Page **110.**

Auguste-Louis-Marie, comte de Cornulier de la Lande, a été réélu sénateur par le département de la Vendée le 8 janvier 1882, malgré la résolution qu'il avait manifestée de se retirer de la vie politique.

Page **111.**

Le comte Louis-Henri-Marie de Cornulier a eu pour second fils :
Pierre-Henri-Marie de *Cornulier*, né commune de Casson, mort à Nantes le 19 mars 1882, âgé de deux ans.

Page **118.**

Marie de *Cornulier* était procuratrice ou économe des Ursulines de Nantes en 1689, sous la supériorité de sa tante Catherine.

Page **119.**

Catherine de *Cornulier*, un des sujets remarquables de l'ordre, fut supérieure de la maison des Ursulines de Nantes de 1649 à 1652, de 1688 à 1691, puis de 1697 à 1699. Elle était sous-prieure en 1699 et 1700. Elle n'est plus men-tionnée après cette dernière date, qui fut probablement celle de sa mort.

Page **127.**

4° Jeanne-Marie *de Cornulier* mourut aux Carmélites de Nantes le 22 octobre 1694.

5° Louise-Charlotte *de Cornulier* mourut chez les Carmélites de Nantes le 6 février 1727, après y avoir rempli les fonctions de sous-prieure, de première dépositaire et de maîtresse des novices. Elle défendit qu'on écrivît aucune des particularités de sa vie.

Page **137.**

Jeanne *de Cornulier*, dite en religion la mère de Sainte-Marie, mourut le 2 juillet 1767, après avoir édifié la communauté des Hospitalières de Quimper durant cinquante-cinq ans. Elle fut inhumée dans le cloître de cette maison. Elle avait exigé très-formellement qu'il ne fût rien relaté de sa vie dans les mémoires de l'ordre.

Page **170.**

Paul-Louis-Ernest *de Cornulier-Lucinière* a été promu capitaine de frégate le 12 juillet 1881.

Camille-Louis-Marie *de Cornulier-Lucinière* a fait la campagne de Tunisie sous les ordres du général Japy, en 1881. Il a pour fille :

Anne-Marie-Louise-Henriette *de Cornulier-Lucinière*, née à Nantes le 31 mars 1882.

Gustave-Jean-Marie-Alfred *de Cornulier-Lucinière* a fait la campagne de Tunisie, en 1881, comme officier d'ordonnance du général Bonie. Il a été promu lieutenant au 3° régiment de cuirassiers le 1er mars 1882.

Anne-Augustine-Marie-Victorine *de Cornulier-Lucinière* a fait profession dans l'ordre des Dames de la Retraite le 8 juillet 1881.

Françoise-Germaine-Marie Perez, fille de Christian-Adrien-Marie Perez, capitaine commandant au 6° régiment de hussards, et de Louise-Anne-Henriette-Marie *de Cornulier-Lucinière*, est née à Bordeaux le 24 juillet 1882.

Portail de l'ancien château de la Touche à Nozay.

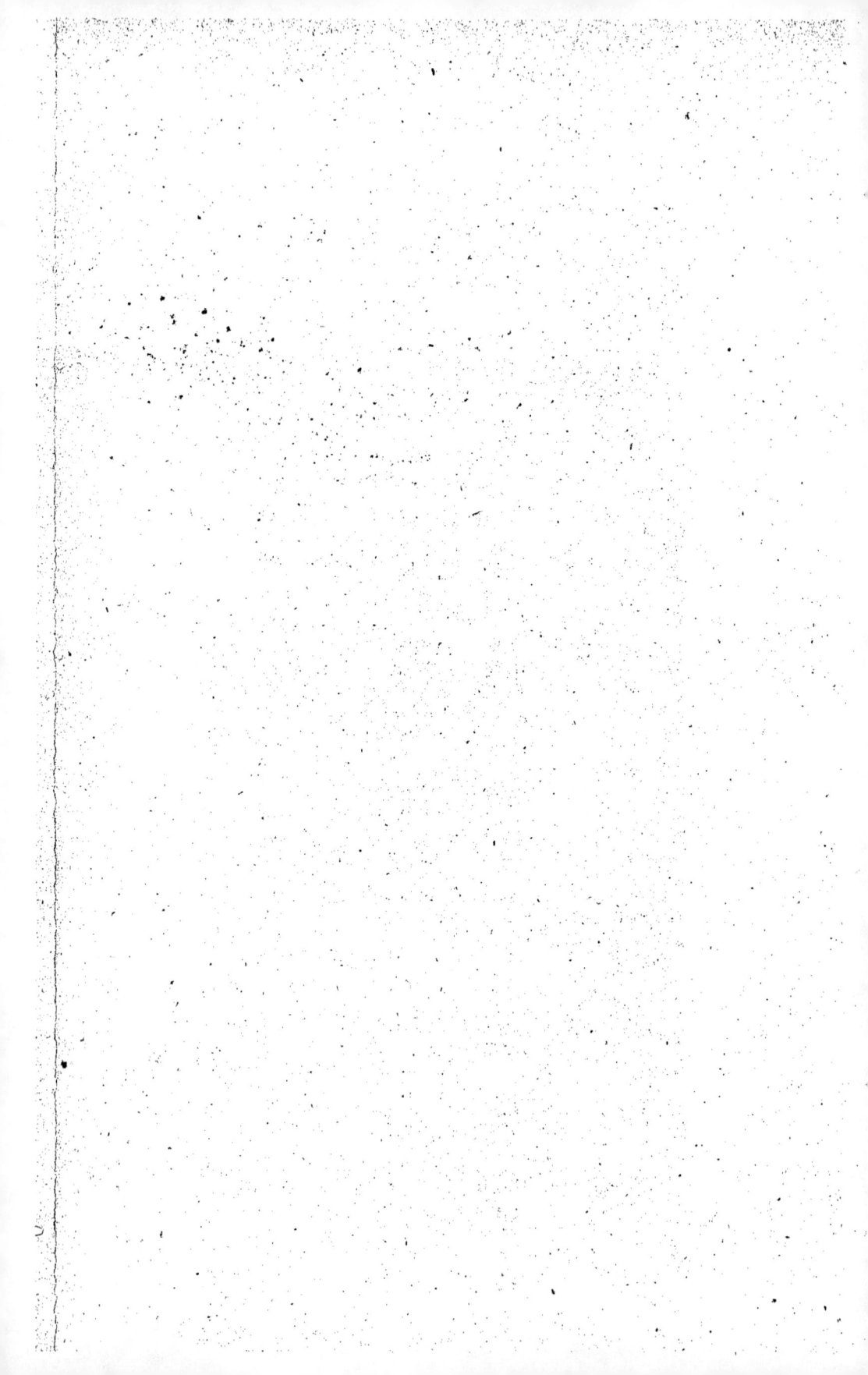

ADDITIONS AUX PIÈCES JUSTIFICATIVES

Page **13.**

DE POIX.

IV. Michel de POIX, seigneur de Fouesnel, du Fretay, de la Rivière-Mainfroy
et de la Tourneraye, capitaine du ban et arrière-ban de l'évêché de
Rennes, en 1554, fils d'André de Poix et de Jeanne *le Vayer*, dame de
Fouesnel, en la paroisse de Louvigné-de-Bais, et du Fretay, en la
paroisse du Chastellier, fut nommé à Louvigné le 15 mai 1499 et mourut
au même lieu le 15 avril 1557. Il avait été marié deux fois : 1º le 26 janvier 1520, avec Renée DU HALLAY, fille de Gilles du Hallay, seigneur de
Rhétiers et de Mayneuf, et de catherine de *la Charonnière* ; 2º avec
Catherine DU HAN, veuve d'Abel de Montbourcher, seigneur du Plessis-
Pillet, et fille de Jean du Han, seigneur de Launay, proeureur général aux
grands jours de Bretagne, et de Jeanne *Bruslon*.

Du premier lit vinrent :

1º Christophe DE POIX, seigneur de Fouesnel et du Fretay, nommé à Louvigné le 2 septembre 1522, capitaine de l'arrière-ban de Rennes en
1569, chevalier de l'ordre du Roi en 1570, mort à Louvigné le 17 juillet 1575. Il avait épousé vers 1559 Michelle LE SENESCHAL, dame de
La Valette et de Neuville. C'est lui qui a continué la postérité.

2º Jeanne DE POIX, l'aînée, nommée à Louvigné le 8 juin 1524, mariée vers
1545 à Briand *de Cornillé,* seigneur de la Bichetière et de la Guichardière, chevalier de l'ordre du Roi.

3º Guyonne DE POIX, nommée à Louvigné le 10 avril 1526, mariée à Pierre
Bachelot, seigneur de Landeronde.

4º Suzanne DE POIX, nommée à Louvigné le 15 octobre 1528, mariée à
Gilles *de Beaumanoir,* fils puîné de Charles, vicomte du Besso, et
d'Isabeau Busson.

5º Madeleine DE POIX, mariée à Jean de Jonchères, seigneur du Fougeray.

6º Jeanne DE POIX, la jeune, nommée à Louvigné le 7 février 1544, mariée :
1º à Pierre *Herpin*, seigneur des Cures et du Coudray ; 2º le 4 avril 1570,
à Jean *André,* seigneur de la Ville-Asselin ; 3º à Jean *Gefflot,* seigneur
de Montmartinais, conseiller au parlement de Bretagne.

7º Catherine DE POIX, sous la tutelle de sa mère en 1559, mariée à Georges
Goujeon, seigneur d'Artois.

> (Extrait de *La maison de Poix et la seigneurie de Fouesnel,* par
> M. Saulnier, conseiller à la cour d'appel de Rennes, 1882.)

Contrat de mariage de Christine de Cornillé.

(Extrait de l'original, communiqué par M. Charles d'Achon.)

Aux paroles et traité du mariage entre N.-H.-Pierre de la Haie, sieur de
la Sevaudière et y résidant, paroisse de Bouère, évêché du Mans ; et demoiselle Christine de Cornillé, fille majeure de vingt ans de N.-H. messire Briand
de Cornillé, chevalier de l'ordre du Roi, et de dame Jeanne de Poix, sa compagne, sieur et dame de la Bichetière, la Motte et Plessis de Torcé, la
Rivière ; demeurant au lieu et manoir de la Bichetière, paroisse de Cornillé,
évêché de Rennes.

Lesdites demoiselles Jeanne de Poix et Christine de Cornillé, autorisées
chacune pour son regard dudit sieur de la Bichetière en tant que suffit pour
l'effet et dépendances des présentes. Icelles parties comparantes devant nous,
André Després et François Charil, notaire royaux de la cour de Rennes, par
le roi, notre sire, établis à Vitré.

Pour parvenir à la consommation dudit mariage et icelui accomplir et entretenir, lequel autrement que avec les conditions ci-après n'aurait été fait, ont
conclu et arrêté ce que en suit, en présence et du consentement de Guy de
Cornillé, sieur du Plessis, fils aîné et présomptif héritier principal et noble
desdits sieur et dame de la Bichetière, et à ce, de son dit père, dûment, à sa
requête, autorisé.

Après que icelles parties et chacune ci-présentes ont reconnu et confessé
être d'accord que de tout temps immémorial les personnes, maisons et choses
dépendant de ladite maison de la Bichetière sont nobles et avantageuses et de
gouvernement avantageux ; les partages d'icelles aussi toujours tenus et gouvernés noblement et avantageusement sans contestation aucune, selon le
réglement, ordonnance et points de l'assise du comte Geoffroy, savoir, que
lesdits sieur et dame de la Bichetière baillent à ladite Christine de Cornillé,
leur fille, et audit de la Haie, son futur époux, en faveur dudit mariage et
icelui accomplissant, pour le tout du droit successoral présomptif et attendant
qui pourrait échoir et advenir à ladite Christine par le décès et succession
d'iceux sieur et dame de la Bichetière, ses père et mère, de pour le droit
naturel qu'icelle Christine pourrait avoir ou prétendre en leur succession
directe ; sans pouvoir icelle Christine, ni ses hoirs par ci-après, demander ou
prétendre aucun autre droit ès dites successions de ses père et mère, ne autres
successions que par cause d'iceux pourrait ci-après advenir au principal héri-

tier desdits sieur et dame de la Bichetière, soit directes, soit collatérales, auxquelles celle Christine renoncie perpétuellement. Le nombre de deux cents livres tournois de rente annuelle ; duquel nombre de rente lesdits sieur et dame de la Bichetière, leurs hoirs, successeurs ou ayant-cause pourront et seront tenus soi franchir et libérer vers lesdits de la Haie et Christine de Cornillé, sa future et espérée épouse, dedans six ans prochains venants, ce jour commençant, en payant lesdits sieur et dame de la Bichetière ou leurs successeurs la somme de quatre mille livres tournois qui sera hypothéquée sur les biens dudit sieur de la Haie. . . . .

Et outre lesdits sieur et dame de la Bichetière ont promis accoustrer leur dite fille honnêtement, selon son issue et qualité.

Et au cas advenant que ladite Christine décéderait sans hoirs de corps de leur mariage, etc. . . . .

Ont fait élection de domicile lesdites parties pour l'exécution des présentes, pour eux et leurs hoirs, savoir les sieur et dame de la Bichetière en leur maison de la Bichetière, et lesdits de la Haie et future épouse au manoir de la Haie de Torcé, en la paroisse de Torcé. . . . .

Fait et consenti en présence de plusieurs de leurs proches parents et amis, savoir de noble et puissant messire Christophe de Poix, chevalier de l'ordre, seigneur de Fouesnel, oncle de ladite Christine ; messire François du Bouschet, chevalier de l'ordre, cousin de ladite Christine ; N.-H. Michel de Champaigné, sieur de la Tisonnière, oncle de ladite Christine ; N.-H. René de la Haie, frère dudit Pierre de la Haie ; N.-H. Julien Tituau, conseiller du Roi en sa cour de parlement, sieur de Ponpéan ; N.-H. André Thorel, sieur du Chesne ; messire Michel Tirel, recteur de Cornillé, chanoine de la Madeleine de Vitré.

Bagés au nom de mariage (c'est-à-dire après avoir reçu leurs anneaux de fiançailles), ont fait promesse de icelui accomplir en face de sainte Église catholique, ainsi que requis est.

Fait au manoir de la Bichetière le 20 février 1574.

Signé au registre : Briand de Cornillé, Jeanne de Poix, P. de la Haie, Christine de Cornillé, François du Bouschet, Guy de Cornillé, René de la Haie, M. de Champaigné, etc., Després et Charil, notaires.

NOTA. — C'est la nouvelle coutume de Bretagne, réformée en 1580, qui établit sur les partages nobles un droit général et nouveau pour tout ce qui n'était pas anciennes baronnies ou anciens comtés. A partir de cette époque, il n'y eut plus que ces terres éminentes qui furent soumises au régime de l'assise du comte Geoffroy. Jusque-là, chaque famille se gouvernait par l'usage qui lui était particulier et qui faisait loi tant pour elle que pour ses alliés en ce qui concernait les successions.

Transaction sur procès entre Pierre de la Haie, seigneur de la Sevaudière, et René de Guéhenneuc, seigneur de Briançais.

(Extrait de l'original, communiqué par M. Charles d'Achon.)

Comme ci-devant procès se fut meu au présidial de Rennes entre Pierre de la Haie, écuyer, sieur de la Sevaudière, faisant pour Louis de la Haie, écuyer, sieur de Mongazon, son fils, demandeur, d'une part, et N.-H. René Guyhenneuc, sieur de la Briançais, mari de damoiselle Jeanne de Kermenguy, héritière principale et noble de défunt Guy de Cornillé, écuyer, seigneur de la Bichetière, sur ce que ledit de la Haie, audit nom, demandait l'entérinement de certain acte de donation passé le 9 novembre 1578, et ce faisant que ledit sieur de la Briançais le mît en possession et jouissance de la terre de la Hannebaudière, située près le Lion-d'Angers ; ensemble l'eût saisi de tous les acquêts et conquêts faits par ledit défunt sieur de la Bichetière, en quelques pays qu'ils puissent être, pour en jouir comme de choses à lui appartenant.

A quoi le sieur de la Briançais résistait, disant :

1º Que cette prétendue donation était nulle de tous points, tant parce qu'elle était contraire à la disposition de la coutume, par laquelle on ne peut donner à son héritier présomptif ni à ses descendants ; ladite donation étant faite au neveu, fils de la sœur dudit sieur de la Bichetière, laquelle, malgré sa renonciation aux biens nobles, est capable de succéder et serait fondée en l'hérédité d'icelui s'il se trouvait quelques acquêts en terres de condition roturière.

2º Que la cause de ladite donation, insérée audit acte, est du tout fausse, n'y ayant oncques eu promesse de la part dudit feu sieur de la Bichetière de fournir la somme de mille livres à damoiselle Christine de Cornillé, mère dudit sieur de Mongazon ; comme aussi n'en était-il besoin, ladite damoiselle ayant été bien et dûment partagée. Joint que ledit prétendu acte a été rapporté en la maison de la Sevaudière et se voit avoir été extorqué audit feu sieur de la Bichetière par sa trop grande facilité, ayant icelui été reconnu tout le temps de sa vie homme mal versé aux affaires et facile à induire à consentir sans aucune cause de grandes obligations.

3º Que pour montrer combien ledit de la Haie savait en sa conscience ledit prétendu acte de donation être nul et le sujet injuste et déraisonnable, il ne l'aurait oncques fait insinuer, depuis ledit an 1578, en aucune cour, suivant les ordonnances royaux. Et est aisé de voir que l'intention des parties contractantes n'a point été qu'il en sortît effet, d'autant que ledit feu sieur de la Bichetière a toujours joui lui-même et fait siens les fruits dudit lieu de la Hannebaudière, sans que défunte Jeanne de Poix, sa mère, en ait fait les jouissances, quelque chose qu'ils aient rapportée.

4º Et que finalement il se trouve qu'audit an 1578, auquel fut rapporté ledit acte, ledit feu sieur de la Bichetière était mineur d'ans et ne pouvait aliéner son héritage sans cause valable, autorité de son curateur et décret de justice. De tout quoi il n'apparaît rien avoir été observé, et partant concluait à ce que ledit sieur de la Sevaudière eût été débouté de l'effet et profit de ladite prétendue donation.

Pour lesquelles difficultés les parties eussent pu encourir grande longueur de procès au préjudice de leur parentelle proche et amitié qui doit être entre elles et à leurs grandes pertes et fatigues. Pour à quoi obvier, ils ont avisé d'en conférer et prendre conseil de leurs proches parents et amis, gens de grande qualité et affectionnés au bien des uns et des autres, savoir :

Messire Joachim de Sévigné, chevalier de l'ordre du Roi, seigneur d'Olivet ;

noble homme monsieur maître Gilles de Sévigné, seigneur de Saint-Didier, conseiller au parlement de ce pays, tous deux parents des parties ; et noble homme monsieur maître Jacques Amys, seigneur de la Grouzardière, aussi conseiller en ladite cour, ami particulier desdits sieurs de la Sevaudière et de Mongazon, son fils. Par l'avis desquels a été composé ce qui suit entre ledit sieur de la Sevaudière, résidant à sa maison seigneuriale de la Vieille-Sevaudière, paroisse de Bouère, évêché du Mans, d'une part ; et ledit sieur de la Briançais, audit nom, demeurant à la maison de la Bichetière, paroisse de Cornillé, diocèse de Rennes, d'autre part.

Le sieur de la Briançais, en faveur de ladite parentelle, et pour conserver l'amitié d'entre icelles parties, et même en considération des grandes pertes que ledit sieur de la Sevaudière a dit avoir faites, et pour donner plus de moyens au sieur de Mongazon, son fils, de soutenir sa qualité et le lustre de la famille dont il est issu, a donné audit sieur de Mongazon la somme de mille livres tournois une fois payée, à laquelle a été composé et transigé pour le tout du contenu de ladite donation.

Au présent accord sont intervenues damoiselles Françoise et Julienne Collobel, sœurs puînées de ladite dame de la Briançais, lesquelles, autant que le fait leur touche, par l'avis desdits sieurs leurs parents et amis, ont eu agréable et approuvé ce qui a été fait par ledit sieur de la Briançais, moyennant quoi lesdites damoiselles seront quittes de toutes demandes du sieur de la Sevaudière et de son fils.

Fait à Rennes le 13 juin 1599. Signé : Jean Pichart, notaire.

Nota. — Dans sa quatrième allégation pour faire casser la donation de Guy de Cornillé à son neveu Louis de la Haye, le sieur de la Briançais prétend qu'il l'avait consentie étant encore mineur d'ans, et il avait vingt-sept ans à cette époque. Mais l'ancienne coutume de Bretagne, qui n'était pas favorable à ces sortes de libéralités, exigeait que le donateur fût majeur de trente ans, et c'était elle qui réglait la matière en 1578 ; cet âge ne fut abaissé que par la réformation faite en 1580.

Branche de la Haye de Mongazon.

Isabeau de Cornillé n'ayant laissé que des filles, c'est, quant au nom, sinon par rapport aux biens, sa sœur puînée Christine qui a continué la branche des Cornillé de la Bichetière ; c'est pourquoi nous dirons ici un mot de sa postérité.

I. **Pierre DE LA HAYE**, écuyer, seigneur de la Haye dans la paroisse de Brissarthe, au Maine, portait pour armes : *d'argent à trois bandes de sable.* De son mariage contracté le 24 mai 1531 avec Perrine de Courtoux, naquirent trois fils et deux filles : Jean, l'aîné ; Pierre, le second, et René, le troisième. Nous n'avons à nous occuper ici que du second.

II. **Pierre DE LA HAYE**, seigneur de la Sevaudière, épousa le 20 février 1574 Christine de Cornillé. Il acquit, des deniers de sa femme, par acte du 9 avril 1585,

la terre noble de Mongazon, en la paroisse de Bouère, où il était déjà possessionné, et leurs descendants furent plus généralement connus sous le nom de
Mongazon que sous celui de la Haye. De leur union ne vint qu'un fils
unique.

III. Louis DE LA HAYE, seigneur de Mongazon, épousa par contrat du 27 octobre 1604
Marguerite *de Torchard*, veuve de François de Baubigné, écuyer, seigneur de
Chahanay, et fille de Jean Torchard, écuyer, seigneur de la Giraudière, et
d'Antoinette de Burdelot, dont :

IV. Gilbert DE LA HAYE, seigneur de Mongazon et de la Sevaudière, mort le 9 juillet 1675, après avoir été marié deux fois : 1º par contrat du 16 août 1629, avec
Madeleine *de Carbonnier ;* 2º par contrat du 21 juillet 1653, avec Renée *de la
Jaille,* fille de Gabriel de la Jaille, chevalier, seigneur de la Pellerinaye, et
de Renée de Segusson.
  Ces la Haye de Mongazon se sont fondus à la fin du siècle dernier dans la
famille de Sarcé.

Extrait des registres secrets du Parlement de Bretagne.

Le 27 avril 1583 mourut à Rennes, de la contagion, Guy de Kermainguy,
conseiller en la cour.

Extrait des registres de Saint-Germain de Rennes.

Le 9 septembre 1589 fut baptisé Jean Collobel, fils de noble homme Louis
Collobel, sieur de Coatres, conseiller en la cour, et de damoiselle Isabeau
de Cornillé.

Extraits des registres de Saint-Sauveur de Rennes.

Le 29 janvier 1587 comparaît, comme témoin au baptême de Françoise
Gefflot, damoiselle Jeanne de Cornillé, dame de la Ronce.
Le 3 mars 1589 comparaît, comme témoin au baptême de Pierre Le Valloys,
Jeanne de Poix, dame de la Bichetière.

Page **16.**

Les registres de la paroisse de *Marcillé-Robert,* près de Vitré, nous font
connaître une grande partie des enfants issus du mariage de Perrine DE COR-
NILLÉ avec Jean *de la Valette,* savoir :

1° Nicolas de la Valette, baptisé le 7 novembre 1514 ;

2° Raoulette de la Valette, baptisée le 10 novembre 1515 ;

3° François de la Valette, baptisé le 10 août 1517, nommé par Françoise *de Cornillé;*

4° Charles de la Valette, baptisé le 19 octobre 1520, devint religieux ;

5° Françoise de la Valette, baptisée le 19 décembre 1521 ;

6° Hervée de la Valette, baptisée le 19 avril 1523, nonnée par Hervé *de Cornillé,* seigneur du Fougeray ;

7° Hélène de la Valette, baptisée le 16 mai 1524 ;

8° Antoine de la Valette, baptisé le 27 novembre 1525 ;

9° Jacques de la Valette, baptisé le 24 mars 1526 (vieux style) ;

10° Julien de la Valette, baptisé le 16 août 1528 ;

11° Jean de la Valette, baptisé le 30 septembre 1529 ;

12° Autre Jean de la Valette, baptisé le 12 octobre 1533 ;

13° Et Pierre de la Valette, l'aîné de tous, qui était marié en 1539 avec Jeanne Juliot.

Extraits communiqués par M. l'abbé Paris-Jallobert).

Page **19.**

Ci-dessus, page 29, ajoutez :

2° Brisegault *de Courceriers,* qui épousa Charlotte de Scépaux, en eut :
Charlotte *de Courseriers,* femme de Guillaume de Monteclerc, chevalier, capitaine de cent hommes d'armes en 1391.

6° Jeanne *de Courceriers,* mariée à Jean Ouvrouin, mort dans l'expédition de Hongrie contre le sultan Bajazet en 1396. De ce mariage vinrent :

A. Jean Ouvrouin, tué à la bataille de Beaugé en 1421 ;

B. Jeanne Ouvrouin, mariée à N*** des Roches, seigneur de Jarzé.

Page **24.**

LUCINIÈRE.

Dès le douzième siècle, les sires de Nozay, du nom de Le Bœuf, possédaient dans la paroisse de Nort deux fiefs importants dont les noms primitifs ne sont pas venus jusqu'à nous. Au quatorzième siècle, ces fiefs étaient passés, l'un dans la maison de Rieux, l'autre dans la maison de la Roche-Bernard, et, du nom de leurs nouveaux possesseurs, n'étaient plus désignés que sous la dénomination de Rieux-en-Nort et de la Roche-en-Nort. C'est ce dernier qui plus tard reçut le nom de *Lucinière* comme nous l'allons voir.

Les sires de la Roche-Bernard avaient été amenés, par suite de la grande étendue de leur baronnie, dont les membres étaient fort décousus, à établir plusieurs cours ou bailliages pour l'administration de la justice à leurs vassaux; ils l'avaient fait à Savenay ; ils le firent de même à Nort, où leur fief fut érigé en siège particulier de juridiction. De ce chef-lieu, le territoire qui lui était soumis prit le nom particulier de baronnie de la Roche à Nort ou de la Roche-en-Nort. Les choses demeurèrent en cet état jusqu'à la mort de Jean de Laval, de la maison de Montfort, décédé en 1476.

Ce seigneur, fils puîné de Guy XIV, comte de Laval, et d'Isabeau de Bretagne, avait été doté des baronnies de la Roche-Bernard et de la Roche-en Nort lors de son mariage avec Jeanne du Perrier, comtesse de Quintin. Il mourut prématurément, à l'âge de trente-huit ans, ne laissant qu'un fils unique, Nicolas, devenu *comte de Laval*, sous le nom de Guy XV, à la mort de son grand-père, en 1486.

Jeanne du Perrier convola, du vivant de son beau-père et durant la minorité de son fils, avec Pierre de Rohan, baron de Pont-Château, ce qui donna lieu à liquider rigoureusement la succession de son premier mari. Cette succession se trouvait obérée, sans doute, puisqu'il fallut recourir à des aliénations. On chercha autant que possible à garder intactes les hautes féodalités qui étaient la splendeur de la maison.

C'est dans cette circonstance que le fief de la Roche, dans la paroisse de Nort, chef-lieu de la baronnie de même nom, mais ne faisant pas partie intégrante de sa juridiction supérieure, put être vendu sans que cette distraction amoindrît le relief de la seigneurie générale ; il y avait été annexé, il en fut séparé ; il revint à son premier état.

L'acquéreur fut Robert *Guibé*, le neveu préféré de Pierre Landais, aidé probablement des deniers de son oncle, alors trésorier et ministre tout-puissant du duc François II. Mais comme il importait de distinguer de la juridiction baroniale de la Roche, qui restait intacte, le fief qui venait d'en être détaché, et le nom primitif de celui-ci étant perdu, l'acquéreur dut lui en imposer un nouveau. C'est ce qu'il fit en le nommant *Lucinière*, c'est-à-dire lieu où abondaient les rossignols, en latin *luscinia*, dénomination plus euphonique que celle de la *Rossignolais*, déjà portée par un petit domaine voisin de Vitré.

Robert GUIBÉ est donc le premier qui fut qualifié de *seigneur de Lucinière ;* il était fils d'Adenet Guibé et d'Olive Landais, sœur du trésorier, et naquit à Vitré en 1459. Il a été souvent nommé *Calach* sans qu'on en sache la raison. Ce fut un des personnages considérables de son temps : recteur perpétuel de Saint-Julien-de-Vouvantes en 1480, abbé de Saint-Melaine de Rennes et de Saint-Victor de Marseille en 1506 ; successivement évêque de Tréguier en 1483, de Rennes en 1501 et de Nantes en 1507. Il avait été nommé cardinal en 1506, et fut légat du Pape à Avignon en 1511 ; il mourut à Rome en 1513. C'était, dit d'Argentré, un homme docte et versé aux bonnes lettres ; il fut chargé de plusieurs ambassades auprès du Pape et tomba en disgrâce pour avoir pris le parti de Jules II contre Louis XII ; son temporel fut saisi en 1511, et il mourut dans la misère, après avoir eu une existence des plus brillantes.

Prévoyant le sort qui l'attendait en France et l'extinction de son nom, qui n'était plus porté que par son frère aîné, Jean, marié depuis longtemps sans enfants, et par un autre frère célibataire, le cardinal s'était démis, dès l'année 1510, de l'évêché de Nantes et de ses biens personnels, notamment de la terre et seigneurie de *Lucinière*, en faveur de son neveu François Hamon.

I. Guillemette *Guibé*, l'une des sœurs du cardinal de Nantes, avait épousé Guillaume HAMON, seigneur de Bouvet , en la paroisse de Port-Saint-Père, homme d'armes en 1464, capitaine du Loroux-Bottereau en 1485, et qui vivait encore en 1498. De ce mariage vinrent :

1º François HAMON, qui suit.

2º Autre François HAMON, héritier par donation de son oncle, le cardinal Robert Guibé, et par suite seigneur de *Lucinière ;* fut prévôt de Vertou en 1518, prieur de Lehon, abbé de Saint-Méen-de-Gaël et de la Grenetière, au diocèse de Luçon, évêque de Nantes en 1511, assista au concile de Latran en 1513 et mourut au manoir épiscopal de Chassais en 1532.

3º Olivier HAMON, seigneur de la Gillière, au diocèse de Nantes, pensionné de 400 livres en 1501, avait épousé par contrat du 8 juillet 1494 Françoise d'*Aubigné*, fille de François d'Aubigné, sieur de la Jousselinière, en la paroisse du Pin-en-Mauge, et de la Touche, en celle de Favrais, en Anjou ; et de Marie Paumart, d'une famille de Touraine. Cette Françoise d'Aubigné, qui vivait encor* en 1516, ne laissa qu'une fille qui suit.

> Françoise HAMON, à qui son oncle, l'évêque de Nantes et peut-être aussi son parrain, laissa tous ses biens. Elle fut donc dame de *Lucinière* et de Fayau, en Nort ; de la Martinière, en Ligné, et de Montigné aux Touches. Cette Françoise Hamon épousa Hardy *de Jaucourt*, seigneur du Vault, près Pont-Aubert, entre Avallon et Vezelay, lieutenant-général en Bourgogne, fils d'Aubert de Jaucourt, seigneur de Villarnoul, et de Renée Le Roux des Aubiers, fille d'honneur de la duchesse de Bretagne (1).

> De ce mariage vinrent deux fils : Hugues de Jaucourt, seigneur du Vault, qui épousa Louise des Réaux, dont il n'eut pas d'enfants ; et Guy de Jaucourt, non marié, tué d'un coup de mousquet en 1564.

> Françoise Hamon, qui survécut à ses deux enfants, mourut le 12 février 1571, laissant sa succession à sa nièce à la mode de Bretagne, Robinette *Hamon*, ci-après, femme de Claude de Maillé, seigneur de Brezé et de Milly.

4º René HAMON, protonotaire du Saint-Siége, abbé de Paimpont en 1501, mort en 1521.

5º André HAMON, abbé de Rhuis en 1525, mort évêque de Vannes en 1528.

6º Françoise HAMON, mariée à Georges Chesnel, seigneur de la Ballue, veuf de Catherine de Rohan. Elle était veuve dès 1513 et est rappelée dans le testa-

---

(1) Dans la *Généalogie de Jaucourt*, récemment publiée par M. Pol de Courcy, Françoise Hamon, femme de Hardy de Jaucourt, est dite fille de Guillaume Hamon et de Guillemette Guibé ; cette origine est inacceptable. Le dernier survivant des nombreux enfants issus de ce mariage étant mort en 1532, comment leur sœur aurait-elle prolongé son existence jusqu'en 1571 ? Il y a là erreur d'une génération. D'ailleurs M. de Courcy n'a fait que reproduire le travail publié par le comte de Chastellux en 1878, et celui-ci n'avait pas vu les titres.

La *Généalogie de la maison de Surgères*, publiée en 1717, donne pour père et mère à cette Françoise Hamon, François Hamon, vice-amiral de Bretagne, et Renée de Surgères, vivants en 1523. Elle ajoute qu'avant d'épouser Hardy de Jaucourt, elle avait été mariée en premières noces, en 1539, avec Jean Bouchard d'Aubeterre. L'auteur de cette généalogie, l'abbé Vialart, confond ici deux Françoise Hamon, qu'il faut distinguer.

En effet, d'Argentré, qui était de Vitré, de la même ville que les Landais et les Guibé, exposant dans son *Histoire de Bretagne* la descendance d'Olive Landais et d'Adenet Guibé, dit qu'ils eurent entre autres enfants : Guillemette Guibé, femme de Guillaume Hamon, *père d'Olivier*, duquel issit Françoise Hamon mariée à Hardy de Jaucourt.

Non seulement d'Argentré devait être bien instruit de cette filiation par son origine, mais encore par les preuves qu'on en avait faites devant lui, comme sénéchal de Rennes, dans un long procès relatif à la succession des Guibé, qui se plaidait au présidial dont il parle, procès de partage qui ne fut jugé qu'après sa mort, en 1597. Les archives du greffe du présidial de Rennes ayant été détruites dans le grand incendie de 1720, il est impossible aujourd'hui de recourir aux pièces originales.

ment de son oncle, Jean Guibé, de 1519; elle eut pour fille Françoise **Chesnel,** femme de Jacques d'Acigné.

7º Isabeau HAMON, abbesse de Saint-Georges de Rennes, morte en 1530.

8º Autre Françoise HAMON, mariée à François Goheau, seigneur du Souché, de Saint-Aginan, les Jamonières, la Maillardière, l'île de Bouin, etc., d'où vint :

Louise Goheau, mariée en 1530 à Jacques de Montberon, baron d'Avoir.

II. François HAMON, l'aîné, chevalier, seigneur de Bouvet, du Mortier et de Roche-Serviere, capitaine de Fougères et vice-amiral de Bretagne en 1501, épousa Renée *de Surgères,* fille aînée et principale héritière de René de Surgères et de Philippe de Belleville, dame de Flocellière, de Saint-Pol et de Cerisay, en Poitou, laquelle convola en 1523, l'année même de la mort de son premier mari, avec Péan de Brie, seigneur de Serrant, en Anjou. Elle avait eu de son premier mariage :

1º Jean HAMON, qui suit.

2º Françoise HAMON, mariée le 2 décembre 1539 à Jean Bouchard d'Aubeterre, seigneur de Saint-Martin-de-la-Couldre, près Saint-Jean-d'Angely. Elle reçut 5,000 livres pour son partage. De ce mariage vinrent :

Jeanne Bouchard, mariée : 1º à Louis de la Rochefoucaud, seigneur de Roissac; 2º le 1ᵉʳ février 1589 à Charles de Bremond d'Ars.

Et Josias Bouchard d'Aubeterre, vivant en 1609.

III. Jean HAMON, seigneur de Bouvet, de Roche-Servière, de la Flocellière et de Cerisay, mourut le 10 janvier 1552. Il avait épousé Jeanne *de Pannevère,* dame de Saint-Martin, fille unique de Léon de Pannevère et de Gabrielle de la Chausseraie, dont il eut :

IV. Robinette HAMON, fille unique, dame de Bouvet, de Roche-Servière, de la Flocellière et de Ciseray, fille d'honneur de la reine-douairière, née le 20 janvier 1551, morte à pareil jour de l'an 1614; mariée par contrat du 15 février 1567, passé au château de Cerisay, à Claude *de Maillé,* seigneur de Brezé, près Montreuil-Bellay, et de Milly-le-Mougeon, près de Gennes, en Anjou, tué à la bataille de Coutras, le 20 octobre 1587.

Sa veuve resta la dernière des *Hamon* de Bouvet. Du vivant de son mari, en 1571, elle avait hérité de sa tante à la mode de Bretagne, Françoise *Hamon,* dame de Jaucourt. Ce furent Robinette *Hamon* et son mari qui vendirent, en 1585, les terres et seigneuries de *Lucinière* et de *Fayau* à Claude *de Comaille* et à Pierre III *de Cornulier* son époux, qui l'autorisait à faire cette acquisition. Telles sont les mains par lesquelles a passé la terre de Lucinière avant d'arriver aux Cornulier. Cette famille HAMON portait :

Écartelé, au 1 et 4 de gueules à trois haches d'armes d'argent emmanchées de sable, qui est Hamon de Bouvet; *aux 2 et 3 de..... à trois huchets de....., qui est de.....; Sur le tout, d'argent à trois jumelles de gueules, accompagnées de six coquilles d'azur, 3, 2, 1, au chef d'or, qui est Guibé.*

Page **26.**

Extrait du Livre doré de l'Hôtel-de-Ville de Nantes, édition de 1873.

« Le 23 décembre 1568, l'assemblée générale procéda au choix du maire. Alors a été à toutes voix élu noble homme maître Pierre Cornulier, sieur de la Touche, conseiller du roi et son pensionnaire en Bretagne. Le sous-maire, Raoul Texier, et Guillaume Gougeon, députés vers le nouvel élu, rapportèrent le lendemain que M. de Cornulier leur avait répondu : être très-humble serviteur de la ville, et comme tel désirer d'y pouvoir continuer ses bons offices de concitoyen, mais que, pour ne mériter tel honneur et ne le pouvoir recevoir tant pour son incapacité, que même pour être astreint à l'exercice de son état de maître des comptes, et aussi pour être presque ordinairement auprès de la personne ou des affaires de Mgr de Martigues, comte de Penthièvre, gouverneur et lieutenant-général en ce pays, ou dudit lieutenant de sa majesté audit gouvernement, il ne pourrait ainsi assidument ni bien vaquer à l'exercice de ladite mairie, et qu'il suppliait humblement le vouloir excuser de ladite charge.

« Sur de nouvelles instances, M. de Cornulier se décida à accepter, et vint prêter serment le 28 décembre, tout en demandant acte de ses protestations, ce qui lui fut accordé.

« Pierre de Cornulier, continué dans sa charge de maire pour l'année 1570, mourut à Nantes le 27 mars 1588, et reçut la sépulture dans l'église de Sainte-Radégonde. »

Page **31.**

Petri Cornulier, episcopi Rhedonensis, de officio juxta usum romanum, et de festo sancti Ludovici celebrando.

Petrus Cornulier, Episcopus Rhedonensis, clero Rhedonensi salutem.

Cum Aemarus et Franciscus, felicis recordationis, prædecessores nostri, correctioni Breviarii Rhedonensis incubuerint, ut illud ex notis venerabilium canonicorum et capituli Rhedonensis usui romano conforme redderent, clerumque secum ad servandos ritus administrandi sacramenta et celebrando sacro-sancti missæ sacrificii ex Ecclesiæ romanæ præscripto [inducerunt. Timendum tamen ne sensim exemplarium penuria, quæ pauciore numero typis excusa fuerant, tam salutaris usus ab hoc novo instituto in antiquam consuetudinem vergeret, maxime cum novissimæ editionis exemplaria iis qui sacris ordinibus ab eo tempore sunt initiati, sufficere non valerent. Nos, pro pastorali sollicitudine et cura annuentibus venerabilibus fratribus nostris canonicis et capitulo nostræ Ecclesiæ Rhedonensis, cum minime congruum et rationi consentaneum videretur ut hujus Armoricæ provinciæ patronum et tutelarium sanctorum quibus ab antiqua constitutione in nosta diocæsi cultus et honor est exhibitus commemoratio prætermitteretur, et tractu temporis eorum recordatio penitus evanesceret, hanc novam rationem divini officii persolvendi, quo magis ac magis in dies romano usui conformemur, juxta SS. Pie V et Clementis VIII, bonæ memoriæ romanorum pontificum constitutiones, eum abrogatione festorum aliquot, quæ in postrema additione minus solemnia relictæ fuerant, præscripsimus.

Verum cum Paulus V, summus pontifex, Ludovici XIII, christianissimi regis postulationi satisfaciens, diem festum D. Ludovici, quondam Francorum regis, antea sub officio simplici in posterum sub duplici celebrandum decreverit. Nos etiam ejusdem sancti officium Breviario nostra adjunximus, et hinc nostris litteris universis nobis subditis ut eumdem diem solemniter celebrent, eoque ferientur sub pœna inobedientiæ et peccati mortalis reatu præcipimus, atque pro ea quæ fungimur auctoritate ut unusquisque ecclesiastico muneri devotus recitandi officii formam a nobis prescripta ut sequatur edicimus. Cætera vero quæ a Francisco prædecessore nostro suppressa sunt, pro suppressis habere volumus.

Datum Rhedonis, die XVI Kal. decembris, anno Domini millesimo sexcentesimo vigesimo, episcopatus nostri anno secundo.

Signé : P. Cornulier, E. Rhedonensi.

(Extrait du t. V des *Concilia provinciæ Turonensis*, ms. de l'abbé Travers, à la bibliothèque de la ville de Nantes.)

Page **33.**

Nous avons parlé ci-dessus, p. 49, de Pierre de Cornulier d'après l'extrait que M. Ropartz à publié en 1863 du manuscrit de D. Morel ; nous avons cru devoir recourir à l'original pour reproduire les passages textuels qui concernent ce personnage et que M. Ropartz avait négligés.

CHAPITRE III.

De la différente façon d'agir de trois abbés commendataires de Saint-Méen, au dernier desquels commence le fait de notre histoire.

. . . .
. . . .

« Le second fut l'illustrissime et révérendissime père en Dieu messire Pierre Cornulier, personnage si relevé au-dessus du commun et si advantageusement partagé de toutes les qualitez les plus éminentes et capables de faire bénir son nom au temps et à l'éternité, que je ne croy pas luy en pouvoir assigner aucune particulière qui puisse condignement déchiffrer la grandeur de ses mérites, si je ne dis qu'il fut le fidèle épitomé des perfections humaines, voire même un des plus rares chefs-d'œuvre de la grâce et de la nature ; termes qui sans doubte pourraient être suspects d'hyperbole et d'exagération, si je n'avais presque autant de cautions de leur naïfveté qu'il y a de gens de bien en toute la province ; plusieurs desquels approuvans l'occasion dont je me sers pour toucher ici, quoyque fort légèrement, l'éloge de cet homme incomparable, m'ont assuré que je n'en pouvois assez dire ; veu qu'ayant d'une part, sans contredit ny jalousie d'aucun, superlativement excellé en tout ce que le monde estime le plus aux personnes de sa naissance, il a cependant de l'autre toujours été si ennemi du faste et de l'ostentation, qu'aux ordinaires pratiques de vertu et en l'exercice de ses charges, il s'estudiait surtout à cacher et obscurcir par une humble modestie le lustre et l'éclat de ses plus glorieuses actions, pour en desrober la cognaissance au public et n'avoir que Dieu pour tesmoin de ses bonnes œuvres, comme il n'avait que lui pour object de ses pieuses intentions.

« Et ne se faut point estonner si je dis qu'il fut superlatif en la possession de toutes les plus excellentes qualitez, puis qu'aucun ne peut nier qu'il aye esté un très-éloquent orateur, un subtil philosophe, un sçavant théologien, un vertueux politique, un homme d'Estat sans reproche, un juge incorruptible et un prélat très-vigilant. Aussi a-t-on veu toutes les puissances souveraines, Dieu, le Pape et le Roy, concourir à l'honorer et luy fournir des emplois proportionnez à la capacité de son génie. Il a esté vingt-deux ans conseiller en cet auguste Parlement, deux ans évesque de Tréguer, vingt ans évesque de de Rennes, et trente-huit ans abbé commendataire de Saint-Méen ; dans toutes lesquelles charges il s'est si dignement comporté, qu'ayant par plusieurs fois préférablement à tout autre mérité la députation, tant aux assemblées du clergé qu'aux États-Généraux de ce pays, pour la gestion d'affaires très-importantes au public, il y a toujours fait voir une inviolable fidélité au service de son Roy, un zèle très-ardent à la conservation des droits et immunitez ecclésiastiques, une généreuse inclination à la défense des intérêts publics de sa province, et en tout une intégrité si religieuse et si exempte de soupçon qu'elle lui attirait ordinairement l'approbation universelle de tous les gens de bien, et lui servait de bouclier contre la censure des envieux. J'obmets de particulariser ses fonctions de conseiller et d'évesque, quoyque toutes héroïques et dignes de mémoire éternelle, en réservant l'honneur à quelque plume plus diserte que la mienne, pour ne m'astreindre qu'à dire seulement ce qui le touche comme abbé de Saint-Méen. . . . .
. . . . , ...

« Depuis qu'il commença la recepte du revenu annuel de la mense abbatiale, il en disposa toujours, non comme un avare propriétaire, mais comme un libéral et fidèle dispensateur des biens de Jésus-Christ, au profit de son église, tantost à l'entretien des maisons régulières de son abbaye, tantost à la restauration des métairies en dépendantes qu'au retrait des biens jadis aliénés pour la subvention des deniers royaux, et à l'amélioration des terres notablement détériorées par l'incurie de ses prédécesseurs. . . . .

« Mais tout cela, quoy qu'assez considérable en soy, et par comparaison de ce que plusieurs autres abbés commendataires ont coustume de faire, semblera toutefois fort peu de chose eu égard aux aumosnes que celuy-cy faisait, qui estaient bien telles et si grandes que difficilement les pourrait-on croire si elles ne se justifiaient encore présentement par le livre des comptes que lui en rendait le sieur Moreau, chanoine de sa cathédrale, son aumosnier, son secrétaire et grand homme de bien, par le ministère duquel il en faisait la distribution. Ce livre donc fait clairement voir qu'outre toutes les aumosnes que ce bon prélat faisait journellement faire à sa porte par ses officiers et celles que lui-mesme distribuait par ses propres mains, il donnait par celles dudit sieur Moreau cinq cents livres par mois, qui font six mille livres par an, aux pauvres honteux, pour lesquels découvrir il se servait de certaines personnes dévotes, qui, comme charitables espions, l'informaient sans faire bruit des secrètes nécessitez de la pauvre noblesse et autres honnestes gens, qui, déchus de fortune, souffraient sans l'oser faire paraître, crainte de honnir leurs familles ; au besoin desquels il subvenoit si largement que peu à peu il les réduisait à une raisonnable abondance, et avec tant de précaution et d'adresse qu'à peine sa gauche eut-elle pu rendre témoignage des libéralités de sa dextre, Ainsy faisant, il observait en perfection le commandement du Fils de Dieu et méritait très-dignement la rétribution de son Père céleste. (*Matth.*, VI). Voilà comment ce digne commendataire a disposé du temporel de son abbaye ; voyons maintenant comment il s'est comporté à l'égard du spirituel.

« La fondation de l'abbaye fut de l'an 630, comme il se voit par la lecture du premier chapitre de ce livre, et le bon abbé Robert y ayant pris l'habit, meu par le bon exemple de ses religieux, y laissa l'an 1492 la régularité en étroite observance. Mais la longueur et la malice du temps l'ayant enfin assubjectie à ses altérations, ce sien successeur y trouva cent ans après l'ordre en confusion et son ancienne ferveur en la souffrance d'un très-notable refroidissement..... La sainte obéissance n'y avait plus de vogue ; les religieux vêtus de soye n'ornaient leurs autels que de laine, et tous, négligeant ce qui leur devoit estre commun, chacun ne chérissoit que son intérêt particulier. Pour à quoy mettre l'ordre qui eut été bien noté et requis, on ne se pourrait pas imaginer combien ce saint zélateur des âmes prist de soins et de peines. Car les ayant souventes fois assemblés, il leur faisoit des exhortations animées de tout l'art que son éloquence et sa charité luy pouvoient fournir pour leur persuader de se réduire eux-mêmes aux devoirs de leur profession dont ils s'estoient si notablement détraquez... Et quelquefois semblait-il qu'ils y fussent tout-à-fait résolus ; mais toutes ces belles résolutions s'en allèrent en fumée, le démon leur faisant présumer que, n'étant pas les auteurs des désordres, aussi n'étaient-ils pas tenus d'y remédier, et qu'en seureté de conscience ils pouvaient être dans le déréglement commencé devant leur profession. Cependant le bon abbé espérant toujours, quoique contre vent et marée, pousser son pieux dessein au port de quelque heureux succès, se tenait auprès d'eux, autant que ses autres charges le lui pouvaient permettre, afin que par sa fréquente conversation, jointe aux bons exemples de sa vie, il les peust faire plus efficacement se résoudre au changement de la leur. Mais voyant le mal desjà trop invétéré pour se pouvoir guérir par des remèdes lénitifs, il résolut de lui ôter le moyen de se perpétuer.

. . . .

« Voilà comment tout semblait tendre à la réforme de ce monastère, lorsqu'inopinément son vénérable et très-pieux abbé, au soixante-quatrième an de son âge, fut assailli d'une forte maladie dans laquelle, après avoir donné mille beaux exemples de sa piété, dévotion et vive foi par ses paroles et des actions dignes d'être connues, admirées et imitées de la postérité, son corps enfin demeurant affaissé soubs les cyprès de ses continuelles mortifications, sa bonne âme s'en alla toute verdoyante de lauriers recevoir le guerdon de ses victoires. Ce fut le 22ᵉ juillet 1639, jour fatal à tout l'ordre de Saint-Benoît et particulièrement à cette pauvre abbaye pour les dangereux événements qui lui en ont succédé. Son corps gist en une chapelle de son église cathédrale qu'il avait lui-même fait clore de grands balustres et décorée d'un parfaitement bel autel dédié à Notre-Dame, à laquelle il avait eu toute sa vie une particulière dévotion. »

D. Germain Morel ajoute que Pierre de Cornulier était de la maison de la Touche, au pays nantais, où il avait pris naissance, et que ses armes (*d'azur à la tête de cerf d'or surmontée d'une hermine d'argent*) se trouvaient dans les vitraux de l'église du monastère de Saint-Méen, mais qu'elles disparurent et furent remplacées par celles de Harlay, quand on fit aux lieux réguliers les réparations pour lesquelles Pierre de Cornulier avait légué sept mille livres, qui furent versées aux Lazaristes par le président de la Haye, neveu de l'évêque. »

Extrait des registres de la paroisse de Luitré, près Fougères.

Le vendredi, fête de sainte Madeleine, décéda monseigneur le révérendissime et illustrissime évêque de Rennes, Mᵍʳ Pierre Cornulier. Il mourut en sa maison des Croix, près Rennes, fut regretté de son clergé et de tout le peuple, ayant régi l'évêché vingt ans entiers en vrai et bon pasteur, faisant tous les ans visites par l'évêché. Il était aussi abbé de Saint-Méen, avait été conseiller au Parlement et évêque de Tréguier ; fut grand personnage et de grand esprit. Ses funérailles se firent en l'église de Saint-Pierre. Le mardi d'après, on a fait services pour lui par toutes les églises de son évêché. Ordonna qu'il ne se fît oraison funèbre et que l'église ne fût tendue que de simples serges.

Page 25.

Les trésoriers de France généraux des finances avaient à cette époque des fonctions beaucoup plus étendues que ne semble l'indiquer le titre de leur office. Non seulement ils administraient les revenus de toute leur généralité, qui comprenait toujours un territoire fort étendu, mais c'étaient eux qui répartissaient les impôts et qui dirigeaient l'administration civile et celle du domaine, ce qu'ils continuèrent de faire jusqu'à l'établissement des intendants de provinces. En un mot, ils réunissaient dans leurs mains les pouvoirs qui sont aujourd'hui répartis entre les préfets, les receveurs et les payeurs généraux, les directeurs des domaines, les ingénieurs en chef, et cela sur un territoire qui comprenait l'étendue de cinq ou six de nos départements.

Page **35.**

LA TOUCHE.

Sans avoir une valeur réelle, les récits populaires et merveilleux ne laissent pas que d'en avoir une relative, en ce que ces légendes rendent un fidèle témoignage de l'état des idées à l'époque et dans le pays où elles ont cours. C'est à ce dernier titre que nous rapportons le conte suivant, qui peint bien l'opinion qu'on avait dans le canton de Nozay de l'importance de la châtellenie de la Touche.

Le fief de la Croix-Merhant, membre de la châtellenie de la Touche-Cornulier, est fameux par le grand nombre de serpents qu'on y rencontre, et voici l'anecdote à laquelle ils ont donné lieu. Le fermier de la Croix-Merhant étant un jour à chauffer son four, vit venir à lui un vieux mendiant inconnu, qui lui demanda si les reptiles l'incommodaient toujours. Sur sa réponse affirmative, il lui dit qu'il connaissait un moyen de l'en débarrasser, mais que pour cela il fallait qu'il lui nommât tous les fiefs dépendants de la châtellenie, sans en omettre un seul. « Il y a trente ans que je connais la Touche, dit le métayer, et il m'est facile de faire cette nomenclature. — Prenez-y bien garde, reprit le mendiant, car ma vie en dépend. — Soyez tranquille, ajouta le fermier, » et il commença à nommer les fiefs les uns après les autres. A chaque nom qu'il appelait, un certain nombre de reptiles venaient se précipiter dans le four embrasé. « N'y en a-t-il plus ? dit le mendiant. — Non, c'est tout. — Bien sûr ? — Oui. — Alors vous ne verrez plus jamais de reptiles sur vos terres. — Attendez ; j'en ai oublié un : le fief..... — C'est trop tard, » s'écria le mendiant, sur lequel fondait un serpent ailé avec d'horribles sifflements. Il fuit, cherche un refuge dans le moulin de Toulan, qui était proche ; mais au moment d'y entrer, le serpent l'atteint par le talon et le dévore.

La preuve que cette histoire est véritable, ajoute le narrateur, c'est qu'on peut voir encore sur la porte du moulin de Toulan les armes des Cornulier avec deux guivres pour supports, en mémoire de ce fait.

Ce moulin de Toulan est un édifice du XVIe siècle, bâti avec beaucoup plus d'élégance que ne le sont les moulins à vent ordinaires. Il est tout en granit taillé et orné de moulures du genre de la Renaissance. Au-dessus de la porte est une pierre d'ardoise d'un grain très-fin, où sont sculptées les armes des Cornulier soutenues par deux bisses. On ne sait pourquoi le meunier actuel s'est avisé, vers 1847, de marteler ce travail, qui était très-soigné.

Page **40.**

Dans une récente description du château de Goulaine, par M. E. de Coëtlogon, on lit :

« Le grand salon surtout est digne d'admiration. On y remarque une fort belle cheminée dans le trumeau de laquelle est encadré le portrait de la marquise de Goulaine dans un riche costume de l'époque. C'est Claude *de Cornulier*, mariée en 1620 à Gabriel de Goulaine, en faveur de qui cette terre fut érigée en marquisat en 1621. Son chiffre et celui du marquis de Goulaine, deux C et deux G, sont sculptés et dorés sur les poutres ornementées qui décorent encore le plafond. »

Page **42.**

Extraits des mémoires de la Visitation de Rennes.

Notre chère sœur Marie-Gabrielle *de Cornulier* était fille de M. de la Touche Cornulier, général des finances en Bretagne, et propre nièce de Mgr de Cornulier, notre illustre prélat. Elle fut mise dès l'âge de sept ans chez les mères Ursulines de cette ville, où elle se consacra à Dieu, qui la favorisa d'un don de chasteté angélique pour tous les jours de sa vie. Elle était douée des plus grands avantages que l'on peut désirer : un esprit clair, net, élevé, pénétrant, capable de concevoir et d'exprimer les choses les plus abstraites et les plus difficiles ; la mémoire très-heureuse, jointe à une humeur charmante ; un extérieur très-agréable, l'abord ouvert et franc ; enfin une personne accomplie.

Elle nous fut donnée par Mgr de Cornulier, son oncle, à qui elle était très-chère, qui nous l'amena lui-même à sa sortie des Ursulines ; elle était alors âgée de dix-huit ans. D'abord elle eut de la peine à s'accommoder à notre vie ; bien des pratiques de notre règle lui paraissaient basses et futiles ; elle les traitait de bagatelles, et ce ne fut pas sans effort qu'elle s'y assujettit ; cependant elle s'y conforma si bien qu'elle reçut l'habit et fit sa profession dans le temps voulu, la communauté la considérant comme capable de lui rendre les plus importants services. Elle était particulièrement entendue en matière de construction, et se donna des peines et des soins infinis dans la conduite de nos bâtiments. Malheureusement elle fut de bonne heure affligée de grandes infirmités qu'elle accepta avec une résignation admirable, mais qui ne lui permirent de remplir que par intervalles les charges de la maison.

Sur la fin de sa vie, elle tomba dans une sainte enfance, ne pouvait plus se passer de la présence de la mère supérieure, ne voyant et ne pensant que par elle. C'est à vous, lui disait-elle, de conduire mon âme au ciel. Elle voulut faire amende honorable devant toute la communauté, assise dans son lit, la corde au cou et un cierge allumé à la main, demandant pardon à ses sœurs des scandales qu'elle pouvait leur avoir donnés. C'est dans cet état d'humilité qu'elle rendit son âme à Dieu, le 9 avril 1654, âgée de trente-trois ans, professe de seize et du rang des sœurs de chœur.

Peu de jours après, une de nos sœurs, d'un autre monastère, qui ignorait sa mort, déclara qu'elle l'avait vue en songe qui s'envolait au ciel accompagnée d'un grand nombre d'esprits bienheureux, et qu'elles avaient conversé ensemble. Elles avaient été liées d'une sainte amitié et s'étaient promis que la première qui quitterait cette vie en donnerait avis à l'autre. D'autres révélations eurent lieu à son sujet, et on tient qu'elle est morte en odeur de sainteté.

Notre chère sœur Anne-Thérèse *de Cornulier* était sœur de Marie-Gabrielle, dont il vient d'être parlé, et de Marie-Thérèse, dont la vie sera racontée plus loin. Dieu l'avait avantagée de qualités remarquables ; elle était bien faite de corps, avait le jugement droit et solide, l'humeur gaie et obligeante, et fort adroite en tout ce qu'elle entreprenait. Comme sa sœur aînée, elle eut d'abord de la peine à se plier aux pratiques journalières de l'ordre. Elle avait pris l'habit à quinze ans et fit sa profession à seize. Elle exerça dans la maison les charges de surveillante, économe, sacristaine, portière, apothicaire et autres, où elle se distingua par une grande charité. Elle servit la communauté avec un courage qui surpassait ses forces, car elle était d'une complexion faible et délicate, et finit par être affligée de grandes et continuelles infirmités auxquelles elle succomba le 6 octobre 1675, âgée de cinquante ans et professe de trente-quatre, du rang des sœurs choristes.

La vie complète de Marie-Thérèse *de Cornulier* a été insérée dans l'*Année sainte de la Visitation*, t. II, ouvrage en 12 vol. in-8° publié récemment par la maison mère d'Annecy, et qui renferme pour chaque jour du mois plusieurs vies des Visitandines qui ont été les plus édifiantes.

Page **44.**

Du 20 juin 1654, contrat au rapport de Berthelot et Duchemin, notaires à Rennes, par lequel messire Pierre *Cornulier*, chevalier, seigneur de la Touche, de la Haye, du Rodrou, etc., conseiller du roi en ses conseils d'État et privé, et président en son parlement de Bretagne, demeurant en cette ville de Rennes, rue de la Cordonnerie, lequel pour lui, ses hoirs et successeurs a vendu, cédé et transporté à jamais à noble homme Judes du Pré, sieur de la Porte, premier commis au greffe criminel de la Cour, demeurant audit Rennes, rue Saint-Georges, la maison et métairie noble de l'Étang, appartenant en propre audit seigneur président, située en la paroisse de Saint-Pern, évêché de Saint-Malo, consistant en un grand corps de logis, etc., bois de haute futaie, rabines, jardin, verger, métairie, terres de labour, etc. Et aussi les tombes et enfeu prohibitifs dépendant de tout temps immémorial de ladite maison noble de l'Étang, dans l'église paroissiale de Saint-Pern, situés dans la nef de ladite église, dans laquelle dame Jeanne Loysel, mère ayeule dudit seigneur président, a été inhumée. Et en outre le droit de présentation à une chapellenie fondée en ladite église par ladite dame de l'Étang. Le tout tenu prochement et noblement des juridictions de Beaumont, Longaulnay, la Bertaudière, la Ville-Gilouart et la Tour, moyennant sept mille livres de prix principal. A cet endroit est intervenue dame Marie des Houmeaux, compagne-épouse dudit seigneur président Cornulier, qui a consenti à ladite vente et renoncé à l'authentique *si qua mulier*. Signé : Cornulier, Marie des Houmeaux, Dupré, Berthelot, Duchemin.

Suit un acte du 12 février 1655 portant quittance par Pierre Cornulier de la somme de sept mille livres, prix de la vente ci-dessus.

Page 45.

La Pérochère, principale seigneurie de la famille des Houmeaux, en Anjou, était située dans la paroisse de Montejean. Cette terre n'est plus aujourd'hui qu'un hameau.

Jean des Houmeaux, seigneur de la Pérochère, épousa, le 17 juillet 1580, Anne Chenu, fille de Claude Chenu, seigneur du Bas-Plessis, chevalier de l'ordre du Roi, et de Marguerite de Lespronnière. De ce mariage naquit :

Claude des Houmeaux, chevalier de l'ordre, seigneur de la Pérochère de 1612 à 1624.

Page 47.

Extrait des annales du monastère des Hospitalières de l'Hôtel-Dieu de Saint-Yves, à Rennes.

Notre très-illustre et révérende mère Marie-Louise de Cornulier de l'Enfant-Jésus fit ses vœux le 17 février 1663. Toute la province connaît sa grande naissance, tant dans l'Église que dans le Parlement de Bretagne. Monseigneur son grand-oncle fut évêque de Rennes, MM. ses père et aïeul présidents au mortier, et M. son neveu, héritier de leurs charges, vertus et mérites, exerce encore à présent la justice avec intégrité, joignant la piété aux devoirs de sa charge.

Notre chère mère fut élevée par Mme la présidente, sa mère, femme d'esprit et de vertu ; elle ne négligea rien pour sa bonne éducation. Elle-même était née avec une grandeur d'âme qui n'est pas ordinaire à son sexe. Elle fut mise à la grande Visitation à l'âge de quinze ans pour y être religieuse avec deux de mesdames ses tantes qui y étaient déjà. L'une d'elles, la mère Marie-Thérèse, fut supérieure plus de vingt-quatre ans, tant dans sa maison qu'au

Colombier et dans celle de Vannes. Ce fut elle qui pacifia sa communauté dans le grand trouble qui agita la maison, à l'occasion de ce que Mgr l'évêque lui voulait donner une supérieure de son autorité. Elle a été regardée comme une sainte.

Notre mère de l'Enfant-Jésus ne put jamais goûter l'esprit de la Visitation ; elle demanda à en sortir, disant que Dieu ne la voulait pas dans cette maison. Les dames de Saint-Sulpice s'efforcèrent de l'attirer chez elles au moyen des pères Jésuites ; elle résista à leurs offres ; ce fut notre sainte vocation qui la charma.

Elle commença son noviciat par l'exactitude à ses devoirs et un grand zèle pour la régularité, dispositions qu'elle a gardées dans toutes les charges par lesquelles elle est passée, et notamment dans la supériorité. On peut dire que notre communauté n'a jamais été aussi régulière que sous son gouvernement. Elle veillait sans cesse au maintien de l'union, de la paix, de la bonne intelligence avec ses religieuses. Se possédant admirablement, elle avait l'art de rétablir l'ordre dans les circonstances les plus difficiles, et elle en donna une preuve éclatante à Quimper.

Elle avait déjà gouverné avec un plein succès pendant douze ans notre maison de Rennes, lorsque la communauté de Quimper, profondément troublée, l'élut pour supérieure. Il faut savoir ce qu'était cette maison pour comprendre la difficulté de sa tâche. Elle était ruinée au temporel et au spirituel. Sans crédit, sans argent, n'ayant ni linge, ni étoffes, ni provisions d'aucune sorte, on y manquait de toutes les choses nécessaires à la vie. La division entre les religieuses y était telle que leur vie n'y était pas en sûreté ; elles s'injuriaient les unes les autres devant les séculiers, chacune tirant à soi, et elles donnaient le mobilier au dehors.

La cause de cette anarchie fut l'opiniâtreté de l'évêque (François de Coëtlogon) à vouloir imposer à ce monastère une supérieure de son choix ; six sœurs seulement consentirent à la recevoir, vingt s'y refusèrent. La supérieure en titre était alors la mère Saint-François ; elle s'était opposée à l'entrée de l'archidiacre accompagné d'un de ses parents qui voulait épouser une des pensionnaires de la maison qui était riche. Outré de ce refus, l'archidiacre, qui était neveu de l'évêque, vint un jour, à cinq heures du matin, enlever la mère Saint-François, fit transporter à l'évêché tout ce qu'elle avait en dépôt chez elle, et presque nue, dans son déshabillé du matin, la fit conduire à Carhaix. Pour soutenir son neveu, l'évêque fit défense à tous les prêtres de donner l'absolution aux religieuses qui refuseraient de reconnaître la supérieure qu'il leur avait imposée, si bien que ces pauvres filles demeurèrent en interdit pendant trois mois.

Cette exécution fit un grand scandale dans la province. La famille de la mère Saint-François ressentit vivement l'affront qui lui avait été fait en la personne de cette fille de condition, de vertu et d'un mérite distingué. Elle s'en plaignit au cardinal de Noailles, qui porta à la connaissance du roi les violences qui s'exerçaient sur les religieuses Hospitalières de Quimper pour gêner leurs suffrages ; toutes les communautés de l'ordre joignirent leurs réclamations aux siennes, si bien que le roi ordonna à l'évêque de Quimper de rendre à ces religieuses leur liberté d'élection.

Sur ces entrefaites, la mère de la Présentation, que l'évêque avait voulu leur imposer comme supérieure, était morte en trois jours ; cette fille était plus que septuagénaire et ne s'était laissée porter que par faiblesse. La mère de Saint-Bernard, qui était le second chef du parti, succombait en huit jours. L'archidiacre fut frappé du mal de Saint-Méen dont il mourut. Enfin le prêtre qui avait conduit la mère Saint-François à Carhaix se cassa l'épaule en revenant de son expédition, fut pris de la dyssenterie et expira en peu de jours.

Tous les agents de cette triste affaire étant disparus, et les ordres du roi étant arrivés, l'évêque de Quimper se rendit au couvent et annonça aux religieuses qu'elles étaient libres de choisir tel sujet qu'elles voudraient pour les gouverner. Plusieurs d'entre elles écrivirent à Rennes pour s'informer quand finirait le triennal de la mère de Cornulier, alors en charge. Le 30 octobre 1697 elle fut élue ; ce fut un coup de foudre pour elle et pour notre communauté qui ne pouvait se résoudre à la perdre, ni elle à nous quitter pour aller dans une telle maison. Elle était aimée et estimée chez elle ; elle craignait tout du lieu où on l'appelait. Elle balança longtemps, consulta de hautes autorités ; enfin elle se sacrifia pour le salut de la maison de Quimper.

Elle partit donc d'ici le 4 février 1698 dans des angoisses mortelles, faisant les réflexions les plus tristes sur ce qu'elle quittait et sur ce qu'elle allait trouver. Plus elle approchait de Quimper, et plus ses appréhensions redoublaient. On lui disait : Pauvre misérable, où allez-vous gouverner des religieuses qui se battent du matin au soir et mille choses de ce genre. Elle arriva à Quimper le 21, fut reçue de l'évêque comme un ange de paix, il l'assura de sa protection et lui fit toutes sortes d'honnêtetés. Il alla lui-même l'installer en grande pompe dans la communauté ; les échevins la haranguèrent et lui firent les honneurs de la ville. Depuis lors elle fut le conseil de Monseigneur sur tout ce qui concernait ses maisons religieuses, et il témoignait le regret de ne l'avoir pas possédée plus tôt dans son diocèse.

Au don de conseil, qu'elle possédait à un degré éminent, elle joignait celui de gagner les esprits. Aussitôt installée dans la maison de Quimper, elle demanda à ses filles d'oublier le passé, leur déclarant qu'elle ne voulait point entendre parler de ce qui n'était pas de son temps, n'exigeant d'elles que l'observance de la règle, la paix et l'union. Quant au temporel, elle en faisait son affaire, et elles n'avaient point à s'en inquiéter. Elle était en effet très-entendue en administration. Il y avait des dettes qui remontaient à plus de vingt ans ; elle trouva à emprunter sans intérêts pour les payer et pour garnir la maison des choses qui lui étaient nécessaires. Sa bonne renommée lui amena des pensionnaires pour 4,000 livres et sept novices.

L'ordre rétabli dans les finances et la paix entre les personnes se trouvèrent si bien cimentés, que depuis sa sortie il n'y eut pas dans cette maison la moindre contestation, ce qui est assez extraordinaire pour des Basses-Brettes. Son premier triennal expiré, elles la réclamèrent pour un second, après lequel elle vint nous rejoindre à sa communauté, qui l'attendait avec impatience.

Dès la première élection, on la nomma assistante, et c'est la dernière charge qu'elle ait occupée durant les quatre années qu'elle employa à se préparer à la mort, qu'elle craignait extraordinairement. Dieu lui en exempta les dernières frayeurs. Le 17 mars, elle fut prise d'une fluxion à la tête, accompagnée de fièvre ; elle s'alita, puis tomba dans une léthargie qui lui ôta toute connaissance. La mort nous enleva cette regrettée mère le 23 mars 1710 ; elle était âgée de soixante-quatre ans et professe de quarante-sept. Elle se distinguait par une grande prudence, beaucoup de sagesse et un fond de religion à toute épreuve. Sa charité était sans bornes ; elle ne pouvait entendre mal parler de quelqu'un sans trouver quelque raison pour l'excuser.

Dans une lettre circulaire adressée aux autres maisons de son ordre, le 30 avril 1710, la supérieure du monastère des Hospitalières de Rennes s'exprimait ainsi : « ... Dieu vient de nous infliger une des plus fortes et plus sensibles croix qui pussent arriver à notre communauté, en appelant à lui notre révérende et très-aimée mère assistante Marie-Louise de Cornulier de l'Enfant-Jésus. Son mérite est connu de notre congrégation ; il semblait que la nature lui eût accordé tout ce qu'elle est capable de donner. Elle était d'une naissance distinguée, avait une fortune qui l'aurait élevée dans les premiers rangs ; elle méprisa tout ce que le monde recherche avec tant d'empressement et choisit, pour se donner à Dieu, notre maison à laquelle elle apporta des avantages temporels considérables. Elle y a également soutenu le spirituel par sa bonne et sage conduite, ce qui engagea notre communauté à la choisir comme supérieure à l'âge de trente-cinq ans. Dieu, qui l'avait destinée pour gouverner, lui avait donné tous les talents pour s'en bien acquitter. Elle a occupé cette place douze ans dans notre maison et onze celle d'assistante, et a été six ans supérieure chez nos mères de Quimper. J'entrerais ici dans le détail de ses vertus particulières, si je n'étais retenue par l'obéissance que je lui dois, ayant demandé qu'on n'écrivît dans les maisons de notre congrégation, après sa mort, que pour demander pour elle les suffrages de l'ordre. »

Page 67.

Suivant la règle en vigueur à l'époque, l'assemblée de la ville de Nantes proposa au roi, le 1er mai 1688, trois sujets pour être maires ; c'étaient : MM. du Boismaqueau de Cornulier, président de la chambre des comptes ; du Broussay Cassard, juge criminel au présidial ; et des Bouteilles Gernier, lieutenant civil et criminel. Par lettres du 14 juillet suivant, le roi déclara qu'il choisissait M. Cassard.

Le 1er mai 1692, l'assemblée de la ville proposa de nouveau M. de Cornulier du Boismaqueau pour être maire ; mais le roi continua M. Noblet de Lespau dans ses fonctions. (*Livre doré de l'Hôtel-de-Ville de Nantes*, édition de 1873.)

Page **81.**

Instructions données à M. le président de Kerambour pour son avènement au grand et sublime cérémonial du mortier de Bretagne, par M. le président de Cornulier.

J'ai toujours regardé comme un présage certain de votre élévation à la présidence l'air, la morgue, le ton haut et rauque, la démarche vaniteuse, le port de votre personne : c'était trop pour un conseiller, mais c'est peu encore *pour un président. Quelle satisfaction pour le mortier quand on y voit entrer des sujets susceptibles de ces hautes impressions, et tels que votre famille nous en fournit !*

Je vous loue du peu de penchant que vous avez pour le cabaret : il est l'opprobre du mortier. Si, par occasion ou par fragilité, vous tombez dans *quelque excès de vin,* oubliez si vous voulez que vous êtes homme, mais n'oubliez jamais que vous êtes président.

Méprisez dans la conversation de répondre aux conseillers ; ne faites société qu'avec les présidents. Parlez de ce ton haut, qui heureusement vous est naturel, et dites toujours, tant bien que mal : C'est aux présidents à décider ; les autres doivent écouter.

Évitez avec soin les petites tables : elles n'ont point assez de dignité. Qu'on ne vous voie jamais non plus sur un strapontin : c'est un poste subalterne.

Entrez toujours dans les maisons d'un air bruyant ; ouvrez les portes avec fracas ; n'en fermez aucune ; et si personne ne vous offre sa place, tenez-vous debout le dos au feu. Quand on vous fait la révérence, ne saluez pas ; mais par un mouvement de tête faites connaître que vous le remarquez.

Ne jouez pas à des jeux où l'on puisse se familiariser, car le jeu, comme l'amour, égale tout le monde, et, insensiblement, le jeu fait devenir un président comme un autre homme.

Éternuez quelquefois à l'audience : c'est de bon air ; avocats, procureurs, plaideurs, l'assemblée se prosterne à votre éternuement. Si vous le pouvez faire par répétition, cela marque encore davantage.

Ne sollicitez jamais qu'à la buvette. Que dirait le peuple, s'il voyait un président supplier son inférieur ?

En prenant la fourrure au palais, levez votre perruque familièrement ; soyez longtemps à essuyer votre tête rousse ; cependant la cour bâille en vous attendant : c'est un privilége de président de faire bâiller la cour.

Prenez garde de vous lever à l'évangile : le roi, les princes, tous se lèvent dans le monde chrétien, mais non les présidents à mortier. C'est là un des plus beaux droits de la fourrure.

Ne soyez jamais sans robe ou manteau ; il n'est permis qu'aux conseillers de porter perruques nouées, chapeau troussé et habit gris : en nous réside la magistrature.

Faites peu de visites, et ne vous laissez approcher que rarement ; ménagez avec adresse les degrés d'élévation et d'éloignement où vous vous laisserez voir, afin que la perspective grossisse l'objet.

Ne rampez jamais contre terre, même dans le temple du Seigneur, et pour vous mettre à genoux méprisez chaises et bancs ; qu'un laquais en fendant la presse vous apporte à grand bruit un moelleux carreau de velours.

Dans vos lettres, distinguez les gens à qui vous écrivez : aux grands seigneurs, servez-vous du terme de *considération ;* aux conseillers, d'*affection*, et jamais de *respect* qu'à vos confrères.

Point de maîtresse d'éclat ; passe pour la bourgeoisie, mais qu'elle reste respectueuse, même à l'instant du plaisir.

Si quelque grand seigneur brusque le cérémonial, il faut céder avec adresse, mais toujours en perdant des prérogatives du rang le moins qu'il est possible. Évitez-en la rencontre ; ces sortes de gens sont grands véritablement et insultent volontiers à notre grandeur, qui consiste plus en mines qu'en effets : la comparaison avec eux nous rend petits.

Qu'il ne vous arrive jamais d'appeler *président* un président des requêtes : ne le flattez pas sur ce point ; traitez de la même manière les présidents des enquêtes : nous sommes les seuls présidents de la cour.

Qu'une nombreuse et superbe livrée vous suive en tous lieux ; qu'elle insulte le bourgeois, que le peuple la révère : on juge de la grandeur du maître par l'insolence de ses valets.

Qu'il soit écrit en lettres d'or sur votre maison : *Hôtel de Kerambour.* Que l'on y trouve un suisse à moustaches relevées, chausses plissées, grand baudrier, longue épée, canne à pomme d'argent et chapeau bordé ; que toute la rue retentisse de son bruyant sifflet.

La présidence et la fatuité sont inséparables ; un président naît fat comme l'homme naît raisonnable : cela est de son essence. Nous avons d'ailleurs la faculté d'être aussi sots que nous le voulons : vous en voyez un brillant exemple dans le président, votre cousin ; formez-vous sur ce grand modèle.

Que Madame la présidente oublie qu'elle est extraite de vile bourgeoisie : qu'elle attende les visites. Vous, Monsieur, attendez celle de la grand'chambre ; ne rendez point celle des enquêtes, encore moins celle des requêtes.

Gardez-vous du cérémonial des évêques : il est aussi relevé que le nôtre. Ils tâcheront de vous surprendre quelque *Monseigneur ;* défendez-vous de cette surprise : vous ne devez servir à la vanité de personne, et tout doit servir à la vôtre.

Comme nous sommes en petit nombre, nous ne pouvons être toujours ensemble ; il faut savoir être seul et s'ennuyer avec dignité : c'est notre plus continuelle étude. L'habitude s'en forme, et je préfère présentement l'honneur de m'ennuyer moi-même ou avec quelque président au plaisir que je pourrais avoir avec des conseillers ou des gentilshommes. On ne parvient à ce degré de perfection que par une longue habitude de la présidence.

J'ai appris avec étonnement que vous donnez le *Monseigneur* au prince de Léon et au duc de Lorge, quoique l'un ne soit point duc et que l'autre ne soit point pair. Quand même ils seraient l'un et l'autre, vous ne le devez point comme gentilhomme, encore moins comme conseiller : jugez si vous leur devez quelque chose étant président. Réformez cette bassesse.

Ne craignez point de porter l'ennui dans les lieux où vous entrez : c'est un de nos priviléges. On hait la cérémonie, et tout président ennuie par cet endroit-là et souvent par beaucoup d'autres ; mais sachez que la dose d'ennui que vous répandrez dans ces lieux-là marquera le degré de distinction où vous y êtes. Cette pensée a toujours été une des plus douces consolations de ma vie.

Vous êtes né avare ; ne forcez point votre tempérament ; l'avarice peut compatir avec la présidence : vous le voyez en tous tant que nous sommes. Vous pouvez ne point faire de dépense inutile ; mais que celle que vous ferez soit toute pour l'honneur du rang, et nullement pour le plaisir. Trois ou quatre banquets d'éclat annoncés de loin, donnés aux titrés du pays, suffisent à votre gloire. Les petites parties avec gens d'esprit divertissent davantage ; mais sachez que ce que vous donnez au plaisir est autant de pris sur votre dignité.

L'intendant est un obstacle à notre grandeur, quoique sa place soit sans dignité ; c'est un commissaire qui ne connaît ni lois ni justice, une puissance sans forme que le peuple révère comme les Indiens se prosternent devant le diable ; évitez-en la concurrence et vous consolez dans le sein de la gloire de ce qu'il vous ôte d'autorité et de considération : c'est la dignité qui fait tout.

Que votre écusson ne paraisse jamais nu ; qu'on le voie en tous lieux revêtu des marques de votre dignité ; qu'un grand et vaste manteau l'environne, et qu'un superbe mortier y soit placé au lieu le plus éminent : la plus belle couronne n'a point tant d'éclat.

Si vous êtes employé dans quelque rôle ou taxe dont l'excès vous blesse, supportez-en la perte avec dignité et une insensibilité stoïcienne. Surtout n'en portez point vos plaintes devant un intendant qui, jaloux de votre rang, voudrait vous réduire à le traiter de *Monseigneur* dans vos requêtes. Périssent plutôt tous nos biens que de voir la gloire du mortier avilie devant un simple atelier, un bureau de finance et de rapine.

Défendez-vous le plus que vous pourrez d'aller à Paris ; les rayons de notre gloire ne portent pas jusque-là : on nous y traite de *mortiers de campagne ;* ne sortez point de votre territoire : c'est un champ assez vaste pour votre vanité ; demeurez-y enchaîné comme une planète dans sa sphère.

Nota. — C'est à tort que cette satire a été attribuée au président Toussaint-Charles-François de Cornulier ; elle doit être l'œuvre de son père, à qui seul il appartenait de parler de l'expérience qu'il avait acquise dans un long exercice de la charge de président à mortier. Le père en avait été pourvu en 1738 et s'en était démis en 1775 en faveur de son fils, qui mourut dès 1779.

Il ne semble pas non plus que cette philippique ait été inspirée par aucune des crises générales dans lesquelles le Parlement se soit trouvé ; il est plus probable qu'elle a pour origine quelque querelle particulière.

Le Parlement de Bretagne avait démissionné en corps le 22 mai 1765, sauf douze de ses membres auxquels on appliqua la dénomination flétrissante d'IFS. Le président de Kerambourg n'était pas un de ces douze schismatiques.

Dès l'année suivante, un certain nombre de membres de l'ancien Parlement retirèrent leurs démissions et formèrent avec ceux qui avaient gardé leurs charges et quelques intrus une cour nouvelle qualifiée de *Parlement Maupeou*. Le président de Cornulier et son fils étaient du nombre des rentrants. Il est vrai qu'ils se récusèrent quand on leur remit à juger, après l'avoir retiré aux commissaires de Saint-Malo, le procès de MM. de Caradeuc et consorts. Ceux qui consentirent à en connaître furent traités de *bailliage d'Aiguillon*, mais M. de Kerambourg n'en faisait pas partie.

Extrait des registres de la paroisse de Saint-Étienne de Rennes.

Le 17 juin 1766 ont été mariés H. et P. messire Toussaint-Charles-François de Cornulier, conseiller à la cour, fils aîné, H., P. et N. de H. et P. Toussaint de Cornulier, chevalier, seigneur du Boismaqueau, marquis de Châteaufremont, comte de Largouet, baron de Lanvaux et Quintin-en-Vannes, président à mortier au parlement de Bretagne, et de dame Marie-Angélique-Sainte de Cornulier, de la paroisse Saint-Jean de cette ville. Et demoiselle Marie-Félix-Pauline Hay des Nétumières, fille aînée, héritière P. et N. de feu H. et P. messire Charles-Marie-Félix Hay, chevalier, comte des Nétumières, en son vivant chevalier de Saint-Louis, capitaine au régiment du Roi infanterie, et de dame Jeanne-Marguerite Hay de Tizé.

L'acte constate que le mariage a eu lieu en conséquence d'un décret de mariage autorisant la future, à cause du décès de son père, et à la suite d'opposition faite audit mariage par messire Jean-Gervais-Marie Hay de Bonteville, de laquelle opposition ce dernier a donné main-levée.

Marie-Félix-Pauline Hay des Nétumières était née paroisse Saint-Aubin de Rennes le 14 juin 1752, et ses père et mère s'étaient mariés même paroisse, le 2 mars 1751.

Page **83.**

Extrait de la vie de Victoire de Saint-Luc, dame de la Retraite de Quimper, ou Une martyre aux derniers jours de la Terreur, par le P. POUPLARD. In-12, 1882.

« Le marquis de Cornulier, jeune, riche, uni à une épouse digne de sa tendresse, père de trois enfants chéris, fut condamné à mort le même jour que Victoire Conen de Saint-Luc. Il ne pouvait se résigner à son sort: trop de liens l'attachaient à la vie. La sentence de mort l'avait jeté presque dans le désespoir. Pour comble de douleur, voici qu'il aperçoit tout-à-coup sa malheureuse femme : elle était accourue éplorée jusqu'à la Conciergerie, pour lui faire ses adieux. A sa vue, le pauvre marquis pousse un cri, se jette aux genoux de sa femme, lui prend convulsivement les mains, les baise, les arrose de ses larmes, et, au milieu de sanglots qui fendent le cœur, il laisse échapper des paroles qui témoignent de son désespoir. Victoire est navrée ; mais l'âme de cet infortuné, que va-t-elle devenir ? Il faut à tout prix le sauver. Elle s'approche donc du pauvre condamné avec calme, avec compassion. Elle lui parle de Dieu, du bonheur éternel... Elle-même va bientôt partager son sort.... Et voici que peu à peu le jeune marquis, sous le charme de ses angéliques paroles, étouffe ses sanglots, relève la tête et semble revivre. L'espérance est rentrée dans son cœur. Bientôt, prosterné aux pieds d'un prêtre, il trouve dans le sacrement de la réconciliation avec Dieu une force nouvelle pour pardonner à ses bourreaux et faire le sacrifice de sa vie ! Dans quelques instants il marchera au supplice avec la résignation d'un parfait chrétien. Victoire avait sauvé une âme de plus. Que son nom soit à jamais béni et vénéré par les nobles descendants de celui qu'elle a conduit au ciel !..... Soixante personnes environ partagèrent le même supplice. C'était le 19 juillet 1794, dix jours seulement avant la chute de Robespierre. »

M. Le Picard, dont il est ici question, était né à Amiens le 29 mars 1757 ; il fut nommé secrétaire général au ministère de la justice le 15 mai 1814, conseiller à la Cour royale de Paris en septembre 1815, et conseiller à la Cour de cassation le 29 mai 1816. Il est mort le 7 mai 1819.

Page 84.

Extraits des registres de l'état civil de la ville de Nantes.

Du 1er février 1815. Acte de mariage de messire Jean-Louis-Bertrand comte de Saint-Pern, propriétaire, fils de messire Mathurin-Louis-Anne-Bertrand comte de Saint-Pern, conseiller du roi, président à mortier au parlement de Bretagne, et de dame Marie-Pauline-Sainte de Cornulier, défunts, né à Rennes le 22 mai 1788 ; et de demoiselle Marie-Camille-Albertine de Cornulier, fille de feu messire Toussaint-François-Joseph, marquis de Cornulier, et de dame Amélie-Laurence-Marie-Céleste de Saint-Pern, née à Paris le 19 juillet 1791.

En présence de Jean-Olivier chevalier de Monti, chevalier de Saint-Lazare, oncle paternel par alliance du futur ; de Christophe-Siméon-Stylite chevalier de la Tullaye, cousin maternel dudit futur ; de Toussaint-Jean-Hyppolite marquis de Cornulier, chef d'escadrons dans les chevau-légers de la garde, et de Jean-Pierre chevalier de Cornulier, chevalier de Saint-Louis.

Du 19 février 1817. Acte de mariage de monsieur Louis marquis de Monti, officier supérieur des gardes de Monsieur, fils de messire Louis-Claude-René marquis de Monti de la Cour-de-Bouée, et de feue dame Flore-Victoire Leroux, né à Nantes le 31 mars 1789 ; et de demoiselle Marie-Pauline-Fortunée de Cornulier, fille de feu messire Toussaint-François-Joseph marquis de Cornulier, et de dame Amélie-Laurence-Marie-Céleste de Saint-Pern, née à Paris le 25 juillet 1792.

En présence d'écuyer Charles Leroux de Commequiers, oncle maternel du futur ; de Joseph-Gabriel-Marie de Monti de l'Ornière, chevalier de Saint-

Louis, oncle paternel du futur ; de Jean-Toussaint-Hippolyte marquis de Cornulier, chef d'escadrons au 7e régiment de dragons, frère de la future ; et de Jean-Louis-Bertrand comte de Saint-Pern, beau-frère de la future.

Page 89.

Extrait des registres de la commune de Fontaine-Henry (Calvados).

Le 31 mai 1847 ont été mariés : Gontran-Charles-Joseph comte de Cornulier, âgé de vingt-un ans, né à Paris, domicilié à Mont-de-Marsan (Landes), fils de Toussaint-Jean-Hippolyte marquis de Cornulier, âgé de cinquante-sept ans, chevalier de Saint-Louis et de la Légion-d'Honneur, domicilié à Mont-de-Marsan, et de dame Marie-Charlotte-Hermine de Sesmaisons, âgée de quarante ans. Et mademoiselle Élisabeth-Ernestine Le Doulcet de Méré, âgée de vingt-un ans, née au château de la Renommière, commune de Noisy-sur-École (Seine-et-Marne), fille de feu Edmond-Louis-Charles-Marie vicomte Le Doulcet de Méré, chevalier de Saint-Louis et de la Légion-d'Honneur, décédé le 26 février 1827 en la commune de Pont-le-Voy (Loir-et-Cher), et de feue Henriette-Hedwige Gillet de la Renommière, décédée à Paris le 12 août 1828.

En présence de Charles-Henri-Emmanuel vicomte d'Ambray, âgé de soixante-deux ans, grand-oncle du futur ; de Louis Le Forestier, comte d'Osseville, âgé de trente-neuf ans, oncle du futur ; d'Albert-Jacques-Charles-Robert marquis d'Oilliamson, âgé de cinquante-huit ans, cousin de la future épouse ; et de Germain-Louis-Félix Bardout, âgé de quarante-sept ans, avocat à Caën.

Page 98.

Extrait des registres de la paroisse d'Izé, près Vitré.

Le 3 juillet 1770, en la chapelle du Bois-Cornillet, paroisse d'Izé, près de Vitré, la bénédiction nuptiale a été donnée par M. Martin, recteur de Dompierre-du-Chemin, autorisé à cet effet, à messire Charlemagne de Cornulier, chevalier, seigneur de la Caraterie, majeur, domicilié en la paroisse de Saint-Étienne-de-Mer-Morte, diocèse de Nantes, fils de feu messire Charlemagne de Cornulier, chevalier, seigneur de la Caraterie, et de dame Marie-Rosalie de Ménardeau, consentante au mariage ; et à demoiselle Rose-Charlotte du Gouyon, demoiselle de Brisacq, majeure, domiciliée en cette paroisse, fille de feu messire Arnaud-François du Gouyon, chevalier, seigneur des Hurlières, du Bois-Cornillet, la Motte-Roussel, Tallye et autres lieux, et de dame Renée de Luynes, présente et consentante.

Ont été présents à la cérémonie, demoiselles Angélique du Gouyon de Beaufort, Émilie du Gouyon de la Courneuve, Thérèse du Gouyon, Victoire du Gouyon de Tallye ; MM. Alexandre chevalier de Cornulier, officier au régiment de Bourgogne-infanterie ; Fulgence du Gouyon de Mallerre, officier de la marine ; Arnaud-Bernard du Gouyon des Hurlières, officier aux gardes françaises, et plusieurs autres.

Signé : Charlemagne de Cornulier-Caraterie, Rose du Gouyon de Cornulier, de Luynes du Gouyon des Hurlières, du Gouyon de la Chapelle, du Gouyon de Beaufort, du Gouyon de la Courneuve, Thérèse du Gouyon, du Gouyon de Tallys, Guillaume Marion, Jean-Nicolas-Marie-Arthur de Pelan ; Fulgence du Gouyon de Mallerre, officier de la marine ; Joseph-René de la Chapelle ; Arnaud-Bernard du Gouyon des Hurlières, officier aux gardes françaises ; Alexandre-Gaston chevalier de Cornulier de la Caraterie, officier au régiment de Bourgogne-infanterie ; F.-J. Mahé, prêtre ; J. M. Lepage, curé de cette paroisse ; M. Martin, recteur de Dompierre-du-Chemin.

Page 100.

Extraits des registres de la commune de Saint-Étienne-de-Mer-Morte.

Du 17 avril 1809, acte de mariage de Charlemagne-Alexande-René-Augustin de Cornulier, né à la Caraterie, en cette commune, le 2 mars 1773, veuf en premières noces de Marie-Sainte de Biré, décédée à Saint-Étienne-de-Montluc, fils de feu Charlemagne de Cornulier, décédé à Legé le 18 frimaire an   , et de Rose-Charlotte de Goyon, présente. Et Pauline-Sainte de Mallier de Chassonville, née au Brossai, commune de Saint-Gravé (Morbihan), le 20 août 1779, demeurant à Rennes, fille de feu Daniel-Henri-Louis-Philippe-Auguste de Mallier de Chassonville et de Jeanne-Pauline de Cornulier.

En présence de Arnaud-Désiré de Cornulier, âgé de trente-quatre ans, demeurant à la Caraterie, frère du futur époux ; Louis de Cornulier ; Jean-Pierre de Cornulier, âgé de cinquante-six ans, demeurant à Paris, parent au cinquième degré de la future épouse ; et de Charles-Thérèse du Merdy de Catuélan, âgé de vingt-huit ans, demeurant à Catuélan, commune de Lenon (Côtes-du-Nord), parent au quatrième degré de la future épouse.

Du 17 août 1816, acte de décès de Pauline-Sainte de Mallier de Chasson-ville ci-dessus, décédée au château de la Caraterie.

Du 6 septembre 1835, acte de mariage de Charles de Montsorbier, né au château de la Brollière, commune de Boulogne (Vendée), le 16 prairial an XII (5 juin 1804), fils de feu Honoré-Benjamin-Charles de Montsorbier, chevalier de Saint-Louis, décédé audit château le 22 août 1827, et de feue Marie-Élisabeth-Bénigne Voineau du Plessis, décédée également à la Brollière le 8 février 1835. Et de Pauline-Rosalie-Mathilde-Renée de Cornulier, née à Nantes le 28 juillet 1810, fille de Charlemagne-Auguste-René de Cornulier, demeurant au château de la Caraterie, en cette commune, et de feue Pauline-Marie-Sainte de Mallier de Chassonville, décédée au château de la Caraterie le 17 août 1816.

En présence de Louis de Montsorbier, chevalier de la Légion-d'Honneur, frère germain de l'époux, âgé de quarante-six ans, domicilié au château de la Brollière ; de Louis-Athanase-François Voyneau du Plessis, chevalier de Saint-Louis, oncle paternel et maternel de l'époux, âgé de quatre-vingts ans ; d'Arnaud-René-Victor vicomte de Cornulier, cousin germain de l'épouse du côté paternel, âgé de trente-cinq ans ; et de Marie-Louis-Auguste de Cornulier, cousin germain de l'épouse du côté paternel, âgé de vingt-trois ans, demeurant au château de la Lande, commune de Saint-Hilaire-de-Loulay.

Page **101.**

Extrait des registres de l'état-civil de la ville de Nantes.

Du 28 octobre 1839, acte de mariage de Victor-Marie d'Escrots d'Estrée, fils de Claude-Antoine d'Escrots, comte d'Estrée, chevalier de Saint-Louis, et de Marie-Rosalie Juchault de la Moricière, présents, né à Nantes le 3 novembre 1806 ; et de Henriette-Rosalie-Augustine de Cornulier, fille de Charlemagne-René-Augustin-Gaston de Cornulier, chevalier de Saint-Louis, et de feue Pauline Le Mallier de Chassonville, son épouse, décédée à Saint-Étienne-de-Mer-Morte, née à Nantes le 17 janvier 1813.

En présence de Louis-Marie Juchault, baron des Jamonières, âgé de soixante-neuf ans, demeurant commune du Cellier ; d'Octavien du Chambon, chevalier de Saint-Louis, âgé de cinquante-un ans, demeurant à Moulins (Allier) ; de Louis de Cornulier, chevalier de Saint-Louis, âgé de soixante ans, demeurant à Saint-Hilaire-de-Loulay (Vendée) ; de Victor vicomte de Cornulier, âgé de trente-huit ans, demeurant aussi commune de Saint-Hilaire-de-Loulay.

Page **103.**

Extrait des registres de l'état-civil de la ville d'Angers.

Du 23 juin 1823, acte de mariage de Arnaud-René-Victor vicomte de Cornulier, né à Paris le 21 octobre 1799, demeurant commune de Saint-Étienne-de-Mer-Morte, fils d'Arnaud-Désiré de Cornulier, chevalier de la Légion-d'Honneur, présent et consentant, et de feue dame Marie-Gabrielle des Friches-Doria, décédée à Troyes (Aube) le 23 avril 1804, mariés à Foucaucourt (Somme) le 23 nivôse an VII (12 janvier 1799), d'une part. Et demoiselle Marie-Émilie Blocquel de Wismes, née commune de Mesnil-Martinsart (Somme) le 13 mars 1804, fille mineure de Monsieur Stanislas-Catherine-

Alexis Blocquet, baron de Wismes, préfet de Maine-et-Loire, chevalier de la Légion-d'Honneur, et de dame Émilie-Joséphine-Jeanne Ramire de la Ramière, présents et consentants, mariés à Paris le 25 mai 1803, demeurant ensemble dans cette ville, hôtel de la Préfecture, d'autre part.

En présence de MM. Arnauld-Louis-Armand de Blocquel, vicomte de Wismes, officier d'état-major, demeurant à Paris, chevalier de Malte, âgé de quarante-trois ans, oncle paternel de l'épouse ; Armand-Jacques-Joseph de Lincy, comte d'Elva, chevalier de la Légion-d'Honneur, âgé de trente-sept ans, allié de l'épouse, demeurant à Changé (Mayenne) ; Charlemagne de Cornulier, chevalier de Saint-Louis, âgé de cinquante ans, demeurant au château de la Caraterie ; et Louis-Auguste de Cornulier, chevalier de Saint-Louis, âgé de quarante-quatre ans, domiciliés au château de la Lande, oncles paternels de l'époux.

Page **104**.

Extraits des registres de l'état-civil de la ville de Nantes.

Du 27 janvier 1845, acte de mariage de Félix vicomte de Villebois-Mareuil, fils de Félix comte de Villebois-Mareuil et de feue Sophie Foucault de Vauguyon, son épouse, né à Laval le 29 juin 1820, domicilié chez son père, au château du Plessis, commune de Huillé (Maine-et-Loire) ; et Marie-Léonie de Cornulier, fille de Arnaud-René-Victor vicomte de Cornulier et de Marie-Émilie de Blocquel de Wismes, son épouse.

En présence de Henri Foucault de Vauguyon, âgé de trente-six ans, oncle maternel de l'époux, demeurant à Laval ; Jules comte de Villoutrays, âgé de quarante-trois ans, oncle de l'époux, demeurant à Angers ; Olivier de Blocquel de Croix, baron de Wismes, âgé de vingt-neuf ans, oncle à la mode de Bretagne de l'épouse ; et Auguste de Cornulier, âgé de trente ans, aussi oncle à la mode de Bretagne de l'épouse.

Le 7 octobre 1861 ont été mariés : Jean-Louis-Arthur de Cornulier, fils majeur de Arnaud-René-Victor vicomte de Cornulier, âgé de soixante-un ans, présent et consentant, et de Marie-Émilie de Blocquel de Wismes, son épouse, âgée de cinquante-sept ans, né le 28 mai 1830 à Nantes et y demeurant, rue du Lycée, d'une part. Et Victoire-Marie de Montsorbier, fille mineure de Charles comte de Montsorbier, âgé de cinquante-six ans, et de feue Victoire Guillet de la Brosse, son épouse, domiciliée chez son père, à Boulogne (Vendée), d'autre part.

En présence de Louis-Auguste-Olivier Malet, propriétaire, âgé de cinquante-deux ans, demeurant à Saint-Estèphe (Dordogne), oncle par alliance de l'époux ; de Félix Mareuil de Villebois, propriétaire, âgé de quarante-un ans, demeurant à Grez-en-Bouère (Mayenne), beau-frère de l'époux ; de Charles-Louis de Tinguy, propriétaire, âgé de quarante-six ans, demeurant à Nesmy (Vendée), cousin de l'épouse ; et de Louis Guillet de la Brosse, propriétaire, âgé de trente-neuf ans, demeurant à Orvault (Loire-Inférieure), oncle maternel de l'épouse.

Ont signé : V. de Montsorbier, Arthur de Cornulier, marquis de Malet, marquis de Tinguy, C. de Montsorbier, vicomte de Cornulier, Roger de Ville-bois de Mareuil, C. de la Brosse, du Bouays de Couësbouc, etc.

Page **109.**

Extrait des registres de la commune de la Garnache (Vendée).

Du 20 février 1810, acte de mariage de Louis-Auguste de Cornulier, pro-priétaire, demeurant à la Caraterie, commune de Saint-Étienne-de-Mer-Morte (Loire-Inférieure), âgé de trente-un ans, né à Paulx (même département), fils majeur de feu Charlemagne de Cornulier et de dame Charlotte de Goyon, demeurant aussi à la Caraterie, ici présente et consentante, d'une part. Et dame Adélaïde-Bonne-Marie de Lespinay du Clouzeau, âgée de dix-neuf ans, née à Bois-de-Céné (Vendée) le 4 mars 1790, demeurant à Fonteclause, com-mune de la Garnache, veuve de feu Louis-Jacob de Lespinay de la Roche-Boulogne, fille mineure de Charles-Alexis de Lespinay du Clouzeau, demeu-rant aussi à Fonteclause, ici présent et consentant, et de feue dame Gabrielle-Félicité Buor, d'autre part.

En présence de Louis-François Goyon des Hurlières, propriétaire, âgé de cinquante-neuf ans, demeurant à Vitré, oncle de l'époux ; de Charlemagne de Cornulier, propriétaire, âgé de trente-six ans, demeurant à la Caraterie, frère de l'époux ; de Alexis-Gabriel de Lespinay, âgé de vingt-trois ans, demeurant au Moulinet, commune de Sainte-Cécile (Vendée), frère de l'épouse ; de Fran-çois de la Rochefoucauld, propriétaire, âgé de quarante-huit ans, demeurant au Puyrousseau, commune de la Garnache, oncle de l'épouse.

Ont signé : L. de Cornulier, de Lespinay du Clouzeau, Goyon de Cornulier, de Lespinay veuve de Lespinay, Goyon des Hurlières, Charlemagne de Cornu-lier, Alexis de Lespinay du Moulinet, de la Rochefoucauld du Puyrousseau, Josnet de Lespinay, Cornulier née de Chassonville, Arnaud de Cornulier, Bonne de Cornulier, de la Roche-Saint-André, de la Rochefoucauld, Victor de Cornulier, Julie-Thérèse Pellard de la Corbinière née Le Bœuf, de la Corbi-nière Le Maignan, Émilie des Ursins, de la Rochefoucauld, Guilbaud, de la Roussière, et Mas, maire.

Page **110.**

Extrait des registres de l'état-civil de la ville de Nantes.

Du 11 octobre 1843, acte de mariage de René-Félix de Romain, fils de Félix comte de Romain, chevalier de Saint-Louis, et de Anne-Amélie-Dominique du

Chilleau, son épouse, né à Angers le 28 avril 1810, domicilié chez ses père et mère, au château de la Possonnière, commune de Savenières (Maine-et-Loire); et Marie-Anne-Rose de Cornulier, fille de Louis-Auguste de Cornulier, chevalier de Saint-Louis, décédé à Nantes, et de Adélaïde-Bonne-Marie de Lespinay, sa veuve, présente, née à Nantes le 1er avril 1822.

En présence de Pierre-Léonce comte de Terves, âgé de trente-trois ans, cousin germain de l'époux, demeurant à Grey-Neuville (Maine-et-Loire); Aimé-Henri La Croix de Beaurepos, âgé de quarante-neuf ans, demeurant à Angers; Augustin-René-Charlemagne de Cornulier, âgé de soixante-dix ans, oncle de l'épouse; et Auguste-Louis-Marie de Cornulier, âgé de trente ans.

Extrait des registres de la commune de Saint-Laurent-de-la-Salle (Vendée).

Du 11 août 1846, acte de mariage de Auguste-Louis-Marie comte de Cornulier, né à Nantes le 23 septembre 1812, domicilié au château de la Lande, commune de Saint-Hilaire-de-Loulay (Vendée), fils légitime et majeur de feu M. le comte Louis de Cornulier, décédé à Nantes le 28 janvier 1843, et de Mme Adélaïde-Bonne-Marie de Lespinay, ici présente et consentante, d'une part. Et demoiselle Pauline-Caroline Grimouard de Saint-Laurent, née commune de Vouvant (Vendée) le 23 juin 1819, domiciliée au château de la Loge, en cette commune, fille légitime et majeure du comte Henri-Jacques Grimouard de Saint-Laurent, ici présent et consentant, et de feue dame Coricie du Bois de la Véronnière, décédée à Fontenay-le-Comte le 27 décembre 1834, d'autre part.

En présence de Henri-Victor de Cornulier, âgé de trente ans, frère de l'époux; de Félix-René comte de Romain, âgé de trente-six ans, demeurant tous les deux à Angers; du comte Eugène Grimouard, âgé de quarante-cinq ans, domicilié commune de François (Deux-Sèvres), cousin de l'époux; du comte Georges du Petit-Thouars, âgé de soixante-trois ans, domicilié à Loudun (Vienne). Tous lesquels ci-dessus dénommés comme présents ont signé.

Page **111**.

Le 12 janvier 1883 est née à Nantes Laure-Henriette-Caroline-Marie de Cornulier, fille de Louis de Cornulier et de Marthe Richard de la Pervanchère.

Page **116**.

Ce n'est pas seulement dans la paroisse de Nort que le sire de la Muce eut à exercer des revendications pour les droits de prééminences d'église que ses auteurs avaient abandonnées en embrassant la religion réformée. Un arrêt de la chambre de l'Édit du 4 septembre 1666, rendu entre César de la Muce, banneret dudit lieu, seigneur de la Muce, du Pont-Hus et des juridictions de la Mallorais et de la Bagais, en Mouzeil, d'une part, et Armand de Béthune, baron d'Ancenis, d'autre part, touchant les prééminences ès églises de Petit-Mars, Ligné et les Touches, déclare que le sire de la Muce est seigneur universel et unique de la paroisse de Petit-Mars et de la plus grande partie de celles de Ligné et des Touches, et de tous leurs bourgs, le baron d'Ancenis n'y ayant qu'un droit de supériorité.

Pages **118** *et* **119**.

Quatre demoiselles *de Cornulier* ont fait profession chez les Ursulines de Nantes au XVIIe siècle ; mais il est impossible d'avoir sur elles aucun détail biographique, les archives de cette maison ayant péri en 1793. Les seules mentions qu'on en ait résultent d'actes particuliers où elles ont figuré. D'ailleurs, les maisons de l'ordre de Sainte-Ursule étaient indépendantes les unes des autres, et elles ne paraissent pas avoir été aussi soigneuses que l'ont été d'autres ordres de conserver sur leurs religieuses des notices biographiques. Hors du monastère, on n'avait plus à s'occuper d'elles, puisqu'elles étaient mortes au monde.

Les Bénédictines n'ayant point été rétablies à Vitré depuis la Révolution, et et la maison mère de Saint-Sulpice, près la forêt de Rennes, ayant été totalement détruite, il a été impossible de retrouver aucune notice nécrologique sur Philippe et sur Marie de Cornulier, qui avaient fait profession dans cet ordre.

Page **129**.

LE MEIX.

Les vassaux de la seigneurie du Meix, dans leurs aveux rendus en 1689 à H. et P. seigneur messire Jean-Baptiste de Cornulier, seigneur de Lorière, de Lucinière-en-Nort, du Meix, du Vernay et de la Herpinière-aux-Touches, baron de la Roche-en-Nort et autres lieux, conseiller du roi en sa Cour de parlement de Bretagne, déclarent et confessent que ledit seigneur, à cause de sa juridiction du Meix, a tous droits de cour et juridiction pour l'exercice d'icelle ; droit de création d'officiers, sénéchal, alloué, lieutenant, procureur fiscal, greffier, notaires, sergents et autres ; deshérance de ligne des personnes estagères dudit fief qui décèdent sans hoirs, succession de bâtards ; droits de lods et ventes, épaves et gallois tant de bêtes que d'autres choses trouvées sans aveu en l'étendue desdites juridictions ; taux et amendes, droit de sergentise ; droit de scel, inventaire et vente ; droit d'enfeu dans l'église paroissiale des Touches, devant l'autel de Notre-Dame, avec armoiries et écusson dans la vitre donnant jour audit autel ; outre a distroict sur tous les sujets de ladite juridiction, et a tous autres droits seigneuriaux et féodaux de juridiction.

LE PESLE.

Dans l'aveu que Jean-Baptiste de Cornulier rendit au roi le 24 septembre 1678, il déclare qu'il jouit des droits seigneuriaux suivants à cause de sa seigneurie du Pesle : droit de haute, moyenne et basse justice sur ses hommes et sujets dans les paroisses de Brains, Port-Saint-Père et Saint-Léger; droit de contraindre ses hommes et sujets à suivre son moulin; droit de prééminence, de banc et lisière tant au dedans qu'au dehors et enfeu dans l'église paroissiale de Brains; droit de banc et enfeu prohibitifs à tous autres dans les églises de Saint-Léger et Port-Saint-Père; droit de garenne deffensable, de fuye et de colombier; droit de chasse avec tous autres droits de juridiction ainsi que les fiefs le requièrent; pourvoyance de mineurs, confection d'inventaires, création d'officiers pour exercer ses juridictions; droit de four à ban dans le bourg de Brains; droits de quintaine, de sergent, de ventes et de lots, au denier six, rachats, sous-rachats, épaves, gallois, déshérances et successions de bâtards, etc.

Droit de pêcherie dans le canal ou rivière de Grandlieu, tout le long de sa seigneurie; droit de lever une fois l'an, quand il lui plaît, tous les retz, engins ou filets qui sont tendus depuis le pont du Port-Saint-Père jusqu'au défait de Malnoe. Pour exercer ce droit, il fait publier à son de trompe au pont du Port-Saint-Père et à la chaussée de Pilon que tous ceux qui ont des écluses ou autres filets tendus, ou à qui le droit de tendre a été accordé par ledit seigneur, qu'ils aient à les bien et fidèlement tendre, sans fraude aucune, puis qu'ils amènent tous leurs bateaux au port du manoir noble du Pesle, qu'ils les y enchaînent, et qu'ils en donnent la clef audit seigneur pour qu'il puisse exercer son droit de fief le lendemain matin, faute de quoi lesdits teneurs seront condamnés à l'amende arbitraire par le juge de la juridiction.

Ce droit de lever les filets tendus sur la rivière du Tenu ou de Lachenau, vis-à-vis le fief du Pesle, s'exerçait ordinairement au mois de septembre; il amenait un grand concours de monde et était l'occasion de nombreux divertissements. Un des plus usités consistait à jeter à l'eau les jeunes gens, qui regagnaient le bord à la nage. Cette plaisanterie fut entre autres appliquée au jeune Fouché, devenu depuis duc d'Otrante.

A la seigneurie du Pesle étaient annexés les fiefs et juridictions de la Moricière, du Branday et de la Grande-Haye, s'étendant dans les trois paroisses de Notre-Dame de Brains, Saint-Pierre de Bouguenais et Rezé, mais ils ne relevaient pas directement du roi comme le Pesle.

LORIÈRE.

La terre de Lorière tirait tout son relief féodal de la seigneurie du Pesle qui lui était annexée. Après avoir exposé comment le territoire de Lorière, anciennement nommé *Papolin*, lui avait été transporté par Louis du Plessier, seigneur de Genonville, son beau-père, Pierre de Cornulier continue ainsi :

« Depuis la confirmation des arrentements, j'avais fait faire quelques ouvertures de terres et édifier quelques bâtiments pour tirer des revenus de mon arrentement, lorsque j'en fus empêché par les habitants de Saint-Jean de Bouguenais, qui s'y opposèrent, prétendant que les terres afféagées étaient leurs communs ; mais ils furent déboutés de leur demande par sentence des commissaires du roi en 1659.

« Me croyant dès lors en toute sûreté, je me mis à bâtir une maison consistant en salles, chambres, cuisine, écuries, granges, pressoirs, vacherie, boulangerie, jardins enclos de murailles et cour fermée, une chapelle et deux métairies, dont la dépense se monte à plus de vingt mille livres, sans comprendre les grandes dépenses qu'il m'a fallu faire tant pour prairies, plants de bois, vignes, fossés pour séparer et diviser les pièces de terre, qui se montent à plus de dix mille livres, sans en avoir jusqu'ici rien retiré, à raison que les vignes n'ont été plantées qu'en 1660, à cause des troubles desdits paroissiens de Saint-Jean qui ont encore renouvelé leur procès.

« Et quant au bois qui est joignant ma maison, défunt Josias Jarnou, adjudicataire de la forêt de Touffou, était obligé, par les conditions de son contrat, de me payer deux mille livres par an, pendant le cours de dix ans, pour partie des gages à moi dus en qualité de grand-maître des eaux et forêts. L'adjudicataire convint avec moi de me céder une portion de bois à valoir sur mes gages, lesquels bois se trouvant sur mon arrentement, je les fis clore de fossés, planter et repeupler les vagues, pour servir de décoration à ma maison. Ces bois, contenant sept à huit journaux, me furent cédés pour la somme de seize cent vingt-cinq livres.

« Loin que je sois redevable de quelque chose pour cause desdits afféagements, c'est au contraire moi à qui il reste dû cinq mille livres pour reste de mes gages, lesquelles il ne m'a pas encore été possible de me faire payer sur les ventes faites par mon successeur, quoique j'y sois autorisé par arrêt du 16 juin 1665. »

Page 127.

4º Jeanne-Marie de Cornulier fut élevée dès son enfance au couvent des Ursulines de Nantes, où elle avait plusieurs tantes et autres parentes qui l'aimaient tendrement, et auxquelles elle était elle-même fort attachée. Elle fit le sacrifice de ces affections et s'arracha des bras de sa mère, qui la chérissait d'une manière toute particulière, comme étant son aînée, pour obéir à la vocation qui l'appelait à vivre sous la règle austère de sainte Thérèse. Elle entra aux Carmélites de Nantes le 13 août 1663, et y fit profession, à l'âge de dix-sept ans, le 15 août de l'année suivante, ajoutant le nom de Sainte-Thérèse à ceux qu'elle avait reçus au baptême. D'une constitution délicate, mais douée d'une intelligence remarquable et d'une adresse merveilleuse, elle fut pour la maison un des sujets les plus précieux, en même temps qu'elle en était un des plus exemplaires. Elle mourut à Nantes le 22 octobre 1694, âgée de quarante-sept ans et professe de trente-un ans.

5º Louise-Charlotte *de Cornulier* avait été élevée comme sa sœur aînée aux Ursulines ; mais sa vocation l'appela également au Carmel de Nantes. Elle y entra le 1ᵉʳ mars 1667 et y fit profession le 7 mars de l'année suivante, à l'âge de dix-huit ans et demi, et prenant en religion le nom de l'Enfant-Jésus. Fidèle à la règle, ponctuelle dans l'accomplissement de ses devoirs, d'une humilité profonde, elle défendit d'écrire après elle aucune particularité de sa vie. Elle fut dans tous les emplois de la maison : sous-prieure, première dépositaire et maîtresse des novices, et remplit ces différentes charges d'une manière remarquable. Dans ses dernières années, elle fut éprouvée par de grandes infirmités, perdit la vue, souffrit d'une rétraction des membres et de violentes douleurs rhumatismales qui lui faisaient désirer sa fin, sans jamais proférer une plainte. Peu avant de s'éteindre, elle protesta de son adhésion à la constitution *Unigenitus*. Elle mourut le 6 février 1727, doyenne du monastère, âgée de soixante-dix-sept ans et demi, et professe de soixante. (*Extraits des circulaires des Carmélites de Nantes.*)

Page **130.**

Pour faire honneur à leurs charges, les membres du Parlement étaient tenus à une représentation fort dispendieuse qui faisait la fortune des villes où il était établi. Le président de Perchambault rapporte que quand la Cour fut rappelée de Vannes à Rennes, tous les baux à loyer des maisons de ces deux villes furent cassés, tant leur situation se trouva profondément modifiée.

Page **131.**

M. Lecoq-Kerneven, conseiller à la Cour d'appel de Rennes, a publié à Rennes, en 1874, in-8º de 428 pages, plus une table : *Généalogie et Annales de la maison Dondel de Sillé, où l'on voit l'origine et la fondation de la ville de Lorient en Bretagne.*

Page **135.**

Extraits des registres de l'état-civil de la ville de Blois.

Le 7 fructidor an II (24 août 1794) est décédée Françoise-Élisabeth Cornulier, fille, domiciliée à Nantes, âgée de soixante-sept ans, demeurant à l'auberge de la République, comme y étant arrivée le 24 floréal (13 mai) dernier.

Le 26 germinal an IV (15 avril 1796) est décédé Pélage-Étienne-Claude Cornulier, âgé de soixante-sept ans, natif de Nantes, demeurant à l'auberge de la République, quai du Département.

Page **137.**

« La mort des saints est précieuse devant le Seigneur ; telle a été celle de notre très-honorée mère Jeanne, dite de Sainte-Marie de Cornulier, d'une maison des plus distinguées de la province, que Dieu a appelée à lui le 2 juillet 1767. Je ne vous rapporterai pas ici les vertus qu'elle a pratiquées sous nos yeux, les actes héroïques qu'elle a exercés, et les services essentiels qu'elle a rendus à notre communauté et aux pauvres de notre hôpital pendant les cinquante-cinq ans qu'elle y a passés à l'édification de toutes ses sœurs : ce sont comme autant d'objets qui me fourniraient ample matière à une oraison funèbre ; mais le silence rigoureux qu'elle m'a imposé, comme par testament, sur tous ces points m'empêche de vous en faire un détail circonstancié. » (*Extrait des circulaires des Hospitalières de Quimper.*)

Page **139.**

Dans la généalogie de la famille *de Gennes*, donnée ci-dessus, p. 74 à 80, il faut faire les additions et rectifications suivantes :

Page 75. — Tobie de Gennes épousa Suzanne Geffrard le 8 janvier 1668.
Marie-Françoise Blouet convola en secondes noces, le 25 novembre 1713, avec Louis-Jean de Lesquen, seigneur de Largentais.

Page 78. — Au lieu de : de Gennes-Matignon, lisez : de Gennes-*Matillon.*
Zoé-Berthe de Gennes, cousine-germaine d'Églé-Marie-Louise, fille d'Adolphe et de Marie-Thérèse de Saint-Meloir, a épousé le 9 novembre 1868 Louis Rouault-Coligny, et habite Fougères.

Page **146.**

Au nombre des griefs articulés contre le procureur général de la Chalotais, traduit en 1766 devant une commission siégeant à Saint-Malo, était celui d'avoir ordonné, au mois de juin 1765, sans formalité d'écrou et sans poursuite ultérieure, l'incarcération du sieur Salmon, caissier de feu M. de Gennes, receveur des fouages et de la capitation de la noblesse de l'évêché de Rennes, convaincu, d'après la vérification de ses registres, d'avoir détourné une somme de 33,000 livres.

M. de la Chalotais répondait que les héritiers de M. de Gennes, répugnant à exercer contre ce commis infidèle le droit de par corps, parce qu'il était parent du défunt, vinrent au nombre de trois, savoir MM. de Cornulier de Lucinière, de la Motte d'Aubigné et Fecbrony de la Préjenterie, le prier de faire incarcérer le sieur Salmon, pour l'empêcher de divertir les valeurs qu'il pouvait encore avoir à sa disposition ; qu'il céda à leurs instances fondées sur l'équité, puisqu'ils étaient responsables du déficit vis-à-vis du roi, bien qu'il y eût là une infraction à la règle.

En exécution d'un arrêt du Parlement de Bretagne du 3 mars 1770, une information fut faite à Rennes contre l'administration du duc d'Aiguillon ; M. de Lucinière y déposa sommairement le 5 mars. Le mois suivant, la cour des pairs s'étant saisie de l'affaire, en raison de la qualité du duc d'Aiguillon, M. de Lucinière dut faire devant elle, à Paris, une nouvelle déposition qui est beaucoup plus développée que la première ; nous en extrayons ce qui suit :

« 23ᵉ témoin. Messire Jean-Baptiste-Benjamin de Cornulier, chevalier, seigneur de Lucinière, âgé de trente ans, conseiller au Parlement de Rennes, dépose avoir une parfaite connaissance des manœuvres employées en Bretagne par M. le duc d'Aiguillon contre les magistrats détenus et contre le Parlement de Bretagne. Qu'en effet le moment où le déposant vit se réunir le fanatisme d'une société proscrite et la vengeance du duc d'Aiguillon fut l'époque de la démission de la majeure partie des membres du Parlement. Qu'à ce moment le fanatisme d'un côté employa tous les prestiges de la religion ; on sema dans le public de prétendues consultations ; on donna des récompenses, des pensions aux ecclésiastiques qui les avaient souscrites. M. l'évêque de Rennes, principal moteur des troubles, vexa ceux qui pensaient différemment; deux capucins furent interdits pour avoir osé dire qu'ils n'étaient pas du même avis.

« D'un autre côté, on flatta l'ambition de ceux qui pouvaient espérer des places, en répandant dans le public, en faisant circuler par les affiliés de prétendues lettres de personnes puissantes adressées à Madame la présidente de Langle, qui leur promettaient les plus grandes faveurs. Que dans ce moment fut répandu également un prétendu bref du pape adressé à la même personne pour louer la constance et la fermeté de son mari, ainsi que son attachement à la société, bref qui multipliait les indulgences à son égard.

« Faits dont le déposant a la plus parfaite connaissance, ayant vu lui-même les copies qu'on faisait circuler. Mais comme le projet n'était pas seulement de perdre le Parlement, et qu'il paraît qu'on en voulait plus particulièrement à quelques membres, pour habituer le peuple à entendre mettre en doute la fidélité de ces magistrats, on répandit dans le public des bruits désavantageux ; on supposa de fausses lettres qui n'ont jamais existé ; on sema de fausses accusations. Ce fut à cet instant qu'on commença à enlever une foule de citoyens. Les magistrats suivirent de près, le Parlement fut dispersé et on vit arriver la commission. Le déposant, qui fut compris dans cette dispersion générale, se retira à Nantes, ce qui l'empêcha d'être témoin des manœuvres subséquentes. Observe que M. le duc d'Aiguillon précéda son arrivée en Bretagne de différentes lettres de cachet pour inspirer de la terreur; quatre femmes de qualité y eurent part pour avoir arrêté entre elles de ne point le visiter lors de son arrivée à Rennes.

« Le fait dont le déposant a une connaissance plus particulière est qu'étant exilé à sa terre de Lucinière, et passant dans les premiers jours de mai 1766 par le village de Galhard, près d'Abbaretz, en compagnie du sieur Picot, celui-ci fut reconnu d'une fille Lemée qui y demeure avec un nommé Miennals, laquelle les invita à se rafraîchir. En entrant dans la maison, ils virent sur la table une requête adressée au chancelier et conçue dans les termes les plus injurieux pour MM. de la Gascherie et de la Chalotais. Elle leur dit qu'en écrivant cette requête elle agissait à l'instigation d'un personnage puissant, donnant à entendre qu'il s'agissait du duc d'Aiguillon. Le déposant ayant observé à ladite Lemée qu'il n'était pas honnête de prendre le moment où on semblait vouloir perdre M. de la Gascherie pour envoyer des mémoires contre lui, elle répondit que c'était vrai, mais qu'elle était obligée de se prêter aux vues de ceux qui la faisaient agir. Ajoute le déposant que la demoiselle Lemée a raconté les mêmes faits à une infinité de personnes ; qu'elle a même dit avoir touché de M. le duc vingt doubles louis. »

Le surplus de la déposition de M. de Lucinière roule sur ce qu'il a ouï dire d'un voyage clandestin que le duc d'Aiguillon aurait fait à Saint-Malo au mois de janvier 1766, et de l'entretien qu'il y aurait eu chez le sieur de Trévéret avec les commissaires Lenoir et de Calonne touchant la condamnation des magistrats traduits devant eux. Sur l'intervention de l'évêque de Rennes, interdisant aux curés de son diocèse de porter aucune plainte de l'abus des corvées auxquelles étaient assujettis leurs paroissiens pour la confection des nouvelles routes. Enfin de propos tenus à Guingamp contre la magistrature par le duc d'Aiguillon, qui y était venu incognito.

Cette déposition, l'une des plus importantes, a le privilége d'exciter d'une manière toute particulière le bile acrimonieuse de l'avocat auteur du mémoire publié en 1770 pour la justification du duc d'Aiguillon ; il ne consacre pas moins de 21 pages in-4º à la combattre ; il y prodigue à M. de Lucinière, encore plus qu'aux autres déposants, les injures et les insinuations les plus malveillantes.

Il trouve étrange et suspect que, dans sa déposition de Paris, M. de Lucinière ait parlé de plusieurs choses dont il n'avait rien dit à Rennes. La raison en est simple : à Rennes il n'avait pas à s'expliquer sur des faits qui y étaient de notoriété publique.

Il qualifie le déposant de délateur, oubliant que le devoir du témoin est de révéler tout ce qui est venu à sa connaissance.

Le magistrat aurait compromis son caractère en entrant, au village de Galhard, dans une maison mal famée et y acceptant à boire ; là il aurait joué un rôle indigne en faisant causer la fille Lemée, dans le but d'utiliser ce qu'elle lui racontait sans défiance. Est-ce que tout membre du Parlement n'était pas fondé à s'enquérir des trames ourdies contre ses collègues persécutés ? Son devoir n'était-il pas de leur venir en aide autant qu'il le pouvait ?

Après avoir donné un libre cours à sa verve venimeuse, l'avocat Linguet nous révèle le véritable motif qui l'anime quand il ajoute: « Cette déposition est un chef-d'œuvre en son genre ; les Catilina et les La Renaudie en auraient envié la trame à son auteur. C'est en exagérant la gravité des faits, en faisant remonter jusqu'aux plus hautes sommités ses accusations téméraires qu'il a trouvé le moyen d'assurer sa propre impunité. Il met directement en cause les commissaires, les ministres du roi ; il les compromet. La conséquence de ce système est qu'ils doivent être traduits devant un tribunal pour y être jugés. Le gouvernement ne pourra s'exposer à un pareil scandale sans compromettre Sa Majesté. Voilà ce que M. de Lucinière a prévu dans son audace : la nécessité de lettres patentes d'extinction de toutes les poursuites. »

Tel fut en effet le résultat de ces enquêtes. Toutes les procédures relatives aux troubles de Bretagne furent abolies par une déclaration donnée en la cour des pairs le 3 septembre 1770, et l'on en revint purement et simplement au régime des lettres de cachet individuelles.

Page 148.

La députation de douze membres que le parlement de Bretagne envoya au roi en 1788 se composait de MM. du Merdy de Catuélan, premier président; de la Houssaye, président à mortier; de Mué, de Moëllien, de la Bourdonnaye, du Pont et de Cornulier de Lucinière, conseillers de grand'chambre; de Vay de la Fleuriais, président des enquêtes; du Bouëtiez, de la Bintinaye, du Couëdic et de Lesguern, conseillers des enquêtes.

Le président de Lucinière avait été inscrit sur la liste générale des émigrés à la date du 7 août 1792; ses biens furent confisqués au profit de la nation par les lois des 2 septembre 1792 et 28 mars 1793. En faisant vendre les biens des émigrés, la Convention avait recommandé de les morceler autant que possible, afin d'intéresser à la spoliation le plus grand nombre d'acquéreurs que faire se pourrait.

Cette prescription, toute d'ordre politique, fut généralement suivie partout. Pour donner une idée de son application, il nous suffira de rappeler la vente de l'hôtel que le président de Lucinière possédait à Rennes, rue de Bourbon (baptisée alors rue de l'Égalité), et connu sous le nom d'hôtel de Gennes. Il fut divisé en neufs lots, adjugés à autant de particuliers par procès-verbaux des 22 prairial, 4, 6 et 22 messidor an IV et 15 germinal an VI (10, 22, 24 juin, 10 juillet 1796 et 4 avril 1798). Le tout moyennant la somme de 55,172 fr., calculée sur le pied de dix-huit fois le prix de location, et, payable en mandats territoriaux ou promesses de mandats, c'est-à-dire en papier déprécié.

Page 152.

Les grands procès, d'une durée séculaire, qui, sous l'ancienne législation, se transmettaient héréditairement de père en fils, ont droit à une mention comme faisant partie intégrante de l'histoire des familles; ils étaient le revers des possessions patrimoniales, le côté des préoccupations et des soucis qu'il ne faut pas négliger dans la fidèle reproduction d'un tableau.

Comme jurisconsulte, M. de Lucinière s'acquit un grand honneur personnel en apportant la lumière dans le chaos de la succession des Poilley, dont il devenait l'héritier par son mariage. L'exposé de cette affaire compliquée offrirait un véritable attrait dramatique, en montrant comment une maison puissante peut tomber du faîte des grandeurs à la position la plus gênée; mais le sujet sort de notre cadre; c'est pourquoi nous n'avons pas à nous y arrêter ici. Il eut une autre tâche, moins brillante, mais plus prochaine; ce fut de terminer heureusement une contestation qui avait occupé trois générations du nom, le différend que son aïeul, son père et lui avaient eu avec les barons d'Ancenis au sujet des proches mouvances de la seigneurie du Meix, procès qui n'est pas dénué d'intérêt au point de vue du droit féodal.

De quelle juridiction relevait prochement la terre de la Peccaudière? Devait-elle porter ses aveux à Ancenis ou bien au Meix? Tel était l'objet d'un débat qui s'est prolongé durant quatre-vingt-dix-sept ans.

Originairement, toute cette terre était roturière et relevait du Meix. Jean Guéguen, de Nort, officier de l'échansonnerie du duc François II, qui possédait en 1488 une des métairies de ce domaine, obtint de ce prince son affranchissement de toutes contributions. A la même époque une autre partie de cette terre était possédée par Guillaume Censier, dont la fille, Guillemine, épousa Pierre Nouel, marchand de Nantes, aussi possessionné dans le même lieu. Son mari et elle, qui était fermière de la seigneurie du Meix, firent encore d'autres acquisitions au même endroit et franchirent en 1510 les rentes qu'ils devaient au Meix; mais il n'y avait toujours d'extrait des fouages que l'ancienne métairie de Jean Guéguen.

Pierre Nouel étant mort, sa veuve convola en 1511 avec Jean du Ponceau, jeune gentilhomme du pays, auquel elle apporta le domaine de la Peccaudière, et ils se trouvèrent, en 1542, en état d'acheter la terre et seigneurie du Meix, dont ils relevaient, de François Le Porc, seigneur de Larchat et de Villeneuve, qui la possédait alors. C'est ainsi que le fief servant et le fief dominant tombèrent dans la même main.

Mais, en 1655, le Meix et la Peccaudière furent saisis sur leur arrière-petit-fils, René du Ponceau. Gabriel Angebaud demeura acquéreur de la terre de la Peccaudière et du domaine du Meix, que sa fille, Jeanne, porta en mariage, en 1700, à Nicolas Bernard, seigneur de la Poussinière. Quant à la juridiction du Meix, elle fut adjugée, par retrait lignager, au seigneur du Vernay, dans la succession duquel elle fut vendue, en 1666, avec la terre du Vernay, à l'abbé du Hézo de Cornulier.

Le sieur Angebault se trouvait donc possesseur d'un domaine assez étendu, en partie noble et en partie roturier : le premier composé de l'ancien domaine du Meix et de la métairie affranchie par Jean Guéguen ; le second de toutes les acquisitions sujettes aux fouages qui y avaient été ajoutées successivement.

En 1687, au mois d'avril, les procureurs fiscaux d'Ancenis et du Meix lui demandèrent aveu chacun de leur côté. Le vassal, réclamé par deux seigneurs, se pourvut au présidial de Nantes, qui était la juridiction supérieure. C'est ainsi que l'action se trouva engagée.

On reconnaissait bien de part et d'autre que les héritages qui formaient le domaine de la Peccaudière relevaient dans le principe de la seigneurie du Meix; mais le fief servant et le fief dominant avaient été assez longtemps dans la même main pour qu'on doutât si cette union n'avait pas opéré une consolidation parfaite dont l'effet eût été de transporter à la baronnie d'Ancenis la mouvance qui originairement appartenait au Meix.

M. de Lorière, se fondant sur l'article 356 de la coutume de Bretagne, distinguait dans la Peccaudière deux qualités d'héritages différents : les uns, qui avaient relevé noblement du Meix, et à leur égard il avouait qu'il s'en était fait consolidation ; les autres, tenus roturièrement, formaient seuls l'objet de sa réclamation. Le savant feudiste Hévin lui avait donné, en ce sens, dès le 22 mars 1687, une consultation qui est rappelée dans la *Coutume de Poulain du Parc*, t. II, p. 614.

Les parties parurent d'abord disposées à se concilier, et le différend dormait depuis longtemps, lorsque le procureur fiscal d'Ancenis reprit ses suites le 21 avril 1701, en renouvelant sa demande d'aveu au sieur Bernard ; celui-ci intima M. de Lorière, et l'instance se trouva liée de nouveau au présidial de Nantes entre les seigneurs d'Ancenis et du Meix.

La procédure sommeilla de nouveau de 1706 à 1735 ; on travaillait à démêler, dans les héritages qui composaient la terre de la Peccaudière, ceux qui étaient de qualité noble de ceux qui ne l'étaient pas ; mais elle reprit une grande activité de 1735 à 1744.

En 1746, Mme de Gennes de Lorière rendit au baron d'Ancenis son aveu pour le Meix ; il y avait longtemps que le fiscal d'Ancenis le lui demandait. Il dit : « Feu M. de Lorière a promis de rendre son aveu pendant quinze ans ; M. de Lorière, son fils, a toujours fait la même promesse, et il y a déjà des années que vous le promettez vous-même. » Il réclamait aussi le rachat dû par la mort de l'abbé du Hézo et par celle de M. de Lorière. Il était difficile de rendre un aveu sur les bases duquel on n'était pas d'accord.

Quant aux rachats, la fiscalité féodale admettait des délais autrement longs que ceux de l'enregistrement de nos jours, et des compositions que celui-ci rejette bien loin.

Sans s'arrêter à la distinction que Mme de Gennes de Lorière avait établie entre les qualités des terres de la Peccaudière, les juges présidiaux de Nantes en adjugèrent la mouvance intégrale à la baronnie d'Ancenis. Mme de Lorière appela de cette sentence au parlement en 1758, et fournit un mémoire imprimé où elle exposait ses moyens.

M. de Lucinière commença à suivre ce procès en 1767 et publia quatre mémoires à l'appui de ses dires, deux en 1778, un en 1779 et le dernier en 1780. Dans ce dernier, qui est très-vif, il reproche aux gens d'affaires du baron d'Ancenis de remplir leurs mémoires d'assertions erronées et d'y mettre peu de bonne foi : « Je ne prends point la plume, dit-il, pour entretenir un combat de fiefs, mais pour le terminer. Vous devez vous faire de grands reproches d'avoir troublé le repos de mes auteurs pendant leur vie et le mien depuis un si grand nombre d'années, en recélant une pièce qui fixait les faits et les droits. »

On venait, en effet, de découvrir, parmi les pièces récemment produites par les officiers de la baronnie, un procès-verbal rapporté en 1610 par le juge d'Ancenis, et qui était la loi commune des parties ; une main amie l'y avait glissé. Il avait fait appeler Jean de Ponceau, alors seigneur du Meix, et ils avaient réglé ensemble le débornement du domaine noble de la Peccaudière, dont la mouvance était à jamais perdue pour le Meix par l'effet de la consolidation, et celui du domaine roturier qui restait en son ancien état. Tout se réduisait donc à ce que la cour traçât sur le plan, conformément à ce procès-verbal, la délimitation de ces deux sortes de domaines, déclarant que la partie noble relevait d'Ancenis et l'autre du Meix. Ainsi fut terminé ce grand procès qui durait depuis quatre-vingt-quatorze ans.

Page 152.

Extraits des registres de la commune de Nort.

Le 5 juin 1818 ont comparu M. François-Jean Baudoux, âgé de trente-neuf ans, juge de paix du canton de Nort, demeurant à sa terre du Pas-Durand, en cette commune, et Gabriel de Clerq, âgé de quarante-six ans, sacristain, demeurant au bourg de Nort, lesquels nous ont déclaré que le jour d'hier, à une heure du matin, est décédé, à son château de Lucinière, M. Jean-Baptiste-Benjamin de Cornulier-Lucinière, âgé de soixante-dix-huit ans, ancien président aux requêtes et doyen du parlement de Bretagne, et maire de cette commune, fils de M. Claude-Jean-Baptiste de Cornulier-Lucinière et de dame Anne-Marie de Gennes, vivant époux de dame Jeanne-Marcuise-Pétronille du Bourblanc.

Le 7 juin 1818 ont comparu à la mairie de Nort les mêmes que ci-dessus, lesquels ont déclaré que le jour d'hier, à deux heures après midi, est décédée à son château de Lucinière Mme Jeanne-Marcuise-Pétronille du Bourblanc, âgée de soixante-dix-huit ans, native de la commune de Quemper-Guézennec, vivant épouse et veuve de M. Jean-Baptiste-Benjamin de Cornulier-Lucinière, ancien président aux requêtes, doyen du parlement de Bretagne et maire de cette commune.

Extraits des registres de la paroisse de Nort.

Le 30 septembre 1817 ont été suppléées les cérémonies du baptême, dans la chapelle du château de Lucinière, à Théodore-Gabriel-Benjamin-Charles, né audit château le 11 juin dernier et ondoyé le lendemain, fils du légitime mariage de M. Théodore-Jean-Baptiste de Cornulier de Lucinière, chevalier de Saint-Louis, et de dame Anne-Henriette d'Oilliamson, son épouse. A été parrain M. Jean-Baptiste-Benjamin de Cornulier de Lucinière, aïeul paternel de l'enfant, ancien conseiller et doyen du parlement de Bretagne, et a été marraine demoiselle Anne-Marie-Charlotte de Cornulier de Lucinière, sa tante paternelle, qui ont signé avec nous. En présence de Anne-Charlotte-Marie de Cornulier ; de Cornulier-Lucinière, père, grand-père paternel ; du Bourblanc de Cornulier Lucinière, grand-mère paternelle ; le comte d'Oilliamson, lieutenant général des armées du roi, commandeur de l'ordre royal et militaire de Saint-Louis, grand-père maternel ; le comte du Bourblanc ; le marquis du Bourblanc d'Apreville, capitaine des vaisseaux du roi, chevalier de l'ordre royal et militaire de Saint-Louis ; la marquise du Bourblanc d'Apreville, née de Géraldin ; le comte Albert d'Oilliamson ; de Cornulier, née d'Oilliamson ;

Antoinette de Cornulier ; de la Meilleraye, chevalier de Saint-Louis ; J. Clouet, desservant de Joué ; le chevalier de la Meilleraye ; le chevalier Léon de la Guerre ; le chevalier de Landemont ; René Bahu, prêtre ; le Capitaine, curé ; Baudin ; Théodore de Cornulier-Lucinière, chevalier de Saint-Louis ; Ernest de Cornulier ; Vaugiraud, curé de Nort.

Le 5 juin 1818 a été inhumé par nous, dans la chapelle du château de Lucinière, d'après la permission de MM. les grands vicaires, le corps de M. Jean-Baptiste de Cornulier de Lucinière, ancien conseiller au parlement de Bretagne, décédé d'hier au château de Lucinière, âgé de soixante-dix-huit ans, vivant époux de dame Jeanne-Marcuise-Pétronille du Bourblanc. Présents à la sépulture : Jean Blond et Julien Cerisier, domestiques du défunt, qui ne signent.

Signé : VAUGIRAUD, *curé.*

Le 7 juin 1818 a été inhumé dans la chapelle de Lucinière le corps de dame Jeanne-Marcuise-Pétronille du Bourblanc, décédée d'hier au château de Lucinière, âgée de soixante-dix-huit ans, veuve de M. Jean-Baptiste de Cornulier, ancien conseiller au parlement de Bretagne. Ont été présents à la sépulture Jean Blond et Julien Cerisier, domestiques de la défunte, qui ne signent.

Signé : VAUGIRAUD, *curé.*

Remarque :

On est douloureusement impressionné quand on rapproche l'acte de baptême du 30 septembre 1817 des deux actes de décès des 5 et 6 juin 1818. Quelle surabondance de témoins! quel empressement à signer le premier! Quel vide complet dans les deux autres! C'est bien là l'image de la vie en opposition avec celle de la mort.

Cependant on ne passa pas brusquement de l'époque des réjouissances à celle du deuil ; il y eut une période intermédiaire, une sorte de gradation préparatoire. Le 30 septembre 1817, il ne s'agissait pas seulement de fêter un baptême, mais encore d'une autre cérémonie que le registre paroissial de Nort passe sous silence : M. et Mᵐᵉ de Lucinière renouvelaient, après cinquante ans d'union, leur mariage dans cette chapelle de Lucinière. De là le déploiement d'une pompe inusitée, une réunion de famille presque complète, et un concours de voisins et d'amis bien plus nombreux que ne le rappellent les signatures. Mais la joie ne fut pas de longue durée : à la fête charmante succédèrent presque immédiatement de cruelles angoisses ; M. de Cornulier fut atteint d'une cruelle maladie qui le conduisit en peu de jours aux portes du tombeau. L'état pénible où il se trouvait se reflète visiblement dans l'écriture incertaine du testament suivant :

« Voici mon testament olographe que je viens de faire à l'instant, étant sain d'esprit ; mais bien malade de corps. Je lègue mon âme à Dieu et déclare, s'il veut m'enlever de ce monde, mourir dans les dogmes et principes de l'Église catholique, apostolique et romaine dont j'ai toujours fait profession.

« Voulant donner à ma bien-aimée épouse Anne-Henriette d'Oilliamson une preuve non équivoque de mon respect et attachement pour elle, je déclare lui laisser la jouissance totale et générale de tous mes biens meubles et immeubles, pour qu'elle en jouisse ou s'arrange avec ses enfants en les faisant toujours entièrement dépendre d'elle.

« Je lègue dix louis au Blond et autant à Cerisier, trois louis à Céas et un louis à Mariette.

« J'embrasse mes petits enfants, ma tendre sœur, à qui je voudrais faire un cadeau ; mais nous sommes si misérables que vraiment je ne le puis.

« Je finis, étant bien faible de corps, par offrir ici l'hommage de mon respect au plus tendre père et à la plus aimée mère.

« Je donne un septier de froment à Mme Deschesnes et douze francs à Jeanne le Ray, pareille somme à sa mère, pour les remercier de leurs soins pendant ma maladie.

« A Lucinière, le 14 octobre 1817.

Signé : « Théodore de CORNULIER-LUCINIÈRE. »

Ce testament, écrit sept mois seulement avant le décès des père et mère de son auteur, est un témoignage irrécusable des sentiments du fils à leur égard ; il suffit à prouver qu'il n'a point négligé les derniers devoirs à leur rendre, comme on pourrait l'inférer du texte par trop laconique du registre paroissial.

Loin qu'il y ait eu délaissement des défunts, l'affluence à leurs obsèques fut aussi considérable que le permettait la brièveté du délai entre le décès et l'inhumation. Il y eut même à cette occasion un empressement tout particulier de la part des fermiers et des paysans du voisinage. Lucinière est à six kilomètres du bourg de Nort; en pareil cas on y conduit les corps en voiture. Ils ne voulurent point qu'il en fût ainsi; ils les portèrent à la paroisse sur leurs épaules pour la cérémonie religieuse, et les rapportèrent de même à la chapelle où ils devaient reposer, se relayant de temps à autre durant ce long trajet, fait au milieu du jour, sous un soleil ardent, par une chaleur étouffante.

Si les assistants s'abstinrent de signer à la cérémonie funèbre, tandis qu'ils s'étaient empressés de le faire à la cérémonie joyeuse, c'est par suite d'une disposition naturelle, passée en usage général, qui fait répugner à attacher son nom à un événement pénible. Cependant une réflexion se présente ici : cette abstention doit-elle s'étendre jusqu'aux proches qui conduisent le deuil ?

En bien des pays, on considère que le devoir des parents est de constater eux-mêmes l'accomplissement de l'acte douloureux auquel ils ont présidé; on ne trouve ni décent ni respectueux de laisser à d'autres le soin de certifier l'inhumation.

Ailleurs, les convenances sont comprises autrement: ce n'est pas, dit-on, à l'héritier d'établir qu'il hérite. La piété filiale doit se renfermer dans un rôle tout passif; elle subit le coup qui la frappe, sans y adhérer même par une simple constatation du fait. Jadis le cheval de bataille du chevalier marchait immédiatement derrière son cercueil; ce sont encore aujourd'hui les serviteurs attachés à la personne du défunt qui ont la première place dans l'ordre du convoi : ils précèdent la famille. C'est à eux, qui touchent le corps de plus près, qu'il appartient de certifier l'inhumation. C'est à ce dernier usage, qui était celui des lieux, qu'on s'est conformé à Lucinière en 1818.

L'inhumation du fils de M. et de Mme de Lucinière, dans cette même chapelle, n'est constatée que par la mention suivante du registre paroissial de Joué :

Le 4 mai 1824 a été fait dans cette église un service de huitaine pour le repos de l'âme de feu Messire Jean-Baptiste-Benjamin-Théodore de Cornulier, âgé d'environ cinquante ans, vivant époux de dame Anne-Henriette d'Oilliamson, décédé à Nantes le 25 avril dernier, et dont le corps fut le lendemain transporté et inhumé dans la chapelle du château de Lucinière.

Signé : BRODU, *desservant de Joué.*

Page 157.

Lors de leur rentrée en France, en 1802, Mme de Lucinière et son fils s'étaient appliqués à racheter pièce à pièce leur ancienne terre de Lucinière. Les acquéreurs se montrèrent généralement accommodants. Tout le domaine arable se trouva de bonne heure à peu près reconstitué ; mais il n'en était pas ainsi des bois qui touchaient le château et en faisaient la principale décoration : ils avaient été réunis au domaine de l'État. C'était pour le comte de Cornulier une peine cruelle que de ne pouvoir rentrer dans la propriété de ces bois dont la vue le navrait. A force de démarches, il obtint, en 1810 (loi du 21 avril 1810, art. 85), l'échange des bois de Lucinière, contenant 134 hectares, contre le bois de la Funerie, joignant la forêt du Cellier, et une portion de la forêt de Saffré, les deux contenant ensemble 178 hectares, acquisitions qu'il avait faites en vue de cet échange. La grande tâche était terminée, et il en témoignait sa joie en annonçant *sur papier rose* l'heureuse issue d'une négociation qui lui tenait tant à cœur. Quatre années plus tard, la Restauration l'eût fait rentrer de plein droit dans cette possession.

Page 161.

Le comte Ernest de Cornulier a laissé à l'état de manuscrits des œuvres au moins aussi étendues que celles qu'il a fait imprimer. En première ligne, ce sont les *Relations de tous ses voyages,* qui comprennent près de quinze cents pages in-folio. Il s'en faut de beaucoup que tout cela soit consacré au récit des événements de la navigation; la majeure partie se compose de remarques et d'observations de toutes sortes, de dissertations sur tous les sujets qui se présentent à l'esprit de l'auteur.

Les principaux de ces morceaux détachés sont :

Note sur la longitude du port de Cobija, adressée au dépôt de la marine en 1831.

Description des machines à l'aide desquelles les jardiniers de Smyrne puisent l'eau pour arroser leurs jardins, avec quatre planches.

Description d'un moulin à vent établi à New-York, et qui tourne horizontalement, avec deux planches.

Description des moulins à vent des environs de Lisbonne, dont les ailes ont une disposition particulière.

Projet d'un phare à bâtir à l'extrémité de la chaussée des Seins, avec quatre planches, idée qui a été réalisée tout récemment.

Supplément au mémoire imprimé sur les vigies de l'Océan Atlantique.

Du jaugeage des tonneaux, pour faire suite au mémoire imprimé sur la mesure de leur capacité.

Parmi les mémoires détachés, nous signalerons :

Traité de l'intérêt composé et des questions qui s'y rattachent, in-fº de 37 pages, avec onze tables propres à faciliter les calculs, et qui dispensent de l'usage des logarithmes, composé en 1822, à bord de la *Néréide.*

Mémoire sur la meilleure disposition à donner aux cartes marines, 25 pages in-fº, adressé au dépôt de la marine en 1837. Dans ce mémoire, l'auteur discute les bassins maritimes qui doivent être compris dans le cadre de chaque routier ou carte générale, pour satisfaire à toutes les exigences de la navigation; il détermine les limites en latitude et en longitude auxquelles il est le plus avantageux de s'arrêter; il signale les vices de la disposition de plusieurs de nos cartes, et fixe la grandeur de l'échelle à adopter en se conformant aux atlas en usage dans la marine militaire.

Projet d'établissement d'un observatoire des marées au port de Lorient, avec trois planches.

Projet d'une banque formée par l'association de capitalistes et de propriétaires fonciers, 12 pages in-fº, 1843. C'est une combinaison qui permettrait aux propriétaires fonciers d'émettre des billets hypothécaires ayant cours facultatif, et produisant un intérêt qui s'ajouterait aux revenus de leurs terres. L'auteur se demande sur quelle considération est fondé le privilége de la banque de France ?

Mémoire sur les améliorations qu'on pourrait apporter dans le régime des classes soumises au recrutement maritime, 25 pages in-fº. En 1837, le vice-amiral Halgan fut chargé de faire une inspection générale des classes; en même temps le ministre de la marine invitait, par une circulaire, tous les officiers à émettre leur avis sur les améliorations dont cette institution était susceptible; leurs notes devaient être remises à l'inspecteur général. La commission chargée d'examiner tous les mémoires qu'il avait recueillis dans sa tournée signala celui de M. de Cornulier comme un des plus remarquables; mais le directeur du personnel invita l'auteur à ne lui donner aucune publicité. Dans ce travail, il avait fait ressortir avec une grande vivacité ce que ce régime, comparé au recrutement de l'armée de terre, a d'injuste et d'oppressif pour les marins inscrits, et il concluait à la nécessité de leur accorder de larges compensations.

Enfin des *Mémoires généalogiques* très-étendus, dont une partie seulement a été imprimée.

Le *Dictionnaire des terres du comté nantais et de la Loire-Inférieure* a été l'objet d'un second rapport de M. Desnoyers, inséré dans la *Revue des Sociétés savantes des départements*, livraison de mai 1861.

La généalogie de la maison de Cornulier, avec pièces justificatives, in-8º de 223 pages, publiée sous le nom de M. Laîné en 1847, n'a été tirée qu'à 200 exemplaires. Les 44 premières pages, comprenant la filiation, ont seules été insérées dans le tome XI des *Archives généalogiques et historiques de la noblesse de France*, rédigées par M. Laîné.

Le premier *Supplément à la généalogie de Cornulier*, in-8º de 339 pages, Nantes, 1860, et le second *Supplément*, avec une table générale, in-8º de 164 pages, Orléans, 1863, n'ont aussi été tirés qu'à 200 exemplaires.

La *Généalogie illustrée*, grand in-8º de 176 pages, Nantes, 1863, a été tirée à 400 exemplaires.

Le complément généalogique, grand in-8º de 114 pages, Orléans, 1881, n'a été tiré qu'à 150 exemplaires. Il en est de même des présentes *Additions*.

Un auteur recommandable, M. Emile Deschamps, devenu aveugle, dictait les lignes suivantes à l'adresse de l'auteur des *Deux morales*, après s'être fait lire, dit-il, deux fois son opuscule : « J'éprouve une profonde sympathie pour ces pages si éloquentes, si solidement pensées et senties dans le cœur ; elles sont d'un grand intérêt et m'ont procuré un vif plaisir littéraire. »

Dans une sphère plus sérieuse, un ecclésiastique distingué lui écrivait : « Voilà dix ans que je cherchais en vain un homme ayant le courage de penser ainsi tout haut, le caractère assez indépendant pour flétrir publiquement des interprétations pharisaïques. Je pense comme vous, et défense à moi de le manifester sous peine d'interdit. Votre brochure me semblait tombée du ciel ; à mesure que j'avançais dans sa lecture émouvante, je me disais : « Quel écrivain assez osé pour en appeler ainsi de la morale officielle « à la morale de l'Evangile ! » Le ton général m'indiquait un esprit élevé, l'indignation qui déborde un cœur droit et généreux ; et, malgré l'érudition spéciale peu commune de l'auteur, ce ne pouvait être un prêtre. Quelques excès de langage me faisaient reconnaître un laïque ; mais ces intempérances, d'ailleurs faciles à corriger au point de vue théologique, n'ôtent rien à la valeur de la thèse. »

En effet, l'auteur pouvait, pour tirer ses conséquences, s'en tenir au texte cité par Bossuet dans son sermon sur la soumission due à la parole de J.-C. : *Qui promittit, in quantum se obligat ad dandum, jam quodam modo dat*, maxime que saint Thomas développe ainsi : « Encore que le bien qu'on nous promet ne soit pas à nous par une possession actuelle, il est déjà à nous par engagement ; et celui qui promet quelque chose s'est déjà en quelque sorte dessaisi lui-même en s'ôtant la liberté d'en disposer d'une aultre manière. » D'où il suit que profiter du manque de foi du défunt, c'est s'associer à sa banqueroute.

La morale officielle du jour répudie l'ancienne maxime qui, est la base de toute probité ; alléguant ces paroles de l'Evangile : *Regnum meum non est de hoc mundo* et *Quis me constituit judicem inter te et fratrem tuum ?* les docteurs de la nouvelle école en concluent que tout ce qui concerne la possession des biens temporels est régi souverainement par la loi civile ; que les engagements relatifs à ces biens n'obligent qu'autant qu'ils s'appuient sur des contrats en bonne et due forme.

Cette doctrine a des conséquences graves. L'honneur et la loyauté en matière de transactions ne seraient plus des obligations de conscience. Toute spoliation opérée légalement serait irréprochable. Il n'y aurait plus de propriété de droit naturel. En désertant ce vaste champ, en l'abandonnant à la loi civile, la morale religieuse prévient beaucoup de conflits ; mais le prix de cette paix est la nécessité de la création d'une chaire rivale de morale laïque, car la société ne saurait se passer d'un auxiliaire au Code ; c'est un éminent jurisconsulte qui le déclare. Touillier s'exprime ainsi : « Les lois civiles seules seraient insuffisantes pour régler la conduite de l'homme, si leur action n'était aidée, dirigée et suppléée par la religion ; en effet, c'est de Dieu que dérivent toutes les lois. » La séparation de l'Église et de l'État est donc irréalisable.

On peut ranger au nombre des comptes-rendus de l'ouvrage du comte Ernest de Cornulier-Lucinière, sur le droit de tester, la brochure de 50 pages que M. d'Espinay, conseiller à la cour d'appel d'Angers, a publiée dans cette ville en 1882, sous ce titre : *La liberté de tester et la copropriété familiale*. L'auteur y fait le parallèle des principes posés par M. Le Play et par M. de Cornulier.

« Une des questions les plus graves que puisse se poser le législateur est assurément, dit-il, celle du droit de tester. Une longue controverse s'est élevée sur cet important sujet depuis quelques années entre les partisans et les adversaires de la liberté de tester. La question, qui est tout à la fois philosophique, économique, morale, politique et historique, a été soulevée par la *Réforme sociale* de M. Le Play; l'auteur est un partisan résolu de la liberté de tester. Ses théories ont trouvé de nombreux contradicteurs. Celui d'entre eux qui a donné à sa thèse le plus de développement est assurément M. de Cornulier, qui a consacré à cette importante question deux gros volumes. Son traité renferme d'immenses recherches et offre une ample moisson à tous ceux qui voudront à l'avenir approfondir ce sujet.

« Les arguments mis en avant de part et d'autre méritent un sérieux examen. Si l'âme survivante conserve la propriété de ses biens, comme le prétend Leibnitz, il n'y a plus de raison, dit M. de Cornulier, pour prohiber les substitutions perpétuelles ; le dernier testateur n'est pas seul immortel ; la volonté de ses ancêtres n'est pas moins respectable que la sienne.

« Le principe posé par M. de Cornulier, suivant lequel l'homme perdrait en mourant tout droit aux biens qu'il possédait, irait à détruire toute espèce de transmission à cause de mort, tout contrat perpétuel. Son argument frappe trop loin et trop fort ; la transmission des biens au décès ne reposerait plus que sur la loi civile ; il ébranle les bases de la succession légitime que son livre a pour but de fortifier.

« M. de Cornulier ne pousse pas à la rigueur les conséquences du principe qu'il a posé; ses conclusions sont modestes en présence des prémisses. Si le testament est de soi une chose mauvaise, contraire à la logique, à la morale, un attentat contre les droits de la famille, une institution contre nature, aussi nuisible à la société politique qu'à la société domestique, il devrait en demander l'abolition complète; il ne va pas jusque-là.

« Cependant, tout en faisant des réserves au sujet de certaines exagérations de doctrine et de langage, je crois que M. de Cornulier est dans le vrai pour le fond des idées. Il développe sa thèse un peu longuement peut-être; mais il déploie une vaste érudition et montre qu'il connait à fond son sujet. Le système de M. Le Play ne peut se soutenir ni au point de vue historique, ni au point de vue économique; il ne convient qu'à une société où l'homme naîtrait bâtard pour mourir célibataire. »

En morale, ce sont moins les principes qui sont exagérés que les conséquences qu'on en tire en les poussant trop loin. Là on ne peut user de la même dialectique que dans les sciences exactes, où la fausseté d'une proposition se démontre par la réduction à l'absurde.

Il n'est point de principe moral qui puisse résister à une pareille épreuve; de là l'adage vulgaire que, de ces conséquences, « il faut en prendre et en laisser. »

En effet, l'état social n'est qu'un compromis entre des tendances opposées qui se présentent simultanément : le droit de l'un et le droit de l'autre. Là, point d'absolu; tout est transaction. *Summum jus, summa injuria.* Toute bonne qualité poussée à l'extrême devient un vice. En dehors de la théorie, il faut considérer que les siècles ont donné aux sociétés humaines une constitution et des règles qu'on ne saurait briser en un jour; que le tempérament social est basé sur la tradition perfectionnée par les enseignements incessants de l'expérience.

Les principes sont comme autant de phares allumés dans la conscience pour guider l'homme dans les passes épineuses de la vie; on s'égare en les perdant de vue; on se brise en allant s'échouer à leur pied. Si, logicien à outrance, M. de Cornulier avait tiré toutes les conséquences du principe qu'il pose, M. d'Espinay aurait été fondé à lui reprocher de s'être laissé éblouir par l'éclat qu'il lui donne; il l'aurait traité d'homme à idée unique, de théoricien du tout ou rien, de fanatique.

« M. de Cornulier traite son sujet trop longuement. » Il était difficile de ne pas donner des développements étendus à une thèse qui touche à tant d'idées différentes; sous peine de rester incomplet, il fallait parler pour, contre et même à l'entour; il fallait poursuivre l'adversaire jusque dans ses derniers retranchements. Pour réduire les esprits spéculatifs, il était nécessaire de remonter jusque dans les nuages de la métaphysique où se cache la raison première, le *pourquoi du pourquoi*.

De ce que M. de Cornulier refuse l'efficacité à la volonté posthume, il ne s'en suit nullement qu'il affaiblisse le principe de l'hérédité naturelle et celui de la perpétuité des contrats. Les biens se transmettent aux héritiers du sang comme une conséquence de la copropriété familiale; du vivant de son auteur, l'héritier est, à l'égard du patrimoine, dans la même situation que la femme vis-à-vis de son mari par rapport à la communauté conjugale. Quant aux contrats, ils poursuivent naturellement une existence déjà acquise. En tout ceci, la loi civile, quand elle est juste, ne fait que sanctionner des droits préexistants ; elle ne crée rien.

La *Revue catholique des institutions et du droit*, qui se publie à Grenoble, a consacré, dans son numéro de juillet 1882, deux articles qui ne comprennent pas moins de 22 pages à l'examen du livre de M. de Cornulier : le premier est de M. Couret, ancien magistrat ; le second de M. Auzias-Turenne, avocat, directeur de cette revue.

M. Couret résume rapidement et avec une grande fidélité les idées de M. de Cornulier, il s'exprime ainsi :

« *Le droit de tester*, grave et difficile sujet, d'un intérêt mélancolique et profond ! Cette survivance de l'homme, cette volonté d'outre-tombe, ce retour offensif du mort dans la vie, a toujours suscité l'attention du penseur, les scrupules du théologien, les discussions ardentes de l'économiste et du jurisconsulte, les préoccupations du politique, les mesures tantôt restrictives et tantôt libérales du législateur...

« On pouvait craindre que les études nautiques, les prédilections navales, les caravanes maritimes de l'honorable auteur l'eussent peu préparé à une thèse aussi abstraite, à une théorie aussi délicate ; mais on est vite détrompé. On s'arrête ébloui devant la science de l'auteur, la richesse de ses textes, le luxe de ses documents, la profondeur de ses recherches, la vigueur de sa discussion : il a tout lu, tout connu, tout consulté, tout mis en œuvre. Le marin louvoie au milieu des subtilités, des controverses, des problèmes de la métaphysique, de l'histoire et du droit, avec la même aisance qu'autrefois parmi les syrtes et les écueils de l'océan. Mais scruter les vicissitudes du cœur, les fluctuations de la volonté humaine, n'est-ce pas encore se retrouver sur un élément aussi mobile et aussi insondable que la mer ? Et ce n'est pas là un de ces ouvrages d'érudition pure, lourd, diffus, endormant, succédané de l'opium ou du chloroforme ; c'est un livre de bon aloi, d'un style vif, coloré, piquant, bien venu, qui aiguillonne et soutient le lecteur, autant par l'originalité de la forme que par la science et la nouveauté du fond...

« Quelle est la thèse de M. de Cornulier? « *Il faut supprimer, ou du moins res-*
« *treindre dans les limites les plus étroites, la faculté de tester.* » — Pourquoi? —
« Parce que, dit-il, cette faculté, création tout artificielle et arbitraire du droit civil,
« n'a de racines ni dans le *droit naturel*, ni dans la *philosophie*, ni dans la *tradi-*
« *tion religieuse;* qu'elle choque même les principes fondamentaux du droit civil ;
« qu'elle transforme le foyer domestique en un centre d'intrigues et aboutit le plus
« souvent à l'exhérédation de l'héritier légitime au profit de l'étranger.

« La faculté de tester n'a pas de racines dans le *droit naturel*, car, d'une part, la
« volonté des morts ne peut avoir d'autorité effective sur les vivants ; d'autre part,
« la propriété n'est donnée à l'homme que pendant sa vie ; elle est à l'usage suc-
« cessif de chaque génération pour en jouir librement à son tour...

« Point de base non plus dans la *philosophie*, car la faculté d'acquérir, de con-
« server, de transmettre, est essentiellement corporelle ; l'esprit n'intervient dans
« ces actes que pour les qualifier ; ce n'est pas lui qui crée, qui exécute, car il n'a
« pas d'action sur la matière extérieure. Or, le testament étant un produit de l'intel-
« ligence pure, un simple acte mental, un adjectif dépourvu de substantif, ne saurait
« opérer par lui-même un transport réel, ne saurait avoir d'action sur la propriété,
« chose essentiellement matérielle et qui n'a d'utilité que pour le corps. — En
« outre, la faculté de tester permet au testateur de produire une *action* sans qu'il ait
« à subir une *réaction*, ce qui est contraire à la loi la plus universelle de la nature,
« tant dans l'ordre moral que dans l'ordre physique. Voilà ce qu'enseigne la *philo-*
« *sophie*.

« Sans base dans le *droit naturel* et la *philosophie*, la faculté de tester est en

« outre contraire à la *Genèse,* à la *loi mosaïque,* à la *Tradition chrétienne.* »
(Suivent un grand nombre de citations de l'Écriture, de saint Paul, de saint Basile,
de saint Augustin, un imposant faisceau d'autorités.)

« La faculté de tester, œuvre du *droit civil,* viole tous les principes essentiels de
ce droit. En effet, elle ne présente ni le caractère du *contrat,* car il n'y a pas eu
rencontre de deux volontés; ni celui du *mandat,* car, le mandat est éteint par la
mort; ni celui de la *donation,* car il n'y a pas eu dépouillement du donateur; ni
celui de la *transmission régulière* de la propriété, car au moment où s'opère ce
transfert, le propriétaire est déjà dessaisi par son décès. Et qu'on ne dise pas que le
droit de tester est une conséquence du droit de propriété, car alors on ne pourrait
refuser au propriétaire la faculté de créer par testament des substitutions indéfinies.
On ne peut être citoyen de deux états: l'âme qui quitte la terre abandonne, par le
fait de sa transmigration, tous les droits qu'elle avait en ce monde. La liberté de
tester, au point de vue du droit civil, est donc une anomalie, une étrangeté légale.
Philosophes et jurisconsultes l'ont bien senti; aussi, pour justifier l'efficacité du testament, Leibnitz, Kant, Omer Talon ont dû recourir à des hypothèses inadmissibles,
celle de la conservation par les défunts de la propriété de leurs biens, celle de l'état
propriétaire ou de l'assimilation du testament à un enfant posthume.

« Eh bien ! la raison d'être, la base, la vraie cause de la force de transmission
accordée au testament, c'est, dit M. de Cornulier, une idée païenne, un vieux souvenir d'antique idolâtrie empreint au cœur de l'humanité : *le culte des mânes.* On a
donné force exécutoire au testament, de peur d'offenser les morts. Il y a longtemps
que Pline l'Ancien l'a dit et que Sénèque a nommé le testament *la loi de l'empire
des morts...*

« Si du moins le vice d'origine était racheté par la bonté des effets ; mais il est
loin d'en être ainsi, comme le constate Ricard dans son *Traité des donations,* où il
compare la succession naturelle au cours régulier d'un fleuve portant la fertilité
sur ses rives, et le testament à un torrent dévastateur.

Ici nous ouvrirons une parenthèse . M. Couret déclare en finissant qu'il préfère au système de M. de Cornulier celui que M. l'abbé Eugène Roquette a
exposé dans son livre : *La famille telle que Dieu l'a faite* (Paris, Téqui, 1881).
Disons en quoi il consiste, afin de pouvoir répondre aux deux critiques à la
fois.

L'auteur s'étonne tout d'abord du titre choisi par M. Le Play: *L'Organisation de
la famille.* « Eh quoi ! me dis-je ; la famille, cette œuvre toute divine, deviendrait
maintenant l'objet d'une organisation toute humaine, comme le travail, comme
l'usine, comme l'atelier ! Quelle idée d'ingénieur ! Quelle idée révolutionnaire aussi !
Il n'y a qu'un seul type de la famille, celui *cujus conditor et artifex est Deus ;*
et il l'a établi *in officium generis humani,* et non au profit de l'industrie ou du
patrimoine, ni en vue d'un genre particulier de société.

« Le droit nouveau, imaginé par M. Le Play, peut se formuler ainsi : le père est
mort; vive l'atelier ! Tout le reste s'est effondré, mais l'atelier prospère. Avec ce droit
d'élection, on ne constitue pas des familles souches, comme il s'en flatte, mais bien
des ateliers souches, ce qui est un peu différent.

« Ce droit, à la fois cûpide et grossier, est infecté d'arbitraire et de favoritisme.
Dans la pratique, ce sera toujours le préféré du père qui sera le plus digne. Qui ne
sait que chez le père le cœur emporte le plus souvent la tête; que nul n'est plus
aveugle qu'un père quand il s'agit de ses enfants.

« Ce droit crée forcément chez les enfants un esprit de brigue, de rivalité et de
jalousie. En effet, la prétention à l'avantage est toujours ouverte, jamais fermée.

Ambition et incertitude, deux états capables d'empoisonner toute une vie. De quel œil les enfants se regarderont-ils? Chacun d'eux est un rival pour tous les autres. Voilà toute une famille de frères ennemis.

« Si les enfants vivent dans cette méfiance les uns des autres, de quel œil regardent-ils leur père? Ah! c'est lui qui est encore le plus malheureux de tous. Aussi comme il se cache! comme il est fermé sur le secret terrible de sa succession! Il sait bien que s'il déclarait sa préférence, il serait honni, maudit de tous les exclus, c'est-à-dire de tous ses enfants, hors un seul. Mais patience, il n'aura rien perdu pour attendre. Durant sa vie, il est muet, impénétrable comme le sphinx; mais à sa mort tout se connaît, et c'est alors qu'il recueille ce qu'il avait soigneusement écarté durant sa vie. Quelle perspective pour lui. Au lieu des pleurs de ses enfants, il aura leur malédiction. Ah! les belles et touchantes funérailles! Ce jour-là, en effet, que d'espérances déçues! L'Écriture nous dit qu'Esaü entra dans une violente colère en apprenant qu'il était supplanté par Jacob: *irrugiit clamore magno.* Que d'Esaüs trompés aussi ce jour-là, et que de rugissements! Voilà les larmes qui accompagneront le père au tombeau, et ces larmes il les aura eues durant toute sa vie en perspective.

« Le rôle du père est de rester neutre entre ses enfants; toute préférence de sa part pour l'un d'eux est une offense à tous les autres. Il ne lui appartient pas de choisir entre ses enfants, d'en élever un en lui sacrifiant tous les autres. Dieu seul est maître absolu et peut disposer en toute souveraineté des rangs et des conditions. L'élection convient dans tout ce qui est l'œuvre de l'homme; la naissance décide en ce qui vient de Dieu. »

M. l'abbé Roquette réfute complètement le système de M. Le Play dans ses chapitres XXXIII et XXXIV, où il établit que ce système ne tend à rien moins qu'*à faire du mariage un contrat purement civil et consensuel, et des enfants un simple produit de la société conjugale.* Il le réfute si bien que l'*Univers*, un des partisans les plus décidés de ce système, n'hésite pas à reconnaître dans son numéro du 7 août 1882, et cela par l'organe d'un de ses rédacteurs les plus autorisés, M. Loth, que la logique de l'abbé a ruiné le système de l'ingénieur.

Cependant lui aussi repousse le principe de l'égalité des partages; il se prononce en faveur du droit de primo-géniture et des substitutions qui en sont le complément économique nécessaire, deux choses absolument impossibles à faire accepter dans nos mœurs actuelles, et qui n'ont jamais été reçues qu'à l'état d'exception.

Les textes qu'invoque M. l'abbé Roquette ne justifient pas sa proposition; ils ne donnent à l'aîné qu'un droit moral, un droit d'honneur et de juridiction sur ses cadets. La *Genèse* ne lui dit pas: « Tu recueilleras la totalité ou la majeure partie de l'héritage, » mais seulement: *Esto dominus fratrum tuorum,* et l'application est conforme à cette interprétation. C'est dans le même sens qu'il faut prendre ce passage d'Hérodote (lib. II, cap. 21): *Mos omnium populorum est ut maximus natu liberorum obtineat principatum.* L'aîné est investi de la plénitude de l'autorité sur la famille; le père est mort: vive le père! Mais le patrimoine ne lui est pas dévolu. Il n'y a peut-être que Bodin, dans sa *République*, qui ose avancer que *les puînés sont des larrons qui viennent prendre le bien qui était acquis à l'aîné.*

Quant aux substitutions indéfinies, il y a longtemps que le vice en a été reconnu. En Espagne, il y avait une extrême facilité pour ces sortes de créations ; il n'était si petit propriétaire qui ne tînt à honneur de fonder un majorat pour éterniser sa mémoire et donner du relief à sa famille. Eh bien ! c'est précisément à cette passion que la société économique de Madrid attribuait, en 1783, l'état d'abandon où se trouvait l'agriculture dans la Péninsule.

« La plupart des pères de famille qui possèdent des biens substitués les négligent absolument, dit-elle, sachant qu'ils doivent aller intégralement à leur fils aîné. Désirant améliorer le sort des cadets, ils consacrent à l'acquisition de biens libres, qui seront soumis au partage égal, toutes les sommes qui seraient nécessaires à l'entretien des biens frappés de substitution. » En Italie, des inconvénients d'un autre genre étaient devenus si criants qu'une bulle du pape Clément VIII, de 1596, déclare que les biens substitués répondront désormais des dettes de leurs auteurs; elle les rend saisissables et anéantit ainsi l'objet principal de la substitution, qui est la conservation quand même.

La poésie du testament fait illusion à M. Couret; l'imagination est un mauvais guide dans les choses positives, la volonté ambulatoire une faible garantie de stabilité ; l'expérience condamne d'ailleurs l'immense majorité des dispositions individuelles. Il y a des gens qui ne savent pas mourir. Combien ont vécu trop longtemps pour leur gloire ! Il y a des morts qui ne savent pas dormir en paix leur dernier sommeil : l'orgueil est chez eux si vivace, qu'ils ne peuvent consentir à être oubliés ; leur haine si insatiable, qu'ils sortent du tombeau pour attaquer ceux à qui ils en voulaient durant leur vie. Il y en a d'autres que l'idée du droit de leurs héritiers naturels exaspère; ils ne devraient rien tenir que de leur bon plaisir.

Dans nos sociétés modernes, dit M. Couret, il n'y a plus lieu de tenir compte des prescriptions de la loi de Moïse; nous vivons sous un régime tout différent de celui des Juifs. Bossuet ne pensait pas ainsi quand il a écrit sa *Politique tirée de l'Écriture sainte : l'Ancien Testament* n'est pas tombé à l'état de simple histoire; il a conservé une grande autorité morale et de direction pratique; on l'invoque tous les jours au double point de vue civil et religieux.

« L'ardeur des déshérités est stimulée par leur dénûment : la misère est la sage-femme du génie. » — Oui, quand elle n'est pas une mauvaisse conseillère, surtout pour le déclassé.

« Du moins, avec cette puissance de disposer, le père n'aura plus aucune raison pour calculer le nombre de ses enfants. »

L'arrêt de la population ne tient que pour une faible part à la perspective de l'égalité des partages; il est déterminé par des causes plus immédiates. M. d'Espinay l'attribue à la généralisation du luxe, qui a envahi toutes les classes altérées de confort. Selon M. l'abbé Roquette, c'est principalement le dogme de l'égalité civile des citoyens qui provoque la stérilité des mariages. « La fortune, dit-il, a toujours été prise en grande considération ; mais autrefois son influence était balancée par celle du nom, qui ne perd rien au partage. Aujourd'hui, où l'admission dans les carrières publiques est réputée ne plus dépendre que de la capacité individuelle, il faut donner aux enfants une éducation interminable, ruineuse, extravagante. Elle s'impose, bien que les résultats en soient plus que douteux. L'éducation d'un seul bachelier absorbe les ressources d'une honnête aisance. Comment avoir de nombreux enfants ? En présence d'une pareille exigence, la prudence malthusienne cesse d'être répréhensible; elle devient sagesse. Voilà le secret de la stérilité générale des familles modernes, qui toutes aspirent à s'élever, dont l'ambition est surexcitée. »

Le principe de la copropriété familiale exclut la liberté de tester; or, les jurisconsultes romains eux-mêmes avaient été obligés de l'admettre, malgré l'autorité des Douze-Tables, comme le prouve M. du Cauroy dans un ouvrage classique : *Les Institutes expliquées.* C'est sur cette copropriété que repose l'hérédité par le droit du sang dont Proudhon a dit (*Contradictions économiques*) : « L'hérédité est l'espoir du ménage, le contrefort de la famille, la raison dernière de la propriété. Sans hérédité, il n'y a plus d'époux, plus d'ancêtres ni de descendants; il n'y a même plus de collatéraux, puisque, malgré la métaphore de la fraternité universelle, il est clair que si tout le monde est mon frère, je n'ai plus de frère. Le saint-simonisme avait vu la connexité de l'hérédité et de la famille; il les proscrivait l'une et l'autre. »

La *Revue de Grenoble* est l'un des foyers les plus ardents de propagande de la liberté testamentaire; le compte-rendu du livre de M. de Cornulier par M. Couret n'y avait pas été admis de bonne grâce : il était trop équitable pour convenir à son esprit sectaire; de là le luxe insolite d'un second article suivant immédiatement le sien, pour donner à ses objections une poussée plus vigoureuse.

C'est le directeur même de la *Revue*, M. Auzias-Turenne, qui s'est chargé de l'exécution; mais il trahit dès le début la manière dont il va procéder : « M. de Cornulier fait preuve d'une vaste érudition, son travail est colossal, ses lectures en tous genres multipliées et ses recherches immenses. *Pourquoi faut-il que tout cela soit mis au service d'une telle cause?* Que n'aurait pas fait l'auteur s'il eût choisi un autre sujet? »

Il est clair que la thèse est désagréable, *durus est hic sermo*, sa condamnation assurée; reste à motiver la sentence d'une manière quelconque. Le juge Laubardemont ne demandait que trois lignes de l'écriture d'un homme que l'on voulait perdre pour le faire pendre; il n'en faut pas davantage à un théologien de bonne volonté pour déclarer une thèse hérétique, et c'est surtout en docteur de l'Église que se pose M. l'avocat Auzias.

« M. de Cornulier a avancé une hérésie formelle en disant que l'état du mariage est plus méritoire que le célibat. » L'inquisiteur oublie que le livre qu'il critique est écrit au point de vue social, sans prétention à la théologie mystique. Les imputations de ce genre sont nombreuses; il est inutile de s'y arrêter. Quand toutes seraient fondées, la thèse principale n'en demeurerait pas moins intacte, car elles ne portent ici que sur des accessoires qui en sont indépendants. Deux exemples de la manière du critique suffiront pour la juger.

« *Proh pudor!* M. de Cornulier a pour allié l'abominable Robespierre ! »

Parlant du haut de la tribune, Mgr Freppel n'a pas craint d'opposer le témoignage du monstre à la négation des athées.

« Comble du scandale ! Il ose dire qu'une phrase retentissante de M. Troplong est creuse et manque de fond; et c'est sur cette formule que repose la religion du testament. »

M. Auzias use d'un procédé commode, mais d'une loyauté douteuse. Il isole, pour les présenter à la réprobation de ses lecteurs, certaines phrases ou même fractions de phrases qui, séparées de ce qui les précède ou les suit, prennent une portée toute différente de celle qu'elles ont quand elles sont encadrées.

Pour se faire des alliés, il ne néglige pas les insinuations perfides. « M. de Cornulier vilipendrait la magistrature en disant que son devoir professionnel l'oblige à juger suivant le code, sans avoir égard à l'équité. » Mais les arrêts parlent comme lui quand il leur arrive d'acquitter dans le dispositif celui qu'ils ont flétri dans les considérants.

« Il aurait l'audace d'appliquer la même critique à la jurisprudence canonique, au *probabilisme*. » La preuve que cette doctrine n'est pas irréprochable, c'est qu'elle vient d'être réformée. Le P. Clair nous apprend, en effet, dans sa réponse au livre de Paul Bert, qu'on ne l'applique plus aujourd'hui quand les intérêts d'un tiers sont en jeu. C'est possible ; mais la réforma tion est si récente qu'elle n'est pas encore généralement connue.

M. Auzias plaisante agréablement M. de Cornulier sur la découverte qu'il aurait faite dans la *Genèse* d'un onzième commandement de Dieu qui n'y existe pas : *Qui egredietur de utero tuo, ipsum habebis hæredem :* « On peut, dit-il, relire cent fois ce passage sans songer à y voir autre chose que l'annonce de la naissance d'Isaac. »

Combien d'institutions, pour ne pas dire de dogmes, sont fondés sur des textes moins explicites ! La phrase est détachée, il est vrai ; mais quels commentaires l'accompagnent ailleurs ! Moïse en fait la base de sa loi successorale ; saint Augustin la rappelle comme un précepte ; saint Paul la confirme quand il dit : *filius, ergo hæres ;* Domat l'invoque dans ses *Lois civiles*, et Pothier l'a prise pour épigraphe de son chapitre *Des successions légitimes*. Dieu ne s'est pas contenté de promulguer le devoir du père dans la *Genèse ;* il l'a gravé dans tous les cœurs, et c'est en vain que les adeptes de M. Le Play, ligués en cela avec les communalistes, tenteraient de l'en arracher.

Le principe de la copropriété familiale, incompatible avec l'attribution arbitraire du patrimoine, est attesté dans la parabole de l'Enfant prodigue (Luc, **xv, 12**), où le plus jeune des fils dit à son père : « Donne-moi la part du bien qui me doit échoir. » Et le père la lui donne comme une chose qui lui est due.

Au dire de M. Auzias, M. de Cornulier verserait dans le matérialisme, parce qu'il ne juge pas que l'intervention de l'âme rationnelle soit nécessaire pour établir la possession ; il ne comprendrait pas la portée de la définition romaine : *possessio adipiscitur corpore et animo*. N'est-ce pas plutôt M. Auzias qui confond *animus*, principe vital, avec *anima*, principe rationnel ? La distinction est manifeste dans ces deux textes : *hoc animo*, dans cette intention, et *diliges Dominum ex tota anima tua*. L'âme intellective est tout dans le second ; elle n'a rien à voir dans le premier. On peut donc dire que la possession s'établit par le fait corporel joint à l'*intention,* union que les animaux sont capables de réaliser, car ce ne sont pas de simples machines.

Pour satisfaire la *Revue de Grenoble*, la définition romaine ne suffit pas, quelque traduction qu'on adopte ; il faudrait supprimer le corps et dire que la propriété repose uniquement sur l'acte intellectuel qui se manifeste seul dans le testament et dans les possessions de mainmorte de tous genres, aussi bien les civiles que les religieuses. Cela est impossible.

Le théologien Auzias reproche surtout à la critique que M. de Cornulier a faite du pouvoir testamentaire de porter en même temps un coup à la propriété de mainmorte, à la possession des biens réels, par un être idéal agissant *per se*. Ces deux facultés ont en effet une grande connexité ; elles reposent l'une et l'autre sur l'action qu'on accorde à l'esprit sur la matière extérieure. Quand, dans la succession naturelle, on dit : *le mort saisit le vif*, on entend par là que c'est à défaut du mort que le vivant se trouve saisi. En adaptant le même adage à la succession testamentaire, on lui prête un sens tout différent ; de passif qu'était le rôle du défunt dans le premier cas, on lui en attribue un actif dans le second. Or, dans la transmission par acte posthume, la main du testateur est morte, comme elle l'est dans la détention des biens par un être moral. Dans l'ordre naturel, le survivant est saisi *parce qu'il est héritier présomptif*, publiquement désigné à l'avance ; dans l'ordre testamentaire, il s'agit d'un héritier à surprise.

« Dans toutes nos opérations, dit Bossuet, il entre une part du corps et une part de l'esprit. » C'est là une vérité que les jurisconsultes ont appliquée en déclarant que la possession s'établit *corpore et animo*. Généralisant cette pensée, Tyndall dit : « Sans vérification, une conception théorique n'est pas autre chose qu'une fiction de l'entendement. » La loi civile n'exerce son empire que sur les actions des hommes ; elle ne pénètre pas dans les consciences. Le testament étant une œuvre de l'esprit seul, sans ombre de coopération ou d'assentiment corporel, cet acte ne tombe pas sous la juridiction séculière. Pareillement, comme il est d'évidence qu'il n'y a de personnes réelles que celles que Dieu a créées, il est clair que les êtres fictifs, connus sous le nom de personnes morales, sont un produit de la société, imaginé pour son utilité, demeurant toujours soumis à leur auteur qui peut, à sa convenance, leur retirer la vie qu'il leur a donnée. Ce que la société, qui ne meurt pas, peut faire, l'individu mortel ne le peut pas ; l'œuvre s'arrête quand la source est tarie.

Le concours de l'élément concret avec l'élément abstrait est absolument nécessaire pour caractériser une action humaine. Le billet portant obligation de payer ne représente la chose due que parce qu'il est remis manuellement au créancier à titre de gage ; il y a là une tradition qui ne se rencontre pas dans le testament.

Dans une sphère plus haute et toute spéculative, la nécessité de l'intervention de l'élément concret ne se manifeste pas moins pour arriver à un résultat positif. Une différentielle donne l'expression idéale des éléments au moyen desquels s'opère la génération d'une quantité, la loi de son accroissement ; elle caractérise la nature de cette quantité, mais n'en donne pas la mesure effective. Pour arriver à ce dernier résultat, il faut introduire dans l'intégration une quantité réelle qui complète la formule algébrique. On peut comparer la donation testamentaire à une sorte de différentielle, qui exprime bien la nature d'un mode de transport de la propriété, mais que le testament est impuissant à intégrer, par la raison que l'élément positif, la possession, lui a échappé au moment où il s'agit d'opérer la tradition. Il a formé un projet, en a tracé le plan, mais ne l'a point réalisé. On est donc fondé à dire que c'est la puissance civile qui complète l'œuvre du testateur, qui intégre sa différentielle, qui exécute ce qu'il n'avait que mentalement projeté.

En effet, la propriété de mainmorte diffère complétement de la propriété collective. Celle-ci peut s'établir d'elle-même, sans aucun secours extérieur; elle n'est qu'un état d'indivision dans lequel chaque membre a la propriété personnelle de la part pour laquelle il est fondé dans l'association. Dans le cas où il ne lui est pas loisible de retirer cette part à sa volonté, il n'en demeure pas moins propriétaire en puissance, s'il est temporairement empêché d'exercer son droit en acte. Il en est tout autrement de la propriété de mainmorte, création tout idéale de l'ordre social, en vue de l'utilité publique, où le propriétaire est un être abstrait, incapable d'occuper corporellement. Cette propriété ne peut se soutenir que par la faveur de la puissance civile, car elle consiste dans la substitution indéfinie d'un droit à une série de détenteurs successifs appelés, dans un ordre déterminé, à recueillir les fruits d'un bien dont ils n'ont pas la saisine, dont ils ne peuvent pas disposer. Cela est vrai des substitutions privées comme de celles qui forment les dotations des communautés, qu'elles soient laïques ou ecclesiastiques, hôpitaux, académies ou monastères.

Mais, dit M. Auzias, la conclusion est désastreuse; l'auteur de cette théorie porte la main sur l'arche sainte; qu'il soit anathème! Il faut extraire de son livre quelques propositions mal sonnantes; peu importe qu'elles se rapportent au sujet principal. En les signalant à Rome, l'œuvre sera mise à l'index et condamnée en bloc. Il est plus facile de proscrire une théorie que de la réfuter.

Cependant le système est dangereux; il peut se retourner contre la *Revue de Grenoble* elle-même. Elle soutient la doctrine de M. Le Play qui, si l'on en croit un vrai théologien, auteur d'un traité de droit canonique, M. l'abbé Roquette, est fort susceptible d'être soumise à la censure. Il établit, en effet, que le système du maître *tend à faire du mariage un contrat purement civil et consensuel, et des enfants un simple produit de la société conjugale.*

Le rédacteur de la *Revue de Grenoble* et l'auteur du *Droit de tester* pourraient donc bien revêtir le *san benito* de compagnie.

Ils peuvent toutefois se consoler en se rappelant que saint Épiphane et saint Chrysostome se sont excommuniés réciproquement au sujet d'une opinion d'Origène, que chacun d'eux est mort dans son idée, ce qui ne les a pas empêchés d'être canonisés l'un et l'autre.

M. Auzias déconseille la lecture du livre de M. de Cornulier; il a raison puisqu'il ne le réfute pas; mais il aurait tort de provoquer sa mise à l'index; rien n'est tentant comme le fruit défendu.

Ce qui rassure M. Auzias, c'est que le livre a une telle étendue que peu de personnes auront le courage d'aller jusqu'au bout. S'il avait été bref, il l'aurait traité de pamphlet. Sans doute, l'auteur aurait pu se borner à ce raisonnement: pour donner, il faut posséder. Or, la possession s'établit par le concours du corps et de l'esprit; donc la donation posthume est impossible, puisque le corps fait défaut après la mort. Il n'en faut pas davantage pour trancher la question de la validité naturelle des testaments. Cette méthode expéditive est celle qui aurait été appliquée dans le concile de Trente. Son historien rapporte qu'avant de décider un point de théologie, on l'abandonnait à la dispute des *docteurs, comme un os qu'on jette à la tête de plusieurs chiens*, et qu'après que ces docteurs s'étaient bien battus, les Pères se décidaient par une raison toute simple, sans savoir ce que les docteurs en avaient dit, et même sans s'en enquérir. M. de Cornulier a écrit pour les esprits curieux qui veulent connaître le pour et le contre, pour ceux que ne rebutent point les subtilités des *juristes*, la poussière de l'école ni l'autorité des opinions émises de part et d'autre.

D'ailleurs, la question du droit naturel de tester une fois résolue négativement, il n'en reste pas moins à examiner le mérite de cette faculté considérée comme une création du droit civil.

Enfin, M. Auzias trouve que dans cet ouvrage il y a bien des répétitions. Ce défaut tient à la forme adoptée, à la division en huit études qui sont comme autant de traités distincts, mais qui, ayant un lien commun, appellent nécessairement la reproduction des mêmes arguments, pour que chacun de ces traités fasse un tout complet, indépendant des autres. Cette forme répond au désir que peut avoir tel lecteur d'approfondir un point de vue sans s'inquiéter des autres.

Page **163.**

Extrait des registres de la commune de Joué-sur-Erdre.

Le 15 janvier 1822, à deux heures du soir, par devant nous, François Riou, maire et officier de l'état civil de la commune de Joué-sur-Erdre, est comparu M. Jean-Baptiste-Benjamin-Théodore de Cornulier, comte de Lucinière, âgé de quarante-huit ans, demeurant à son château de Lucinière, en cette commune, lequel nous a présenté un enfant du sexe masculin, né ce jour, à neuf heures du matin, en sa demeure susdite, de lui déclarant et de dame Anne-Henriette d'Oilliamson, son épouse, auquel il a déclaré vouloir donner les prénoms de Marie-Alfred-Ernest. Lesdites déclaration et présentation faites en présence de M. Armand Baudin, âgé de trente-trois ans, chirurgien et adjoint de cette commune, demeurant au bourg de Joué, et de François-Jean Baudoux, âgé de quarante-deux ans, juge de paix du canton de Nort, demeurant à la Peccaudière, commune des Touches, les deux amis du père de l'enfant.

Page **169.**

Le caractère énergique du futur amiral de Cornulier se révéla, dès le début de sa carrière, dans la première circonstance où il fut appelé à commander en chef, c'est-à-dire où *il se trouva n'avoir à prendre conseil que de lui-même.*

A la suite de l'expédition du Tage, au mois de juillet 1831, n'ayant encore qu'un an de grade d'élève de première classe, l'amiral Roussin lui donna le commandement de la prise portugaise l'*Infant don Sébastien,* pour la conduire à Brest. On lui avait formé un équipage de matelots pris sur divers bâtiments de l'escadre française, et, comme à l'ordinaire, chaque commandant avait saisi l'occasion de se débarrasser de ce qu'il avait de plus mauvais à son bord.

A peine l'*Infant don Sébastien* avait-il quitté Lisbonne que l'insubordination éclata à bord; un quartier-maître manqua grièvement de respect au second, qui était un sous-officier peu capable. Le jeune capitaine averti de l'incident monte sur le pont et donne un ordre au quartier-maître insolent. Celui-ci hésite à obéir et consulte de l'œil les matelots, pour voir s'il sera soutenu dans sa résistance. Le capitaine, jugeant immédiatement la situation critique, saisit un anspect, et d'un coup de pointe précipite le récalcitrant dans le faux pont. Puis, se retournant vers ses camarades, il leur dit d'un ton résolu : « Quel est celui de vous qui en veut autant ? » Tous se turent, et de ce jour il fut le maître à son bord.

La *Revue de Bretagne et Vendée* a publié, dans ses livraisons de juin, juillet et septembre 1882, un fragment des mémoires inédits du général d'Armandy, celui où il raconte la prise de Bône, en 1832. Nous détachons de ce récit un épisode où M. de Cornulier a joué le principal rôle.

« Le 4 avril, on aperçut un bateau voilé en chebec qui entrait dans la rade, venant de l'est, à voiles et à rames, car il faisait presque calme. Il se dirigeait vers la baie du fort génois, où il paraissait vouloir jeter l'ancre. Le commandant d'Armandy envoya par terre l'élève de première classe de Cornulier, à la tête de huit matelots, en lui recommandant de défiler son détachement derrière les broussailles qui couvraient le terrain, afin de saisir ceux qui débarqueraient. En même temps, il signalait à la *Béarnaise* d'envoyer sa chaloupe couper la retraite au chebec du côté de la mer.

« Le détachement surprit et désarma un beau grand jeune homme, richement vêtu, et cinq Turcs bien armés qui l'accompagnaient. En même temps, la chaloupe de la *Béarnaise* amarinait sans résistance le chebec, qu'elle amena mouiller près de la goëlette. Cette petite expédition en pays ennemi, ne laissait pas d'être hasardeuse, car le débarquement se faisait à cinq kilomètres de la casbah; elle fut conduite par M. de Cornulier avec une rapidité, un aplomb et un courage qui lui firent beaucoup d'honneur. Il amena ses prisonniers à la casbah. Là, le jeune homme arrêté déclara être le fils d'Ibrahim Bey et se nommer Ismaïl. Il avait été envoyé sur les côtes de la régence de Tunis pour recruter des Turcs, et il en ramenait une quarantaine.

« Ismaïl ben Ibrahim avait environ vingt-quatre ans; il était armé d'un fusil d'une longueur extraordinaire (2ᵐ 30) et d'un beau yatagan; son costume était recouvert d'un burnous rouge à franges d'or et un beau châle entourait sa tête. Son codja (secrétaire), était un bel Arabe vêtu de laine blanche. Les quatre Turcs pris avec lui étaient du même genre que ceux de la troupe d'Ibrahim bey. A bord du chebec, on trouva trente-quatre Turcs bien armés; heureusement ils n'eurent pas l'idée de se défendre, car la goëlette, ayant envoyé tous ses fusils à la casbah, n'avait pu armer sa chaloupe que de sa caronade et de quelques sabres et piques.

« Les prisonniers refusèrent d'abord de manger; ils craignaient d'être empoisonnés; mais ils furent bientôt rassurés en voyant les Français manger avec eux. Les Turcs arrivés par le chebec ne firent aucune difficulté de s'enrôler dans la troupe de Sidi Jusuph. »

Tout officier de la marine doit être doublé d'un diplomate. Simple lieutenant de vaisseau, commandant l'*Anacréon*, M. de Cornulier se trouva, en 1847, appelé à garantir, de pair avec les amiraux anglais, espagnol et portugais, l'amnistie accordée à la garnison libérale de Sétuval.

Quelques jours avant cette capitulation, il avait pris part à l'attaque de la place avec les forces alliées rangées sous le commandement du vice-amiral anglais sir William Parker. En considération du faible armement de l'*Anacréon*, l'amiral avait assigné à cet aviso un poste de combat où il se trouvait à l'abri de l'artillerie des forts. Le capitaine de Cornulier n'avait rien objecté ; mais, comprenant l'intention de son chef, et ne se croyant pas tenu de lui obéir comme il l'aurait fait à un amiral français, il profita de la marche supérieure de l'*Anacréon* pour prendre les devants en entrant dans la rade de Sétuval, et alla s'embosser à 30 mètres d'une batterie ennemie, comptant sur l'adresse de ses fusiliers pour inquiéter ses artilleurs. Cette batterie avait été élevée depuis peu ; les alliés ignoraient son existence, et elle n'avait pas été comprise dans le plan d'attaque de l'amiral Parker, en sorte que l'*Anacréon* se trouvait n'avoir point usurpé un poste attribué à un autre navire. La démonstration navale suffit pour en imposer aux insurgés, qui se débandèrent après quelque temps d'hésitation ; il n'y eut pas de combat.

L'amiral Parker, loin de savoir mauvais gré au capitaine de Cornulier de sa généreuse insubordination, lui en témoigna au contraire sa satisfaction d'une manière fort délicate. Quelques semaines plus tard, le rencontrant dans un bal à Lisbonne, il s'approcha de lui et lui dit : « Vous ne dansez pas, capitaine ? Vous pensez à Mme de Cornulier ; mais je vous ai vu dans une circonstance où vous ne pensiez guères à elle. »

L'année suivante, commandant le même aviso, il se trouva dans une situation plus délicate, car il devait s'inspirer seul des circonstances. La Sicile était insurgée contre le roi de Naples, l'*Anacréon* mouillé entre la ville de Messine, au pouvoir des insurgés, et la citadelle où s'étaient retranchés les Napolitains. La ville domine la citadelle et pouvait la battre avantageusement ; celle-ci pouvait écraser la ville de ses bombes. Tous les navires avaient évacué le Port, situé entre les deux, dans l'appréhension d'une collision subite, et peu confiants dans une trève de vingt jours qui venait d'être conclue entre les belligérants.

Le général napolitain Pronio, qui commandait dans la citadelle, députa un de ses officiers vers le capitaine de l'*Anacréon*, pour l'inviter à quitter, comme les autres navires, la position qu'il occupait, afin de ne point gêner son feu dans le cas où la ville viendrait à ouvrir les hostilités. Celui-ci refusa d'obtempérer à la réquisition, alléguant que sa présence en pareille situation était la meilleure garantie du maintien de la trève, les deux partis ayant un égal intérêt à ménager le pavillon français ; et dans le fait elle ramena la confiance des deux côtés.

Dans la ville, la population reprit sa vie habituelle, et se montra si reconnaissante de la sécurité que lui procurait la présence de l'*Anacréon*, que son capitaine s'y trouva environné d'une popularité extraordinaire. Il profita de cet ascendant pour sauver nombre d'anciens fonctionnaires napolitains qui étaient en butte aux plus mauvais traitements. Son influence était telle qu'il put, à la tête d'un détachement de matelots armés, et accompagné du consul de France, aller délivrer de son cachot un malheureux commissaire de police nommé Catalano, qu'on y martyrisait littéralement. Personne n'osa s'opposer à ce hardi coup de main.

Quelques jours avant son expiration, la trêve fut renouvelée pour un temps indéterminé, sauf à dénoncer la reprise des hostilités cinq jours à l'avance. Tel était l'état des choses quand l'*Anacréon* quitta Messine, où il était remplacé par un navire de rang supérieur.

C'est dans son commandement de l'*Anacréon* que se présentèrent à M. de Cornulier les occasions les plus diverses de manifester la variété de ses aptitudes.

A Sétuval, il avait été appelé, malgré l'infériorité de son grade, à représenter la France et à intervenir diplomatiquement sur le pied de l'égalité avec les amiraux de trois autres puissances.

A Messine, il avait su, de sa propre initiative, prendre une attitude audacieuse qui prévint de grands et inutiles malheurs.

Envoyé à la Guyane, ce n'est plus entre les passions humaines qu'il eut à s'interposer; là il se trouva aux prises avec les forces rebelles de la nature, et il sut en triompher. Cette victoire est peut-être celle qui le flatta davantage.

Le bâtiment à vapeur l'*Éridan* s'était perdu dans l'Oyapok; ses chaudières en cuivre étaient d'une grande valeur; on avait vainement tenté de les sauver. Le capitaine de Cornulier entreprit cette opération déclarée impossible par une commission nommée *ad hoc*, et il en vint à bout après dix-sept jours de travaux herculéens, exécutés sous un ciel de feu et des pluies diluviennes, au milieu des vases fétides, malgré la persécution des insectes et en dépit de fièvres terribles.

Nous avons raconté dans le premier *supplément,* imprimé en 1860, p. 306, la part que le commandant de Cornulier avait prise à la guerre de Crimée, à la suite de laquelle il fut promu capitaine du vaisseau.

En 1862, il se trouvait commander, dans le Pacifique, la corvette de premier rang la *Galatée ;* son amiral l'avait détaché avec mission de visiter les îles de la Société, les Sandwich, San-Francisco, les ports du Mexique et de l'Amérique centrale jusqu'à Lima, où il devait le rallier.

A son arrivée en Californie, il apprit que la guerre était survenue entre la France et le Mexique; mais il n'y trouva point d'ordre pour modifier l'itinéraire qui lui avait été prescrit. Il se décida à le poursuivre, sans tenir compte des événements. A Mazatlan et autres ports du nord du Mexique, il ne trouva aucune disposition hostile.

Parvenu à Acapulco, où il y a une des plus fortes citadelles de l'Amérique, il trouva tous les canonniers à leurs pièces quand la *Galatée* vint, en louvoyant, prendre son mouillage à 200 mètres des remparts.

La nuit qui suivit fut tranquille; mais quand le jour se fit, on remarqua que tous les canons de la place qui pouvaient voir la corvette étaient braqués sur elle. La *Galatée,* qui était en branle-bas de combat permanent, s'empressa de s'embosser, prête à riposter au premier coup.

Le général mexicain envoya son aide de camp dire au commandant de Cornulier : « Vous ignorez sans doute que le Mexique et la France sont en guerre. Reprenez donc la mer, si vous ne voulez m'obliger à vous y contraindre. » Le commandant de la *Galatée* répondit : « Je connais l'état de guerre existant. Je suis venu ici par ordre de mon chef; j'y resterai le temps qui me conviendra. Je ne commencerai pas les hostilités ; mais si vous y recourez, soyez certain que c'est moi qui les finirai. »

Cette situation tendue se prolongea durant six jours. Enfin on entendit dans la nuit qui les suivit un grand mouvement dans le fort, et au jour on reconnut que les Mexicains en avaient retiré toute leur artillerie et l'avaient disséminée dans diverses batteries élevées autour de la rade.

La *Galatée* quitta Acapulco sans coup férir; l'année suivante elle y revint avec la division de l'amiral Bouet, qui eut à combattre toutes ces batteries. C'est à l'occasion de cette affaire que M. de Cornulier fut proposé pour le grade de contre-amiral.

En rentrant au Callao, le commandant de Cornulier y trouva une complication diplomatique particulière dont M. P. de Villeneuve a donné un récit circonstancié dans le *Correspondant*, livraison du 10 septembre 1878, à l'occasion d'un article intitulé : *Mystère et dépopulation de l'île de Pâques;* nous en détachons ce qui suit :

En 1862, les Péruviens avaient imaginé de substituer la traite des Canaques de la Polynésie à celle des nègres de la côte d'Afrique, frappée d'une rigoureuse interdiction. Une société s'était formée, sous couleur de recruter pour le Pérou des travailleurs insulaires, mais en réalité pour organiser une véritable presse, dans les conditions les plus odieuses, contre ces naïfs sauvages. Cette spéculation immorale fut montée sur une vaste échelle; en quelques jours quatorze navires partirent du Callao pour opérer une rafle dans les archipels du grand Océan. Cette flotte se répandit dans tout le Pacifique et réussit, ici par l'appât de cadeaux insignifiants, là par des promesses fallacieuses, ailleurs et le plus souvent par l'emploi de la force ouverte, à compléter une cargaison de captifs qui se vendaient couramment sur la place de Lima. Des rois et des reines s'y trouvaient confondus avec leurs plus humbles sujets.

Tous ces infortunés, habitués à une vie douce, molle, oisive et sensuelle, ne pouvaient se faire aux rudes travaux auxquels ils étaient appliqués; ils se lamentaient, tombaient dans le marasme et succombaient à la nostalgie dans une proportion effrayante. A ce spectacle navrant, l'opinion publique finit par s'émouvoir; un courant de pitié et d'indignation fit frissonner la partie saine du pays.

Au cours de leurs pirateries, les brigands péruviens n'avaient pas respecté les îles placées sous le protectorat de la France. Deux Français, gens de cœur, jugèrent qu'ils devaient s'interposer. Mais comment agir dans un pays étranger, dont la susceptibilité était éveillée par l'expédition du Mexique, qui semblait menacer d'intervention toutes les républiques hispano-américaines? Comment contraindre les acquéreurs d'esclaves à libérer ce qui restait encore de survivant de leurs victimes ?

« Le cas était délicat, dit M. de Villeneuve; mais la noblesse de la cause avait séduit deux cœurs généreux, deux hommes d'honneur qui représentaient au Pérou les forces et le gouvernement de la France. L'un, capitaine de vaisseau, tenait à la valeureuse Bretagne et à notre vieille noblesse : c'était le commandant *de Cornulier*, depuis amiral et gouverneur de la Cochinchine. L'autre, notre chargé d'affaires, portait un nom que d'éclatantes personnalités ont rendu à jamais illustre : c'était un *de Lesseps*, et il méritait de l'être. Formé aux affaires dans les Échelles du Levant, nul ne le surpassait en tact, en persévérance et en audace.

« Alliés, ces deux hommes se sentirent forts. Malgré la difficulté du moment, en dépit de l'aigreur et de l'hostilité que l'expédition du Mexique avait déchaînées contre nous, ils se firent concéder le droit de visiter les exploitations qui avaient acquis des engagés et de libérer tout Polynisien qui serait reconnu comme provenant des îles soumises à notre protectorat. Munis de cette autorisation, nos commissaires pénétrèrent bon gré mal gré dans les haciendas péruviennes et examinèrent un à un ce qui y restait encore d'engagés. Pas un seul ne se réclama du gouvernement français que, son origine vérifiée, il ne lui fût dit : « Tu es libre ; ta capture est non avenue ; tu reverras ta terre natale ; « la France va te rapatrier. » Et tous, hommes et femmes, sont dirigés vers le Callao, où un transport frété pour eux les attend.

« En arrivant dans ce port des *voleurs d'hommes*, comme ils le nomment, ils rencontrent le commandant de la *Galatée ;* ils s'agenouillent devant leur sauveur, baisent les pans de l'uniforme du noble officier et les arrosent de leurs larmes de reconnaissance. »

Hélas ! peu devaient revoir leurs îles chéries. La plupart n'étaient plus que des ombres qu'il fallait rétablir avant de les expédier là où ils avaient été dérobés. Placés en rade, loin des méchants, sous l'œil vigilant et ferme des marins de la *Galatée,* quelques vieux matelots dévoués devinrent les pères adoptifs de ces Canaques valétudinaires. Chaque matin, le médecin de la frégate allait visiter, panser, consoler ces pauvres exilés ; mais chaque matin aussi un canot allait déposer une dépouille océanienne sur l'île de San-Lorenzo. Ceux qui purent se remettre furent rapatriés par l'aviso de l'état le *Diamant.* Mais la fatalité devait les poursuivre jusqu'au bout : la variole se déclara parmi eux ; plusieurs y succombèrent, et, pour comble de malheur, ils importèrent la contagion chez eux et y furent reçus, non comme des frères retrouvés, mais comme de maudits empoisonneurs.

L'amiral de Cornulier-Lucinière a publié : *Les effets de la perspective expliqués par l'échelle,* petit in-fo de 56 pages de texte avec 23 planches comprenant 56 figures, Nantes, 1882.

C'est un traité élémentaire de perspective linéaire mis à la portée de tous les dessinateurs. L'auteur raconte ainsi comment il a été amené à composer ce manuel :

« Né avec le goût du dessin, mais n'ayant appris à l'école qu'à copier d'autres dessins, je me trouvai fort embarassé quand, embarqué pour une campagne longue et lointaine, je voulus reproduire la nature même. Les livres qui auraient pu me guider me faisaient défaut ; je fus obligé de rechercher de proche en proche les principes de la science. C'est le résultat de ce travail que je donne au public. »

Un juge très-compétent et peu prodigue d'éloges, le grand aqua-fortiste Octave de Rochebrune, écrivait à l'auteur :

« J'ai étudié avec soin votre excellent *Traité de perspective;* votre travail très-concis, très-pratique, peut prendre le meilleur rang parmi vos illustres devanciers dans la même question, tels qu'Albert Durer, Ducerceau, Wrière, Abraham Bosse, etc., etc.

« Son avantage incontestable est surtout d'y trouver promptement et facilement ce que l'on cherche, tandis que les anciens auteurs enveloppent parfois leur pensée au milieu d'un tel déluge de science et de subtilités, qu'il faut un certain effort d'imagination pour saisir avec suite leurs trop longues démonstrations. »

Un autre juge, éminent par sa science et la supériorité de son esprit, félicitait l'auteur en ces termes :

« Vous vous êtes proposé de vulgariser la perspective et de la rendre abordable aux personnes qui, ayant le goût du dessin, n'ont pas pu acquérir les connaissances mathématiques sur lesquelles reposent les principes de cette science. Non seulement votre livre sera fort utile à quantité de débutants, mais encore à bien des maîtres qui enseignent le dessin par simple intuition.

« Aux raisonnements abstraits de la géométrie, vous substituez une méthode expérimentale qui parle aux yeux, et vous vous contentez d'invoquer à l'appui de vos règles le témoignage de la photographie, c'est-à-dire de la nature quand elle opère elle-même. C'est là un genre de démonstration qui vaut tous les autres.

« En mettant à la portée de tous une connaissance sans laquelle les meilleures dispositions ne pourraient que s'égarer, vous avez fait une œuvre éminemment recommandable. »

L'amiral de Cornulier a écrit, pour ses enfants, des mémoires où il leur raconte toute sa vie.

Page **170.**

Paul de Cornulier-Lucinière est entré à l'école navale le 20 octobre 1858 et a été nommé aspirant de deuxième classe le 1er août 1860.

Embarqué sur la corvette à voiles de 30 canons la *Galatée,* commandée par son père, il fit, dans l'Océan Pacifique, une campagne de quarante mois, durant laquelle il prit part au blocus des côtes mexicaines, au bombardement et à la destruction des forts d'Acapulco, les 10 et 11 janvier 1863. Il avait été promu aspirant de première classe le 1er septembre 1862.

En quittant la *Galatée,* il fut embarqué sur l'aviso le *Pélican,* affecté à la station des côtes occidentales de France ; il y demeura du 1er mars au 1er septembre 1864, époque à laquelle il fut promu enseigne de vaisseau.

Le 21 décembre 1864, il fut embarqué à Brest sur la corvette à hélice le *Primauguet,* destinée à la croisière des mers de la Chine et du Japon. En se rendant à sa destination, cette corvette s'échoua dangereusement dans la rade de Simon's Bay (cap de Bonne-Espérance). Dans cet accident, Paul de Cornulier se distingua d'une manière si particulière qu'il fut proposé dès le 17 mai 1867 pour la croix de la Légion-d'Honneur.

Il fit partie de l'expédition de Corée en 1866, et fut renvoyé en France en janvier 1867, pour guérir une ophthalmie grave qui lui était survenue en faisant l'hydrographie des îles Lou-Tcheou.

Nommé lieutenant de vaisseau au choix le 9 mars 1867, il fut embarqué en avril suivant sur le cuirassé l'*Invincible*, commandé par son père. Il accompagna ce dernier, en qualité d'aide de camp, quand il exerça par intérim les fonctions de préfet maritime à Cherbourg, en 1868 et 1869.

Du 1er juin 1869 au 1er juin 1870, il fut embarqué sur le vaisseau-école de canonnage le *Louis. XIV;* le 12 mars de cette dernière année, il avait été nommé chevalier de la Légion d'honneur.

La guerre avec la Prusse ayant été déclarée, il fut embarqué le 14 juillet 1870 sur la cuirassé le *Guyenne*, attaché à l'escadre de la Baltique, de la mer du Nord et de la Manche.

Du 1er octobre 1872 au 1er juillet 1873, il fut embarqué sur le *Messager*, bâtiment-école des torpilles à Boyardville, à l'entrée de la rade de Rochefort. Puis il exerça les fonctions de directeur des mouvements du port de Nantes jusqu'au 1er janvier 1875.

Du 10 janvier 1875 au 10 février 1876, il commanda l'aviso le *Pétrel*, affecté à la station de Constantinople et du Danube, et placé sous les ordres directs de notre ambassadeur près de la Sublime-Porte. A sa rentrée en France, il fut choisi, en qualité d'officier d'ordonnance, par les ministres de la marine contre-amiral de Montaignac et vice-amiral Fourichon.

Du 10 avril 1877 au 1er novembre 1878, il fut embarqué sur le cuirassé la *Surveillante*, faisant partie de l'escadre d'évolutions.

Le 1er janvier 1879, il fut inscrit au tableau d'avancement.

Du 18 mars 1879 au 1er mai 1881, embarqué sur la frégate la *Vénus*, portant le pavillon du contre-amiral Mottez, commandant la station de l'Atlantique du sud.

Nommé capitaine de frégate au choix le 12 juillet 1881.

Embarqué le 1er avril 1882, en qualité de commandant en second, sur la frégate la *Minerve*, portant le pavillon du contre-amiral Zédé, à la station des Antilles et de l'Atlantique du Nord.

Paul de Cornulier a été décoré de la médaille du Mexique en 1865, a été nommé chevalier de Saint-Grégoire-le-Grand en 1868 et du Cambodge en 1871, commandeur du Medjidié de Turquie en 1876.

Il a adressé au ministre de la marine un mémoire important sur LE PERSONNEL ET LE SERVICE A BORD DANS LA MARINE ANGLAISE. Il y compare point par point les institutions maritimes de l'Angleterre aux nôtres. Le ministre lui a fait adresser ses félicitations pour cet intéressant travail dans une dépêche du 7 juillet 1882, adressée au préfet maritime de Lorient, et en a ordonné l'insertion dans la *Revue Maritime et Coloniale*. La première partie, comprenant 48 pages, a paru dans la livraison de septembre 1882, et la seconde partie, comprenant 55 pages, dans la livraison suivante.

Le général Bonie, dont Gustave de Cornulier-Lucinière a été officier d'ordonnance dans la campagne de Tunisie, commandait la cavalerie de la division Forgemol. Cette colonne, partie de Tebossa, dans la province de Constantine, traînait avec elle un convoi de 8,800 chameaux et de 2,200 mulets, le plus considérable qu'on eût encore réuni en Algérie. Elle arriva devant la ville sainte de Kairouan le 29 octobre 1881, après avoir parcouru un pays totalement inconnu et repoussé avec vigueur plusieurs attaques acharnées de la belliqueuse tribu des Zlas. Elle rentra en Algérie dans les premiers jours de janvier 1882, en suivant une route nouvelle et après avoir pris possession [de l'importante place de Gafsa, où elle laissa garnison.

Camille de Cornulier-Lucinière a été décoré de l'ordre du Nicham pour l'expédition de Tunisie.

Victorine de Cornulier-Lucinière a été nommée en janvier 1883 supérieure de la maison des Dames de la Retraite, à Turin.

Le 5 mars 1883, est né à Cholet (Maine-et-Loire), Jean-Marie-René-Ernest, fils de Henri-Raoul-René comte de Cornulier-Lucinière et de Jeanne-Marie-Louise-Berthe Sauvage de Saint-Marc, appelé à devenir, si Dieu lui prête vie, le chef de la branche de Lucinière.

APPENDICE

Pièces communiquées par M. Arthur de la Borderie.

Page 4.

Dans une grande charte datée de 1205, André II de Vitré approuve toutes donations qui ont été faites récemment à l'hopital Saint-Nicolas de Vitré ; entre autres possessions, il lui confirme celles venues :

« De dono militum de Cornilleio et Alani Britonis, décimam molendini novi. »

Page 5.

En 1210, Hervé de Cornilleio est témoin dans une charte de la donation faite à l'hôpital de Saint-Nicolas par André de Breton (*Andréas Brito*).

Une charte de donation au même hôpital de Saint-Nicolas de Vitré, non datée, mais qui est de 1200 à 1220, porte :

« Petrus Fortini et Aalet, uxor ejus, vendiderunt et concesserunt fratribus elemosinariæ de Vitriaco terram de la Patriciere, quam Guillelmus de Cornilliaco tenet in vademonio ; eidem Willelmo XIII libras turonersium integre persolvendo. »

Extrait d'une charte de Saint-Nicolas de Vitré de l'an 1229.

« Universis Christi fidelibus presentes litteras inspecturis, Gaufridus de Cornilleio, miles, et decanus Vitreii salutem in Domino.

Noverint universi quod ego Gaufridus de Cornilleio, miles, dedi et concessi elemosinariis Beati Nicholai de Vitreio, pro salute animæ meæ, et Secardi,

avunculi mei, et Odonis de CORNILLEIO, patris mei, duos solidos annui reddi-
tus, singulis annis, in meo dominio Nemoris Yseii quod Goionus tenuit, per
manum illius qui illud dominium tenebit percipiendos ad Andegaviam. Ut hoc
autem esset ratum et stabile, presentem cartam istam sigillo meo feci confir-
mari, et decanus Vitreii, ad petitionem meam, sigillum suum huic cartule
apposuit in testimonium. Actum anno gratiæ Mᵒ CCᵒ XXᵒ nono. (*Pris sur un
vidimus du XIVᵉ siècle*).

Remarque. — Il résulte de cet acte que Geoffroy DE CORNILLÉ, fils d'Odon
et neveu de Secard DE CORNILLÉ, était, en 1229, seigneur du Bois, dans la
paroisse d'Izé, et que cette terre, *Nemus Yseii*, prit de lui le nom de *Bois-
Cornillé* qu'elle a gardé depuis. C'est elle qui a été possédée par Pierre Landais,
le trésorier du duc François II.

Nota. — Le terme de l'Angevine, *Andegaviam*, où la rente stipulée devait être
payée, était fort en usage dans le pays ; il était ainsi nommé d'une foire célèbre
qui se tenait à Angers à l'époque de la Nativité, 8 septembre.

Page 7.

En 1252. Alain de CORNILLÉ, prêtre, héritier de Gautier de CORNILLÉ, fait
une donation à l'hôpital de Saint-Nicolas de Vitré, comme on le voit par
l'extrait suivant d'une charte du mois de novembre de ladite année :

« Universis presentes litteras inspecturis Hubertus Foucher, senescallus
Vitreii, salutem in Domino.

« Noveritis quod cum Alanus de CORNILLEIO, presbiter, elemosinasset domui
Dei de Vitreio duas partes stalli (étal) sui videlicet illius stalli quod vocatur
stallum defucti Galteri de CORNILLEIO, quod situm est in bocheria Vitreii.....
Sic totum dictum stallum remanet dicto priori et fratribus dicti domus in per-
petuum possidendum. Datum anno domini Mᵒ CCᵒ quinquagesimo secundo,
mense novembrii. » (*Pris sur un vidimus du XIVᵉ siècle.*)

Nota. — Les étaux de la boucherie de Vitré étaient possédés par des particuliers
qui les louaient aux bouchers.

Geoffroy de CORNILLÉ est mentionné dans un titre de 1375 des anciennes
archives du château de Vitré, aujourd'hui aux archives d'Ille-et-Vilaine, à
Rennes.

Page 10.

*Contrat de mise en communauté de l'exploitation de l'étang des Vaulx,
en 1446.*

Comme ainsi soit que noble homme messire Raoul du Boschet, chevalier,
seigneur du Boschet et de la Haye de Torcé, soit et appartient ung estang et

la chaussée d'icelui nommé et vulgairement appelé l'estang des Vaulx, scis et situez partie en la paroaysse de Torcé et autre partie en la paroaysse de Cornillé. Et pour le présent ledit chevalier eust et ait volonté et pouvoir de faire édifier ung molin à blez mouldre au derrière de la chaussée d'icelui estang, auquel molin se fait estoit Jehan de CORNILLÉ, seigneur de la Bichetière, eust et ait volonté que il plaise audit chevalier le appartir audit molin, faire pour y contribuer, et aussi le appartir ès peschages des poissons qui pour le temps à venir seront pris et peschés audit estang et ès portes et pescheries d'icelui, et à toutes les choses nécessaires à faire audit molin, portes, chaussées et pescheries dudit estang. Auquel de *Cornillé* ledit chevalier désire faire plaisir et courtaysie.

Et sur ce se sont comparus par notre court de Vitré ledit chevalier, de sa partie, et ledit Jehan de *Cornillé*, d'autre partie, lesquelx de leur bon plaisir et assentement ont fayt contract et appointement par quoy a été dit et devisé entre eux que ledit de *Cornillé* fera et fera faire ou fons dudit chevalier au derrière de la chaussée une meson bonne et suffisante de neuf pour molin, par l'ordenance de oupvriers connaissant en la matière, sans excès, avecques les meulles, moullages, tournures, javelles et autres chouses nécessaires à molin moulant tout de neuff, et aussi les portes et pescheries nécessaires à ladite chaussée ; et aussi réformer et réparer ladite chaussée en tous les endroits que sera regardé nécessairement estre à réparer. Et s'il est regardé que celle chaussée doye estre haussée, pareillement la hausser. Et fera celi de *Cornillé* toutes lesdites chouses pour la première fois à ses propres cousts et deppens, sans y contribuer ledit chevalier si n'est à son plaisir.

Et par ce faisant ledit chevalier a apparti et appart ledit de *Cornillé* à avoir et jouir pour le tems à venir de une moitié dudit moulin, chaussée, portes et pescheries d'iceluy, par manière que ledit Jehan de *Cornillé* est et sera tenu pour le tems à venir faire venir ses hommes estagers qu'il a pour le présent et aura au tems advenir en la banlieue dudit moulin, que par coutume il pourra et devra contraindre à venir mouldre et faire mouldre leurs blez audit moulin. La revenue duquel moulin pour le temps advenir est et sera moitié audit chevalier et audit de *Cornillé*.

Et ont dit convenu et devisé entre elx que aux fayes que ledit moulin, portes et pescheries auront nécessité d'estre réparés, après celle première édification, à les réparer, ledit chevalier y contribuera pour une moitié, et ledit de *Cornillé* pour l'autre moitié.

Et s'il advenait que en aulcun tems, ledit moulin, portes et pescheries d'iceluy chéroient en telle décadence que l'on n'y pourrait mouldre blez, et l'un lui ne le feroit réparer, l'aultre ne y pourroit rien prendre en la revenue d'iceux desdites pescheries jusques ad ce que eust poyé une moitié à celui qui le auroit fait réparer, de ce que auroit cousté à celuy qui auroit fait la réparation.

Et s'il advenoit que ledit de *Cornillé* et ses hoirs feroient réparer ledit moulin et ledit chevalier et ses hoirs ou cause ayants soient en deffaut de y contribuer, ledit chevalier et ses hoirs ou cause ayants dè lui pourtant ne laisseront pas à avoir et jouir d'une moitié des poissons dudit étang.

Et aussi est comme dit outre et devisé entre elx par cest fayt que en cas que ledit moulin, portes et pescheries cheroient à telle décadence que celi moulm ne pouroit aucune chose besogner, gaigner et proficter tant par deffault de l'une partie que de l'autre, lors en celuy cas ledit chevalier ou ses hoirs et ayants cause de lui joiront et pourront joir desdits moulin, portes et pescheries, chaussée et étang comme par avant cest contrat. Sauf que à la foye que ledit de *Cornillé*, ses hoirs et ayant cause de luy vouldront contribuer pour une moitié à rédifier ledil moulin, ils y seront reçus comme par devant, et jouiront selon que dit est.

Et au regard des poyssons et pescheries, les poyssons qui seront audit estang durant que ledit moulin sera en estat, ils seront communs entre eux, et à les pescher ils y contribueront moitié par moitié. Et pareillement à peupler l'estang ils y contribueront moitié par moitié. Et fera faire ledit *Cornillé* le pont à passer chevaux et charestes sur les pescheries duement et nécessaires et pour cette présente fois, et pour le tems advenir les y maintiendront moitié par moitié après ceste présente fois. Et en la contrainte que doit ledit de *Cornillé* de ses hommes advenir mouldre audit moulin, ne sont compris ses hommes qu'il doit contraindre à aller mouldre leurs blez au moulin de Lambert et de Changeon.

Témoin juré et passé lettres par notre dite court le vendredi après la Résurrection Notre-Seigneur, l'an mil quatre cent quarante-six (le 21 avril 1446, Pâques tombait cette année-là le 17 avril.)

Signé : P. DE LA BESNARDAYE, passe ; R. DU BOSCHET ; G. DOLIER, voir est ; et plus bas : P. RICAUT, prestre, voir est.

Remarque. — L'étang des Vaulx, formé par un barrage établi sur le ruisseau qui séparait la paroisse de Cornillé de celle de Torcé, appartenait à Raoul du Boschet, seigneur de la Haye-de-Torcé. Pour tirer de cet étang un revenu plus considérable sans s'induire en dépense, il s'associa en 1446 avec Jehan *de Cornillé*, seigneur de la Bichetière, qui s'engagea à faire tous les frais d'un premier établissement dont l'entretien resterait aux frais communs, et qui consistait à réparer et à exhausser l'ancienne chaussée, à bâtir un moulin à blé et établir une pêcherie avec leurs accessoires, moyennant quoi les associés partageraient également le produit de la pêche et celui des moutures. Cet arrangement dura jusqu'en 1510, époque à laquelle Pierre *de Cornillé*, petit-fils de Jehan, abandonna à Julien du Boschet, fils de Raoul, moyennant la somme de 80 livres, tous les droits que son aïeul avait acquis sur l'étang et le moulin des Vaulx.

Amaury de CORNILLÉ, seigneur de la Bichetière, fils de Jehan de CORNILLÉ, est mentionné dans un titre de la Bichetière du 15 avril 1459.

Guillaume de CORNILLÉ, prebstre, obtenant une chapellenie en l'église de la Madeleine de Vitré, donne, le 23 octobre 1499, reçu de vingt-cinqt livres à lui payées, pour sa chapellenie, par Regnault Chartain, receveur de la baronnie de Vitré en 1499-1500.

Remarque. — Ce Guillaume DE CORNILLÉ paraît être un fils d'Amaury DE CORNILLÉ, qui aurait été omis dans la nomenclature des enfants de ce dernier.

Pierre de CORNILLÉ, écuyer, seigneur de la Bichetière, est qualifié, dans un titre du 23 décembre 1510, d'héritier principal et noble de Jean de CORNILLÉ.

Remarque. — Ce Pierre DE CORNILLÉ ne pouvait être que le frère de Jean dont il avait hérité, de ce Jean qui est qualifié Châtelain de Derval dans une réformation de cette paroisse *non datée* (*Généalogie* de 1847, *Preuves*, p. 57, et *premier supplément*, p. 60) qui est bien du XVIe siècle, mais qui serait au plus tard de 1510 et non de 1513, comme on l'avait admis à tort dans la généalogie de 1863. Il faut donc dire : Jehan DE CORNILLÉ, châtelain de Derval pour le sire de Châteaubriant, était mort en 1510, sans postérité.

Page **19.**

Un titre des archives de l'hôpital Saint-Nicolas de Vitré, en date du 15 juin 1385, mentionne Guillaume de CORNILLÉ, *vendeur* des bois des forêts de la baronnie de Vitré.

Extraits du papier d'office de la cour de Châtillon-en-Vendelais, de 1408 à 1412 (en la possession de M. de la Borderie).

Fo 40 ro. « Le mercredi avant la Toussaint de l'an mil IIIIe et neuf (30 octobre 1409), cogneu fut au jour de huy de Guillaume de CORNILLÉ, seigneur de la Janneuse, que le procureur de ceste court s'estoit, puis l'an, plegé contre li de non contraindre ne pourforcer Ruaux le Gobe d'obbaïr par sa court, à cause d'une pièce de terre nommée le cloux (le clos) de la Goberie, et en oultre remué jusques ès termes.

Fo 44 ro. « Du jeudi avant la Sainte-Luce au dit an (12 décembre 1409), Cogneu a esté aujourd'hui de Guillaume de CORNILLÉ, de *Mecé*, que le procureur s'est plegé et opposé contre luy qu'il ne pouet contracter d'une pièce de terre nommée le cloux de la Goberie. »

Nota. — La Jarnouse, *alias* la Janneuse, en la paroisse de Mecé, relevait de la cour de Châtillon-en-Vendelais.

La teneure Guillaume de Cornillé, seigneur de Janneuse.

En notre court de Vitré fut présent en personne Guillaume de CORNILLÉ, seigneur de Janneusse, lequel congnut et confessa estre homme judiciable de madame Jehanne de Laval, comtesse de Laval, dame de Vitré et de Chasteillon, sa dame, et d'elle tenir noblement, à foi lige, en sa terre et chastelnerie de

14

Chasteillon, plusieurs héritages en plusieurs lieux et pièces, et plusieurs fiez en hommes ô juridiction, seigneurie et obéissance.

Savoir est les deux parts d'un lieu et domaine, terres et appartenances d'icelui, nommé et vulgaumant appelé le lieu et domaine de Janneusse, communy ô le partissant qui est Michelète de *Cornillé*, sœur doudit Guillrume. *Item* une certaine maison, court, courtil et hébergement sis au bourg de Mecé, où demoure à présent cil Guillaume, joignant d'un cousté à la terre à ladite Michelète et d'aulfre à la terre Johanne la chevalière, et joignant au chemin comme l'on vait de Mecé à la ville de Saint-Aulbin-dou-Cormier. Et en oultre congnut ledit Guillaume tenir de sadite dame, comme dit est, certains fiez et masures nommés Lessez dou Bruays novel, avecques les rentes et debvoirs, juridiction, seignourie et obéissance que lui doibvent chacun an les hommes et tenours d'iceux, à cause et par raison des quels est deu chacun un à sadite dame, au terme d'aoust, six sous de rente, et au terme de Noël neuf deniers de rente, et au terme de caresme sept deniers maille. Quelles rentes viennent et se payent chacun an au recepveur de sadite dame, au lieu de Chasteillon, par la main dudit Guillaume ou de son sergent desdits fiez. *Item* congnut tenir de sadite dame certains fiez et masures nommés les fiez de la Roverandière dou Chay et dou Boulay, avecques les rentes et debvoirs, juridiction, seigneurie et obéissance que lui doivent les hommes et tenours d'iceux. *Item* cognut tenir de sadicte dame une pièce de terre en prez nommée le pré Hallequin, finissant ès fiez de la Laurencière, tenus de sadite dame ; par raison et à cause de laquelle pièce il cognut debvoir chacun an à sadite dame cinq deniers de rente par an ; *les deux parts au terme d'aoust et le tiers au terme de Noël*. Et pour ledit terme d'aoust demy-bouesseau d'avoine menue de rente à être payée à ladite recette, audit lieu de Chasteillon. Finissant icelles chouses en la paroisse de Mecé. Et obéissance par cause des dites chouses comme homme de foy doibt faire pour son seigneur.

Quelles rentes et debvoirs cel *Guillaume* promet et *s'oblige faire payer et continuer* à sa dite dame en chacun an durant le temps qu'il tiendra lesdictes chouses. Et ce et lesdictes chouses et chacunes dessus dictes promit, gréa et jura ledit Guillaume par son serment tenir, fournir, parfaire et accomplir sans venir en contre, et de son assentement le y condemptnoms. Donné de ce *témoings establys aux contrats de nostre dicte court*, ensemble ô le signe manuel de Guillaume le Lievre, présent, etc., requis etc, par manière sermencté qu'il promist mestre à la requeste dou dit Guillaume de CORNILLÉ, et il promit et s'engagea l'en garder sans dommage. Faict le quart jour de septembre l'an mil IIII^c trente et troys, comme en suit signé un chacun donné comme dessus. *Jehan de Saulcières*, passe ; *Guillaume le Lievre*, bon est ; *Chantrel* bon est. (*Copié sur l'original provenant du château de Vitré et appartenant à M. de la Borderie*.)

Remarque. — Cet aveu de la terre de Janneusse (*alias* la Jarnouse), en la paroisse de Mecé, rendu à la dame de Châtillon-en-Vendelais le 4 septembre 1433, l'a été par Guillaume II DE CORNILLÉ ou DE CORNULIER, et non par son père, Guillaume Ier. En effet, aux termes de la coutume, l'aveu devait être fourni par le vassal dans l'an du jour qu'il était venu à nouvelle possession d'une terre ayant fief et juridiction, et dans les six mois si la terre n'était pas décorée de fief. C'est donc de Guillaume Ier qu'il est question en 1409 dans le papier d'office de la cour de Châtillon.

Ce Guillaume Ier dut mourir au commencement de 1433 et non en 1435, comme nous l'avons dit par erreur. Cette date de 1435 avait été prise dans le mémoire de Chevillard le père ou de Pierre d'Hozier, car l'auteur n'en est pas bien certain, mémoire qui est transcrit dans la généalogie de 1847 (*Preuves*, pages 57 à 60), et dans le premier supplément (pages 84 à 87). L'écriture générale en est détestable; les chiffres y sont particulièrement mal formés. Déjà, dans le premier supplément, nous avons rectifié le blason des *Cornillé*, où il faut dire, d'après les anciens sceaux, trois corneilles au lieu de sept que nous avions cru lire. Pareillement, pour la date de la mort de Guillaume Ier, il faut mettre 1433 au lieu de 1435.

Cet aveu nous apprend qu'en 1433 Guillaume II demeurait en son héberge-ment ou manoir de Janneusse, et qu'il avait une sœur nommée Micheléte *de Cornillé*, avec laquelle il possédait par indivis la terre de Janneusse, lui pour les deux tiers et elle pour le tiers, selon la proportion la plus usitée entre gentilshommes pour les partages de biens nobles.

Nota. — Par une exception dont la cause n'est pas connue, il n'existe dans les archives de la Chambre des comptes de Bretagne aucun aveu de la baronnie de Vitré et de ses annexes, pas même dans la réformation générale du domaine de 1680

Il n'est pas inutile, comme vue d'ensemble jetée sur les anciennes posses-sions des Cornillé autour de Vitré, de donner une notion topographique des paroisses dans lesquelles elles étaient situées.

Le bourg de *Mecé* est à 14 kilomètres au N.-N.-O. de Vitré, à 6 kilomètres d'*Izé*, à 9 kilomètres à l'ouest de Châtillon-en-Vendelais, et à 8 kilomètres au S.-E. de Saint-Aubin-du-Cormier.

Saint-Jean-sur-Couesnon et *Romagné* sont tous les deux situés sur la route de Saint-Aubin-du-Cormier à Fougères, le premier à 5 kilomètres de Saint-Aubin et 7 de Mecé, le second plus près de Fougères.

Izé est à 7 kilomètres au N.-O. de Vitré.

Cornillé, dont le territoire est limitrophe de celui de *Torcé*, est à 8 kilomè-tres au S.-O. de Vitré; *Etrelles* à 7 kilomètres au sud de cette ville; *Saint-Didier* à 12 kilomètres au O.-S.-O., et *Saint-Germain-du-Pinel* à 13 kilomè-tres au S. S.-E.

Bais est à 14 kilomètres au S.-S.-O de Vitré, *Moulins* à 6 kilomètres à l'ouest de *Bais*; *Louvigné-de-Bais* à 13 kilomètres au S.-O de Vitré, et à 4 kilomètres au S.-O. de *Cornillé*.

Plus au midi viennent près de la Guerche, qui est à 21 kilomètres au sud de Vitré, *Visseiche* à 6 kilomètres N.-O. de la Guerche, et *Martigné-Ferchaud*, à égale distance de la Guerche et de Châteaubriant, c'est-à-dire à 13 kilomè-tres de chacune de ces villes.

TABLE DES MATIÈRES

RELATIVE A CHACUN DES MEMBRES DE LA FAMILLE

TABLE ALPHABÉTIQUE

DES NOMS DE FAMILLES ET DES NOMS DE TERRES

NOTA. — Les noms de famille sont en romain ordinaire.
Les noms de terre sont en *italique*.
Les articles relatifs aux familles sont en PETITES CAPITALES.
Les articles relatifs aux terres sont en caractères gras.
Les renvois les plus importants sont entre parenthèses ( ).

www.ingramcontent.com/pod-product-compliance
Lightning Source LLC
Chambersburg PA
CBHW060024100426
42740CB00010B/1582